21世纪教育硕士案例系列教材
编写指导委员会

主　任　谭建平

副主任　周险峰

委　员　（排名不分先后）

　　　　　陈坤华　李建生　王伟清　冯青来

　　　　　刘志军　杨世伟　唐利强　刘金明

　　　　　赵惜群　李山林　刘金旺　李大塘

21世纪教育硕士案例系列教材

总主编 ◎ 周险峰

教育教学管理案例选粹

CASES SERIES

主编 ○ 冯青来

The Collection of
Pedagogic Management Cases Interpretation

华中科技大学出版社
http://www.hustp.com
中国·武汉

图书在版编目(CIP)数据

教育教学管理案例选粹/冯青来 主编.—武汉:华中科技大学出版社,2010.10
ISBN 978-7-5609-6538-3

Ⅰ.教… Ⅱ.冯… Ⅲ.教育学-研究生教育-教案(教育)-汇编 Ⅳ.G40

中国版本图书馆 CIP 数据核字(2010)第 172874 号

教育教学管理案例选粹 冯青来 主编

策划编辑:周小方
责任编辑:刘 烨
封面设计:陈 静
责任校对:史燕丽
责任监印:徐 露
出版发行:华中科技大学出版社(中国•武汉)　　电话:(027)81321913
　　　　　武汉市东湖新技术开发区华工科技园　　邮编:430223
录　　排:华中科技大学惠友文印中心
印　　刷:北京虎彩文化传播有限公司
开　　本:710mm×1000mm　1/16
印　　张:14.5 插页:2
字　　数:260千字
版　　次:2018年7月第1版第3次印刷
定　　价:39.80元

本书若有印装质量问题,请向出版社营销中心调换
全国免费服务热线:400-6679-118　竭诚为您服务
版权所有　侵权必究

内容简介

《教育教学管理案例选粹》是指围绕一定的教育目的,把教育教学实践过程中真实的情景加以典型化处理,形成可供学习者思考分析和决断的案例,来提高学习者分析和解决教育问题能力的一种方法。一个典型的案例,可以生动形象地诠释一种教育观念或解读一种教育理论。从不同的案例中,可以寻找各种理论假设的支持性或反驳性论据,并避免理论研究过程中因脱离实践而产生的虚空或偏差。

由此,本书撷取真实的教育管理或教学情境中,教育管理者或教师面对不确定的、复杂多变的管理环境或教学情境时所存在的困惑、形成的判断或作出的决策等案例,运用相关教育理论进行深入的分析,以促进教育管理者或教师对实践的理论反思能力及对理论的实践运用能力的提升。全书分为治校篇、育人篇和为教篇三大板块,分别针对学校管理、学生培养和课堂教学中存在的一些具有代表性的或随着社会发展而新显现的各类教育教学问题,如学校管理中的财务制度、校园文化建设、学校社区合作等;学生管理中的班主任工作理念和艺术、师生信仰的缺失及其危机等;不同学科在教学管理中的策略和原则等。通过对这些教育教学案例分析的学习与反思,读者不仅能开阔自己对各种教育教学问题的认识,而且能提高对教育理论的实践运用能力,从而促进自己的专业技术水平不断提升。

总序

似乎可以这样说,有教育教学活动,就有教育教学"事例",不过,教育教学"事例"似乎还不是教育教学"案例"。"案例"一词目前尚无权威的定义,按照我国知名教育学者郑金洲的概括,所谓"案例"是"含有问题或疑难情境在内的真实发生的典型性事件"[1]。在他看来:对事物的静态的缺乏过程把握的描述不能称之为案例;信手拈来的没有问题或疑难情境在内的事件不能称之为案例;没有客观真实基础、缺乏典型意义的事件也不能称之为案例。由此观之,教育教学中的"事例"要成为"案例"似乎得有几个必不可少的特性。其一曰过程性,也就是动态的发展变化的特性。"事例"就是一个"事件",要有矛盾冲突,要有"故事"。其二曰问题性,事例之于主体而言,确应是个问题——也就是能勾起主体追问进而想解决的欲望。其三曰真实性,也就是案例来自实际生活。其四曰典型性,也就是说,能称之为"案例"的事例,要能反映某种"共性的"问题或"突出的"问题。

将案例引入具体的教育教学活动之中,便产生了一种新型的教学方法——案例教学法(case methods of teaching)。所谓案例教学法,即在教师指导下,根据教学目标和内容的需要,采用案例组织学生进行学习、研究、

---

[1] 郑金洲.教育研究与成果表达形式之三——教育案例[J].人民教育,2004(20):34.

锻炼能力的一种方法。这种方法早在19世纪后半叶哈佛大学的法律教学中就得以尝试。为了让学生更好地学习法学的基本知识和理论,当时的教师比较注重在教学中对个别犯罪案例进行剖析。此后,该方法逐渐在医学、心理学、管理学、市场营销学、社会学的研究和教学中流行。确切地说,直到21世纪初,案例教学法才开始在我国的教育理论教学或教育研究中盛行。

案例教学的确有其独特魅力。这与案例教学法所运用的实际材料具有较强的完整性、典型性,操作的过程具有规范性和系统性有密切关系①。由于教育教学案例是活生生的事实,形象逼真,抽象的教育理论和复杂的教育实践会因此变得具体、可感、简约,教育教学活动也会因此而变得生动、活泼;教育教学案例同时具有典型性,其所蕴含的教育意义或教育意义的"延异",需要学生深度挖掘,这无疑对学生的创造力有较高的要求,换句话说,案例教学具有培养学生创新性意识和实践能力的教育价值。

将教育教学案例引入教育教学研究之中,会产生一种新的研究方式或成果表达形式——案例研究。案例(个案)研究是研究者把个体作为研究对象,通过长期的追踪调查,揭示其发展变化规律的一种研究方法。这种方法一直以来是心理咨询与心理治疗中常用的一种方法。这种研究方法在20世纪70年代开始出现于教育理论界。其产生的原因在于,当时的教育理论工作者深感教育理论与教育实践脱节,抽象的教育理论与丰富的教育实践之间存在着巨大差异,为了改变这种局面,当时有学者提出"教师作为研究者"的口号,试图将教育行为与教育研究结合起来。案例研究方法强调对生动、完整、典型的案例进行研究,自然就受到广大教师和理论工作者的青睐。

案例之用于研究,具有使教育理论与教育实践紧密结合的作用,甚至可以这样说,案例研究改变了传统的教育研究范式。

近年来,确切地说是自我国新课程改革以来,人们对教师的角色预期越来越高,我国广大教师自我发展的意识也日益强烈。"教师专业化"问题成为时下热门的话题。如何更好地促进教师自身的专业化发展呢?不少教师选择了做案例研究。案例研究被有的教师誉为"反思型教师成长的'金光大道'"②。通过做案例研究,不少教师确实提升了自身素质。有位教师深有体会地说:是教育案例的撰写使她学会了观察;是教育案例的撰写使她更善于对记录进行分析、筛选、提炼;是教育案例的撰写使她学会了不断地实践、反思;是教育案例的撰写使她具

---

① 但武刚.公共教育学教学中的"案例教学法"探微[J].课程·教材·教法,2000(1):47.
② 刘永和.案例研究:反思型教师成长的"金光大道"[J].教育科学研究,2009(1):79.

备了一定的书面语言表达能力;是教育案例的撰写使她打破了个人本位,乐于协作交流。①

教育案例之于教师个体发展,其作用也是不可低估的。

也许正是有以上的这些作用(当然,可能远不止以上这些),"教育案例"一时成为广大教师的"通用语言"。人们对教育教学案例的兴趣日浓,对编写教育教学案例的热情也不断升温。就笔者有限的眼界来看,市面上热销的教育教学案例类读物,至少可分为如下两类:其一曰案例汇编型,其一曰教材型。前者主要是根据一定的教育问题类型(这些问题的分类标准比较多元),对选取的教育教学案例加以点评,其缺陷与优点都在于其所具有的资料性。后者则将教育问题按照一定的逻辑关系排列,通过案例来诠释或论证理论问题,通常有案例描述、案例分析,还附有思考题,其中具有代表性的有傅维利主编的"全国教育硕士专业学位推荐教材"《教育问题案例研究》(人民教育出版社2004年版)。这类读物,在形式上比较完整,在内容的组构上具有一定的逻辑性,理论分析较有深度,理论与案例相互印证,很受读者欢迎。

也许是置身于"此情此景",或有感于"此情此景",在我校研究生院郭源君院长等领导的大力资助下,本人忝列丛书主编,成立了由教育学院主要领导为领导小组的教材编写指导委员会,着手组织同事编写21世纪教育硕士案例系列教材。

这当然有时势感召的因素在内,但更多的是现实的教学需要。湖南科技大学是全国第五批教育硕士研究生培养单位,已培养出教育硕士两百余人,这些教育硕士大多已成为所在单位的骨干。如何进一步提高教育硕士的培养质量呢?在实际的教学中,我们深感,将这些教育硕士或者说未来的教育硕士们丰富的教育教学"事例"转化为教育教学"案例",其作用是显著的。如:教师的教学生动活泼了,学生的学习热情高涨了;师生之间的心理距离拉近了,交流更频繁、更默契了;教师们的书斋式研究减少了,现实关怀的意识更强烈了;学生们的问题意识增强了,分析问题、研究问题的能力大大提高了;等等。

一直以来,我坚持认为,一个案例的产生,虽然有"事例"作其客观的基础,但却不能脱离主体的发现和概括。简单地说,一个案例的产生需要主体有一双善于发现的眼睛。所以,从这个角度而言,我们似可对"案例"下个简单的定义:所谓案例,就是主体对事例的带有倾向性的描述。这里的"倾向性"就是主体自觉

---

① 倪菊.撰写教育案例助我提高素质[J].学前教育研究,2003(11):34-35.

地认识到某个教育教学事例具有某种"问题性"而具有的某种价值取向或判断。没有教育主体对教育教学事例的价值取向或价值判断,教育教学事例也仅是事例而已。

　　本系列教材中的案例就是来自我院教师与教育硕士们的共同"发现",不少案例的描述与分析就是我院教师和他们自己所带的教育硕士生"相互作用"的产物。师生之间这种"如切如磋"、"如琢如磨"所带来的乐趣,我想,大概只有陶潜所写的"奇文共欣赏,疑义相与析"的诗句能真实写照。

　　就编写意图而言,我们拟将此系列教材大致分为两类:教育管理类和学科教学类。根据今后可能出现的实际需要,我们还将对这两大类教材进行细分,以"衍生"出更适合实际需要的教材系列。此类教材不求体系完整,只求能成为教与学所使用的材料而已。使教材成为教与学的材料,我以为正是教材的本体功能,这样,在编写上,我们尽可能用点心思,即在每本教材内容的构架上,选取教育管理或学科教学中的"大类"问题并对其进行逻辑处理,以使每本教材都有一定的完整性。在每个案例的编写上也做到"整齐划一":给每个案例提炼出一个醒目的标题;描述一个生动的教育教学事例;提几个有深度思考价值的思考题;结合相关理论对案例进行分析等。

　　让读者在阅读此书时,既有阅读故事般的乐趣,也有阅读理论书籍带来的理性思考,这二者的交融,是我们追求的"化境"。至于能否达到这种"化境",就需要读者评判了。我们静静地等待,静静地聆听,也静静地思考。

　　是为序。

周险峰

2010年7月3日

目录

治校篇：学校管理相关案例

3/ 校长该不该放权给教师？
7/ 书记与校长应如何协调关系以协力治校？
12/ 竞争：在学校管理中应该是去是留？
16/ 评优风波：小王老师到底能不能当优秀教师？
19/ 一纸协议：学校社区合作的起点还是终点？
23/ 改革招致辞职：王校长如此为哪般？
27/ 如何打造强而有力的团队——来自雁群的启示
32/ 办学特色：校长可以说了算吗？
36/ 教师例会：校长应该如何应对？
40/ 这样建设现代教育技术示范学校行吗？
45/ 高考前的求神拜佛：教师的教育信仰何在？
48/ 职业倦怠困扰：张杨的职业选择错了吗？
52/ 学校心理咨询与心理健康教育是一码事吗？
56/ 学校该如何应对突发恶性危机事件？
59/ 学校财务管理："预算虚高"岂能简单地"大砍一刀"？
64/ 如何突出中职学校的教育理念？
67/ 教学回避法：教育管理人性化又何妨？
71/ 校长该怎样推进学校的教育信息化？
75/ 教师信息技术培训真的起到作用了吗？

育人篇：学生培养相关案例

81/ 德育实践中的无德现象何时休？
85/ 如何面对离异家庭的学生问题？
89/ 学生座位轮换制真的公平吗？
94/ 这个老师为什么会犯错？
97/ 师者，如此"狠心"又何必？

100/ 培养小学生的良好品德该从何着手？
105/ 该如何认识并合理干预中学生的网瘾行为？
112/ 尊重或自重：道德教育的基础何在？
117/ 如何用关爱点燃学生心灵的火焰？
120/ 辩证看待："后进学生"亦可爱
124/ 寄宿学校的班主任应该像保姆吗？
128/ 教师应怎样倾听孩子的心声？
132/ 该如何关注沉迷于网络的学生？
136/ 张老师的作业为何引起风波？
140/ 班级活动妨碍学生学习吗？
145/ 班干部选拔中的民主：不过是暗渡陈仓之计？
149/ "管不了"的学生：何以"造就"又如何"挽救"？
153/ 班级管理工作中的博弈：举重若轻还是举轻若重？
158/ 初中学生的管理：岂能简单粗暴了事？
162/ 教师如何调节学生之间的紧张关系？
165/ 教师的尊重：对学生意味着什么？
168/ 头发之重重于生命？
171/ 课堂冲突引发网络舆论该怎样解决？

为教篇：学科教学相关案例

177/ 高中信息技术课程应如何正确定位？
181/ 如何面对信息技术教育课堂存在的问题？
185/ 信息技术之于教学的价值何在？
189/ 高中英语课上的小组合作讨论如何展开？
194/ 文言文教学中，如何引导学生古为今用？
198/ 如何将语言知识教学和语言能力培养融合于阅读教学中？
202/ 语文教学如何将语言学习与人文教育融合统一？
207/ 语文课堂教学中，学生的语文经验是怎样生成的？
210/ 如何利用多媒体技术打造商务英语网络教学平台？
214/ 如何展开高中物理选修课的教与学？
218/ 如何把握好初中物理和高中物理的教学衔接？

治校篇：
学校管理相关案例

校长该不该放权给教师？

案例

丰老师是个让领导头疼的人，领导对他真是宠不得又横不得。丰老师的教学业务水平高、工作能力极强，在地区，甚至省里都很有名气。学校交给他的工作他都能高质且准时完成，学生对他信任、家长对他放心，但他那股傲气都让领导不舒服。

学校该实习了，王校长按惯例担任领导小组组长，副校长、教务主任均担任相应职务，最后考虑到要有个能干的组员，于是想到了丰老师。丰老师爽快地答应了，并讲了自己对实习的设计，听得王校长一个劲儿地点头。最后丰老师提出条件：要我干，我一定干好，但要给我一定的权力。副校长认为，王校长过于迁就丰老师，认为实习工作没有必要征求教师的意见，直接由教务处安排即可。

思考题

1. 如果你是王校长，会如何考虑副校长的意见？
2. 如果你是副校长，会怎样处理与丰教师之间的关系？

案例分析

作为一校之长，王校长应该认识到丰老师的要求是正当的，并应给予他一定的权力，在本案例中，可以考虑让他担任实习小组的副组长等职务。任职之前，王校长可以与丰老师进行深入沟通，善意提醒他注意其性格方面存在的有可能影响到团队合作的一些因素。

本案例涉及领导用人原则的问题。领导用人要用人不疑，并用其所长，还要注意责、权、利的结合。

本案例中的丰老师是学生信任、家长放心的老师,对这样业务成熟的教师,领导要适当授予一定的权力,这样,既有利于工作的完成,更有利于教师的教学水平的提高。

作为一校之长,不能简单地将学校领导与教师的关系看做是发布命令与服从的关系,而应看做是在同一工作环境下的同事关系;也不能看做是领导与被领导的关系,而是服务与被服务的关系。清华大学终身校长——梅贻琦曾说:"我当清华大学校长很容易,只不过是给教授们泡泡茶、端端凳子罢了。"从梅老先生的话中,不难体会出:一个学校的领导,只有将自己的心理位置摆正了,才不会自以为是,才不会凌驾于教师之上;只有做到这点,才能够虚心待人,尊重他人,才会与教师们有共同的语言,能够与教师们进行广泛的沟通,从而赢得教师们的信任,真正做到集思广益。

校长要通过"服务",让教师感受到幸福,从而使教师对教育教学理念的领会和实施由被动接受转为主动发展;通过"服务"来合理配置学校的各种资源,帮助教师在学校的教育教学中发挥最大的潜能。教师不仅有物质需要,更有情感需要、事业发展需求,以及精神层面的更高层次的追求。这就要求校长真正把教师确立在"人"的位置上,并以"人"为中心进行管理。校长可以从以下几个方面着手改进与教师之间的关系。

一、走进教师、尊重教师

校长对教师有几分诚意、几分尊重,教师就会回馈校长几份真情。每个人内心深处都潜藏着要求被尊重、信任和理解的愿望,他们也想更多地去了解社会、参与社会,希望校长给他们应有的社会地位。他们要求校长讲真话、讲实话。因此,校长应该到教师中间去,去了解老师想些什么,需要什么;他们喜欢什么,讨厌什么,烦恼什么。不深入到老师中间,就不了解教师的真实情况,所以,校长要多与教师交流、沟通,要让每一位教师都能感受到校长对他的尊重,要让每一位教师都能以主人翁的态度去发现学校问题、思考学校问题、解决学校问题。每位教师与学校就会紧紧联系在一起,久而久之就会增强教师的主人翁意识,提高凝聚力。本案例中的王校长能主动找能干的丰老师沟通,积极听取丰老师的意见,体现了其对教师的尊敬。

二、关心教师、赏识教师

每个人都需要被人关心、被人赏识、被人鼓励,教师也不例外。关心教师、赏识教师,可以提高教师的积极性,可以使教师更好地发挥创新精神。因此,学校领导要懂得关心教师、赏识教师。江苏省吴江市高级中学校长徐月新曾说,"要用好学校中的三类人:一是能力较强的人,二是个性鲜明的人,三是缺点明显的人"。校领导必须尊重教师、赏识教师和激励教师,在理解、宽容的前提下,努力成为他们的朋友,关心他们的感受,从而使他们找到自己的位置,实现生命的价值。学校领导应该毫不吝啬地赞赏每位教师的成绩,使教师能充分认识到自身和他人的优势,从而达到相互交流与学习的目的;学校领导还应真心诚意地信任教师,为他们施展才能搭建舞台,给他们更多的发展空间,挖掘教师的特长和潜能。我们知道,教师群体是一个巨大的宝库,蕴藏着无穷的智慧和力量,每位教师都是一粒金子,需要慧眼去发现其价值。赏识可以给教师一种积极的心理暗示,使他会朝着积极的方向发展。

三、创造环境、助其成才

校长要给教师创造成才的环境。一所学校最重要的是教师,难以想象,没有好的老师怎会有好的学生。现实中,很多学校把教学重点放在提高升学率上,这就导致教师的发展常常被忽略了。虽说学生的发展是根本目的,学校的一切工作,都是为了学生的发展,但他们却忘记了一个非常重要的事实,教师的发展水平直接决定着学生的发展水平。只有教师获得充分发展的同时,学生的高水平发展才有希望。作为校长,首先要尽可能地让教师掌握先进的教育教学理论,为教师的成长提供良好的环境。其次,学校要多订阅有关教学的书刊,让教师多阅读;开放电脑教室,让教师能上网查资料,学习先进的教学方法,并将其引入教师的教学中,形成自己独特的教学风格;还应让教师学会反思,引导教师自觉地进行理论思考和思想升华。再次,校长要带领教师积极参加教科研活动。教育教学水平要提高,教师就必须积极投身于科研实践中,勇于探索,勤于思索。在研究的过程中,养成探索的思维态势和创新的思想方法。要善于分析各类问题,从中发现有价值的问题,将其作为自己的研究对象和课题。要大胆承担课题研究,在研究过程中,学习新理论、新方法,并运用新理论、新方法去分析、研究教学中遇到的问题,逐步探索、掌握其教学规律,不断提高自己的教育教学水平,并且不断把研究得出的新认识、新观点、新方法,通过科研报告、论文等形式表达出来,在提升自身的同时,交流、推广教科研成果。本案例中的丰老师业务熟练、工作能力强,需要一个更大的发展平台,王校长对他的信任与支持,为其成才创造了良好条件。

四、给予空间、助其休闲

现代社会的生活和工作节奏越来越快,身为教师要满足来自社会、家庭提出的越来越高的要求,教师承担的各种责任越来越重大,因此,教师群体普遍感到心理压力较大。对此,笔者认为,教师在紧张繁重的工作之余需要适度的休闲以放松身心,保持良好的生理和心理状态,从而从容面对压力渐大的职业生活。那么,作为校长就应该在学校建设和管理中给教师创设良好的休闲空间,一方面,让教师通过必要的休闲放松达到减压的目的,以更好地投入到工作中提高工作成效;同时,正如古希腊格言"闲暇出智慧",教师在工作之余的这种闲暇放松也利于拓宽思路,改进自己的教学和管理艺术,丰富自己的知识结构和内容,掌握更科学先进的现代教学技术素养及能力,使自己的教学资源和能力与日俱进。这样,不仅有利于教师个人远离职业倦怠的侵扰,同时,也给学校的发展提供了不竭的源泉和厚重的潜力。因此,作为一校之长,首先要有敢于改革管理思路的魄力,通过提高工作成效把应有的休闲时间还给教师,然后要有提高教师休闲品质的意识,如从教师的休闲需要出发,创设休闲的空间,添置一定的休闲设施,真正建好"教工之家",组织各种积极健康的休闲活动吸引教师的参与,逐步丰富改善教师的休闲生活。只要教师在休闲时间从事的是有益身心的活动,学校领导就要理解、支持。对教师在休闲状态下产生的教学创意和科研成就,学校领导要通过多种形式予以肯定,进一步激发教师的创造精神,引导教师更加优化自己的休闲生活品质,以更好的精神面貌投入到工作中去。

学校为教师着想,教师也为学校着想,学校为教师投以十分的关心,教师就会对学校报以百分的热心。作为校长要紧跟时代的步伐,要靠自身的学术魅力、人格魅力、艺术魅力去感染、影响教师,并在管理过程中融入人性化因素,与教师坦诚沟通,使校园成为教师们心中的家园、乐园。

作为一校之长,只有关注教师的生存状态,把管理的精力放在关心教师和满足教师的需求上,强调培养教职工的归属感,才能让学校的教育理念潜移默化地影响教师。

(谭远宏供稿)

治校篇：学校管理相关案例

书记与校长应如何协调关系以协力治校？

某高校近两年因特殊原因，校长职位空缺，由党委书记钟书记兼任校长。钟书记既专长党务和思想政治工作，同时，对行政事务和教学工作也颇有研究。最近，该校为了进一步发展，从外校新聘业务能手吴某担任校长，全面主持校务工作。吴校长有过几任校长的丰富工作经验，对大学的办学理念、发展方向，以及定位、特色发展等诸多方面有独到的见解。他上任后，对学校原有的管理制度及行政体系进行了一系列改革。但在工作过程中，时常遇到一股无形的阻力，主要是因为他的某些改革理念和工作思路与钟书记存在一些差异，有时钟书记甚至会以领导者的身份或权力的"惯性"影响改革的实施与进程，导致党政行政关系紧张，出现决策前后矛盾，执行难以到位的现象。

思考题

1. 案例中的钟书记与吴校长应该如何对自己在学校管理中的角色进行正确定位？

2. 从角色定位出发，钟书记与吴校长应从哪些方面协调配合，处理好党政行政关系？

《中华人民共和国高等教育法》（简称《高等教育法》）明确规定，我国大学实行党委领导下的校长负责制，校长是学校的法人代表，以法人资格对学校负责。这对强化校长的中心地位与作用，大力发挥校长办学主动性、积极性和创造性等

诸多方面起着重大作用。而在实际工作中,一些学校的党委书记和校长由于个人差异或其他原因在角色定位、职能分工等方面出现了一些矛盾,已经成为制约高校行政事务正常开展和进一步发展的重要因素。

上述案例就是典型表现。党委领导和校长责任的边界模糊,必然导致党委和校长的职责不够明确,党委、行政的决策权限和程序不易清晰,这种责、权、利不分明的机制使校长无法施展才华。这从根本上影响学校其他下属行政机构的执行效力、管理方式及工作形式,为大学的发展带来滞障。重视并认真研究这一问题,正确处理党政行政关系,对于巩固和完善党委领导下的校长负责制,理顺学校内部行政管理体制,具有重要的现实意义。本案例涉及高校行政管理中的诸多问题,如制度与体制、角色与分工、权利与权力、能力与魅力等。从角色分工与定位上看,党政行政关系的协调应该从正确认识、明晰职责、遵循原则、保持监督四个方面着手,形成党政协调统一、互助合作的和谐关系。

一、正确认识和处理党政行政关系

在学校内部各种关系中,党政关系是核心。如果说党委是大学的一面旗帜,引领并标注大学发展的路向,那么,校长则是大学发展和前进的总设计师,是一所大学发展的灵魂所在,二者是一种"孪生"关系,对大学的发展十分重要,缺一不可。只有正确认识二者之间的关系对于一所大学发展的意义,才能处理好党政关系,实现书记与校长角色的合理定位与变迁。

从本案例来看,该校校长的引进使原有的党政行政关系发生了变化,校长形成了另一股影响学校发展的"势力",这与原来的单一"势力"必然会产生摩擦,这就使得党委领导与校长积极性的发挥存在一定程度的矛盾,潜伏着"冲突"或"非冲突"的表现形式,这实质上是个人和集体的领导关系的模糊。因此,在既定制度与体制下,书记和校长应该认识到这种局限性和弊端,积极地进行沟通和协调。从全局出发,正确认识并处理二者之间的关系。这种关系的处理包括三个方面,即职权关系、组织关系及个人关系。

在职权关系上,书记与校长是影响一所学校发展的重量级人物,他们都是学校的最高领导,二者是一种平行关系,书记发挥政治核心作用和监督作用。校长是法人代表,大学发展的方方面面均离不开校长的躬亲历行,二者在职、权、利上对于大学的发展均起决定性作用。从组织关系看,校长与党委是个人与组织或个人与集体的关系,个人服从组织是党的组织原则,在组织里,党委书记是集体的"班长",校长作为一名党员应成为"班长"的得力助手。从个人关系上讲,校长与书记是同级干部,两人良好的工作关系是办好学校的前提,书记与校长要避免内耗,两人的矛盾不能影响工作,不能成为影响学校发展的绊脚石,消除这种现象需要他们加强自我修养,以大局为重,以事业为本。

二、明晰各自的工作职能与责权

分工明确,责权清晰是形成团结协作的党政关系的前提,是党委书记和校长在各自的职权范围内行使其职能职责且不对他人造成干预的重要条件。从角色定位与分工上看,应该进行如下努力。

首先,书记主要是对学校的办学思想、办学方向进行整体把握,坚持社会主义国家的办学方针。其工作职责主体现在:一是发挥保证作用,书记要尊重与保证校长在学校工作的中心地位,对学校的重大决策要积极参与并保证实施,只要校长所作的一些重大改革决策没有违背社会主义国家办学方针与原则,书记都要大力支持;二是负责党务工作,搞好组织的思想与作风建设,向上级推荐优秀党员并任命学校下级领导,抓好领导班子建设工作;三是教职工的政治工作,通过对教代会、工会、共青团的领导,发动并督促各部门做好教职员工的思想工作。

在体现党委领导的同时,要避免出现党政不分,以党代政,使党的活动内容和方式事务化、行政化。本案例中的情况表明,钟书记在履行基本的工作职能之外,影响了校长职能的发挥。校长的地位和权威没有得到凸显,对新任校长的支持力度不够。书记应该放宽管理权限,让校长充分施展才华。

其次,校长合理的角色定位,是成功治理高校的前提,是改变以往大学校长角色模糊状况,实现校长角色转变的基础。校长的职责主要体现在四个方面:一是受上级主管部门的委托,对高校的校务与行政工作进行管理,特别是涉及学校办学定位、发展水平与特色及专业治理等诸多方面,校长是学校事务管理上的高级CEO,在学校管理中践行其办学理念;二是负责学校的教学管理工作,对学校事务进行决策与指挥,完善学校内部的管理体制,抓好师资队伍建设等;三是对外代表学校,以法人资格与外界取得广泛联系,包括信息与能量的输入与输出,争取社会与公众对学校发展的支持,从而为学校发展争取社会资本;四是主动接受党委监督,在宏观决策及职业化的管理过程中,定期向党委及教代会述职并及时报告工作,听取意见与建议,及时对管理决策进行纠偏。

本案例表明,吴校长在实现其办学理念与改革思想过程中,应该在内部倡导形成一种合理的利益生成和表达机制,形成民主管理的气候,做到民主决策。吴校长改革学校体制,实现学校跨越发展的愿望是好的。但在实际中,大学更像一个利益相关者组织,只能由利益相关者共同控制。为此,吴校长应该建立一种利益相关者机制,使改革考虑到行政人员、教师、学生等多数相关者的利益,从而调动各方的积极性,并与党委保持良好的沟通与交流,以获得党委的大力支持。

三、遵循处理党政关系的工作原则

在本案例中可以看到,党委书记和校长如果不能团结协作,不及时进行沟通,很可能导致工作中出现"各吹各的号、各唱各的调"的危险。为此,处理好党政关系要遵循以下原则。

1. 目标一致性原则

党委书记和校长分别主管党政工作,没有谁大谁小之分。二者只是职责的不同,但目标是一致的,都是为把学校工作做好,为社会培养更多的人才。目标的一致与协同,能够整合高校管理过程中的各种力量,形成一股强大的"势力",劲儿往一处使,力往一处用,心往一处想,这样才能促进高校的良性发展。

2. 过程配合性原则

对于学校的重大决策或日常行政工作,以书记为代表的党委组织体系与以校长为代表的行政体系要相互配合。由于高校科层结构复杂,学校的中层单位也有学院书记与院长职责权限的分工,从而形成从低级到高级的两大党政行政体系,两大体系能否在工作上配合与协调,直接影响着学校发展目标的实现。工作过程中的配合性原则是处理党政行政关系应遵循的重要原则。

3. 方法互补性原则

在管理过程中,党政双方的关系应该是协同与互补的。一方面,党委对校长是监督的作用;另一方面,校长办学思想与理念的践行一定程度上又会削弱党委的"领导力"。二者是一种"双向制衡"的关系。如果双方遵循方法互补性原则,即真正做到党委在校长遇到工作困难时能够从思想上给予疏导与支持,反过来,校长的管理实践又能够与党委很好地沟通,取得党委的广泛支持,在工作中进行互补,才能处理好这种"双向制衡"的党政行政关系。

四、保持党委监督职能的发挥

在党委领导的校长负责制下,党委如何发挥监督作用,是党对学校领导作用的重要体现,也是衡量书记与校长实质关系的重要维度。从本案例中我们看到,由于过去的工作习惯,钟书记尚未完全适应新的监督职能,让吴校长有被干预的感觉,而吴校长也没有在改革过程中完全提供党委履行监督职能的有利条件。

为此,不利于党政和谐关系的形成。双方只有从各自的角度保持党委监督职能的发挥,才有望形成和谐的行政关系。

  从钟书记的角度看,发挥监督作用主要体现在与吴校长定期互通信息,及时了解各部门的情况,共同听取各类工作汇报,共同安排工作日程。书记在统一部署与行动时,真正担负起监督的重要职能。从吴校长的角度来看,则应在改革进程中主动积极配合这一监督机制,采取共同协商、定期汇报、互通有无等多种形式为党委监督职能的发挥提供有利条件。这样,才能形成良性的党政行政关系。

(陈慧青供稿)

竞争：在学校管理中应该是去是留？

案例

某小学校长在刚上任时，为了提高学校的教育教学质量，根据实际情况，在校内进行了大力的改革，制定了教育、教学、管理、奖惩等方面二十多项制度，提倡竞争意识。对于优秀教师，学校召开表彰大会，大张旗鼓地进行表彰。在进修制度上，鼓励教师继续教育，不断充电，完善自身的知识结构，学校对参加继续学习的教师给予一定的经济补偿等。在教学环境方面，学校尽可能地改善教师的教学环境。在教学评价方面，学校把学生的考试成绩作为评价教师教学水平的唯一标准，适时对学校的教师岗位进行调整，调岗有的意味着否定，有的意味着肯定。在这种竞争意识的催化下，学校的王老师为了提高教学成绩，争占学生时间，其他任课老师都不愿意与王老师做搭档。

思考题

1. 竞争元素是否能在学校管理中发挥积极影响？
2. 作为校长应该怎样运用竞争来提高教学质量？

案例分析

随着经济的高速发展，竞争已充斥着社会的每个角落，成为现代社会不断前进的动力。一所学校要发展，要提高教育教学质量，也需要竞争。如今，学校之间的竞争、教师之间的竞争、学生之间的竞争已日渐升温，尤其是教师间的竞争已成为竞争的焦点。从本案例中我们可以清楚地看到，教师间的竞争有着积极的作用，同时也有消极的作用。

一、积极作用

从学校层面分析,竞争是激活全局,给学校的各项工作注入无限生机和活力的关键要素。学校所有的教育教学活动都在竞争中开展,以竞争促管理,以竞争促教学,以竞争促学习。用纪律、卫生等各项评比来促进各班级之间的竞争,从而提高学校整体管理的水平。用教学比武和教学基本功比赛推动教师培训,推动教学改革,提高教师的综合素质,提高课堂教学效率和质量。通过学科竞赛、优秀作业展、板报评比等活动,让学生自己教育自己,提高学生分析问题的能力和思维表达能力。

在竞争中发现骨干教师。在竞争中很多优秀教师会脱颖而出,学校可以从中发现所需人才,选拔骨干教师,着力培养,打造名师工程,发挥骨干教师的示范、引领作用,打造出一支训练有素、精力充沛、战无不胜的学科团队。

从教师自身的角度分析,竞争能调动广大教师的积极性和主动性。通过比较,更多的教师都能客观地评价自己,发现自己的不足,对自己的工作投入更多情感和精力,自我完善,提高专业素质。

二、消极作用

虽然引入竞争的目的在于时刻保持教师旺盛的斗志,但是有竞争就必然会出现"利己"与"排他",教师间的竞争也不例外。因此,学校中教师间的竞争存在"排他性"和"利己性"的特点,给有效的学校管理带来了消极影响。具体表现如下。

(1)优秀教学成果难以共享。为了维护自己的利益,优秀教师有时不愿与他的同行一起分享自己的经验,成果得不到推广,也就得不到完善。教师间的竞争容易由一种教学常态衍生为恶性竞争,形成各自为政的"围城式"教学。

(2)影响教师间的关系。为了在竞争中保持优势地位,有时会导致教师们"闭门"摸索,教育观念和视野不可避免地陷入狭隘和单一中,容易导致学校形成封闭、保守的教学氛围,教师人际关系紧张,影响教师间的交往。本案例中的王老师为了学生考出好成绩,和其他任课老师争抢学生时间,导致没有人喜欢和这位王老师合作教学。这不但影响了教师间的关系,而且也不利于学生的有效学习。

(3)造成教师的精神恐慌。推行竞争的学校,每位教师都能感受到各种竞争带给自己的恐慌与焦虑。失败者往往要承受巨大的精神压力,甚至付出物质代价,容易导致教师挫折感和自卑感的生成。

综上所述,我们不能简单地说本案例中的校长推行竞争手段提高教学质量的行为是不正确的,也不能武断地说不能将竞争运用到学校管理中来。我们应该向这位校长提出建设性的意见,帮助他完善改革。总体上说,作为校长应该明白竞争对学校管理来说是既有积极作用又有消极影响。在推行竞争时,一定要注意只推行正当的竞争和公平的竞争,要防止不恰当竞争或恶性竞争。针对竞争的消极影响,笔者向这位校长提出以下几方面的建议。

1. 采用全面发展的教学评价理念,摒弃"成绩唯一"的评价观

新课改对小学教学评价提出新的要求,摒弃把学生成绩作为唯一评价标准的传统,转为以学生的全面发展作为评价指标。因此,学校管理者和教师应放弃唯分数而教,任劳任怨为考试教学的思想。本案例中的校长和王老师都没有正确理解新的教学评价理念。这位新上任的校长在制定学校教学评估政策时,没有考虑到教学评价的多元化,而掉进分数考核的怪圈,导致王老师为了在教学评价中赢得优秀,与其他教师争占学生时间。这位校长应该完善现有的教学评价制度,建立多元化的评价指标,摒弃"成绩唯一"的评价观,建立过程与结果并重的多元评估与奖励机制。

2. 倡导群体竞争与个体竞争相结合的管理方式

本案例中的竞争主要集中在教师个体之间,教师间为了争先进,相互扯皮揭短的事情时有发生。作为个体的教师把别人的成绩看做一种威胁,出现怨恨别人超过自己的嫉妒心理,加剧了教师间的矛盾。因此,学校应该注重群体竞争。群体竞争是指学校应把竞争与合作结合起来,消除教师竞争中的消极因素,引导教师在竞争中合作,采取合作与竞争融合的方式,在学校内部举行丰富多彩的集体活动和集体竞赛。集体竞赛要求绝大部分教师参加,通过比赛评出优秀,优秀教师再参加更高级别的比赛。校内教学评比要求全员参与,参与的过程是一个既竞争又合作的过程。譬如,小学二年级语文教学小组间的教学竞赛,全年级语文教师分成不同的教学小组,每一个小组由几位教师组成,竞争存在于教学小组之间,而不是单个教师孤军奋战、"单打一"。群体竞争是要发挥群体的共同智慧,把自身优势与其他教师的优势结合起来,把集体的长处最大限度地发挥出来,这样,既提高了自己的水平也提高群体内部其他教师的竞争力,把竞争的压力内化为责任感强、专业提升的内驱力,实现变"内耗"为"共享"的局面。

3. 营造友善的竞争环境

为了激发全体教师的干劲,学校管理者可以设立一些先进集体和先进个人等称号。通过开展谁能让家长满意,谁能让学生满意率高,谁的师德好,谁的字写得好,谁的教学质量高等一些评比活动,提高全体教师的教学水平。然而,先进不是大锅饭,不可能搞平均主义。因此,在竞争中,作为学校主要领导者的校长应该营造良好的竞争环境,具体方法如下。一是引导教师以"道德"为基点,恰当、友好地进行竞争,而不是"钩心斗角,扯皮揭短"。二是营造一个公平和民主的竞争空间,便于教师在竞争中更加紧密地团结起来,而不会伤害彼此的感情。三是学校应遵从公正、公平和师德、师能兼顾的评选原则,这种评选原则有利于评选出来的先进被同事接纳,成为大家学习的榜样,而不是被人诋毁的对象。四是学校管理者应该恰当处理教师间的合作与竞争的关系,协调好教师间的适度竞争与充分合作。在合作与竞争并存、挑战与机遇同在的新时代,教师间的广泛合作与内外竞争的局面不可避免。因此,校长和教育行政管理者当务之急就是协调好教师间的适度竞争与充分合作。

(向东春供稿)

评优风波：小王老师到底能不能当优秀教师？

一年一次的年度评优开始了，某中心小学有上级划定的 2 个年度优秀指标，经过大家讨论，决定通过每人一票的方式进行匿名投票，得票最高的 2 人当选为优秀。

投票结果很快就出来了，票数比较高的两位老师，一位是资深女教师，另一位是刚到该校工作不久的年轻男教师小王。老教师对被评为优秀没有发表太多感言，只是对大家肯定她的工作表示感谢。小王老师开诚布公的说法倒是引起了人们的深思。

小王老师获奖后的例行发言不太符合常理，故引起人们的特别关注。他的发言包括三个层面的意思。第一层意思表达的是评优的公正性。他说，能够公开投票，说明该校是一个十分民主的单位，也是一个适合工作的地方。很多同事投了他的票，他表示感谢，这样的结果既是对他工作和为人处世的肯定，也说明学校不搞论资排辈，公平的环境对鼓励所有人努力工作的积极作用也是不言而喻的。第二层意思表达的是他个人与真正的优秀存在的距离。他说，他被评为优秀，其实心里很虚，甚至于心有愧，因为自己目前还不具备成为优秀教师的重要条件。他认为，一名真正优秀的教师（甚至从事所有职业的人），首先应该具有敬业爱岗的精神，尽管他自己在形式上具备这种精神，但他无法把自己当前从事的工作当成终身事业来追求。因为他成为一名小学教师有着很多无奈，说不上从自己的内心深处真正热爱这个工作。他不爱这个工作不是因为这个工作社会不需要，也不是因为这个工作不能为社会作出重要贡献，而是因为一个男孩子成为一名乡村小学教师，不但意味着没有权力、财富和声望，甚至意味着找一个合适的对象都有困难。尽管他在努力对天真活泼的孩子负责任，但很可能对自己一生不负责任。第三层，他的工作带有很多自私的成分。尽管他在各项工作中都能名列前茅,但工作的动力不是敬业爱岗,更多是因为他自己想"偷懒"。他千方百计调动学生的主动性和积极性,提高教学效率和效果,虽有为学生着想的方面,但包含了很多自私成分,因为这样能够使自己有更多时间自学。

尽管小王老师的发言没有改变他最终被选为优秀的结果,但他的发言在教师中引发了很多议论。

思考题

1. 由上级划定优秀指标并据此进行评优的科学依据是什么?
2. 投票确定优秀人选合不合适?
3. 应如何处理优秀的客观尺度和主观尺度之间的关系?

案例分析

评优评先是中国式年终评价不可或缺的重要组成部分。因为确立先进的过程就是确立身边榜样的过程。这种过程,从理论上说,其实也是对个人工作好坏的一个评判过程,所以,评优是实现有效管理的重要组成部分。从该校评优的程序看,是典型的中国式的。在这种程序中,上级确定优秀比例,各单位获得最终评优指标,这已经成为几乎所有行政事业单位的通行做法。

在本案例中,小王老师的获奖感言确实道出了一些值得人们深思的问题。有些问题大有摧毁评优中"常识"的意味,有的则直击职业背后的社会意涵。它给我们带来很多联想,也带来很多值得思考的东西。我们从以下几方面给人们提供可以进一步思考的角度。

第一,到底什么是优秀的标准。人们常常把敬业爱岗等作为优秀的评判标准,这是正确和适当的。评判一个人是敬业爱岗的,我们可以观察他的所作所为,也可以倾听他的言语,或者考察其行为的效果,甚至考察行为的态度。如果人的言行是一致的,行动和态度也是统一的,行为过程和行动效果也是一致的,评优评先之类的问题就会变得十分简单。但真实情况是,这些需要一致的东西,事实上往往并不一致,或者并不那么一致,只是人们一般不把真相说出来或者不轻易说出来。当有人把它毫不掩饰地或者略加掩饰地说出来时,就像那个少不更事的小孩说出皇帝其实并没有穿衣服这样一个大家都知道却不肯也不敢轻易说出来的事实那样,引发的社会反响和感叹会蔓延和扩散。同样,评优评选无论出于激励,还是借助公平或者正义的名义,评优过程和结果都往往与人们的设想或者愿望存在距离,从而使简单的人类活动变得复杂起来。所以,寻找普适性的评价标准或者评价结果往往有点自欺欺人的味道。

第二,如何看待理想的和现实的榜样间存在的距离。小王老师的行为效果是大家肯定的,这是他当选的重要支撑。但其行动的动机或者隐藏在内心深处的想法,由当事人如实交代后,在对优秀的理想期待与客观现实之间就产生了人们不愿意看到的裂缝,这是我们不肯轻易接受的。

第三,如何处理个人抱负与社会使命的关系。小王老师存在个人的利益追求和抱负是合理的,也是现实的。在本案例中,他的这种不同关怀尽管在主观目的层面存在矛盾,但客观结果似乎解决了这个矛盾。然而,从更为宽广的视域看,矛盾的存在甚至是一个超越具体个人而具有普遍意义的问题。如何处理好个人的奋斗与为社会服务之间的关系,是一个值得好好思考的问题,如何使各行各业都具有同样的尊严和价值,真正实现"三百六十行,行行出状元",这是社会发展需要努力的方向。

(彭拥军供稿)

一纸协议：学校社区合作的起点还是终点？

案例

为切实加强社区和学校的沟通与交流，发挥辖区内教育资源优势，促进青少年健康成长，创建文明、向上的教育氛围，打造公信教育，按照"优势互补、互惠互利、同创共建、和谐发展"的原则，甲小学与乙社区经充分协商，签订了《学校社区共建协议》。

协议拟定了甲学校与乙社区双方各自的权责及双方共建的一些具体活动计划与制度，如共同开展学生暑期活动、帮困助学活动、校务咨询、座谈会及双方教育资源开放共享等。而在实际的合作共建中，除了起始时隆重的共建协议签订仪式和结尾时简单的共建单位总结座谈会外，中间那些本该浓墨重彩的同创共建活动却经常被轻描淡写、一笔带过。

思考题

1. 该如何理解"社区文化"与"学校文化"，以及二者之间的相互关系？
2. 作为校方或社区合作方的负责人，应如何进行社校合作以真正实现教育资源的共享？
3. 如果你是学校的领导，会如何充分利用社区文化资源构建学校文化品牌？

案例分析

本案例中的社区、学校合作只是涉及了合作的一些形式层面，而忽视了合作的实质，即社区文化与学校文化之间的互动与沟通。

随着城市现代化建设的不断发展，社区日益显示出了它的重要地位。社区就是一个地域内具有某些共同特征的人群在社会生活中所形成的共同体。社区发展离不开社区文化的凝聚力、影响力和促进力。社区只有具备丰厚的文化底蕴,才会有社区个性和独特的社区风格,从而获得吸引力。

所谓社区文化,指的是特定社会区域中人们的各方面行为所构成的文化系统,它既包括这一区域内人们的生活方式,也包括该区域内社会成员的理想追求、价值观念、道德情操、文艺修养、生活习俗等。简单地说,社区文化是社区居民共同创造的物质文化、精神文化和制度文化的总和,其核心是社区文化底蕴的凝练和显现。社区文化为社区成员共同创造、共同承载、共同享有,对社区成员具有强大的感召作用。

现阶段的社区文化,一方面秉承着中华民族的传统特色,另一方面,随着改革开放的深入和市场经济的转轨而体现出现代的人文精神。因此,当今的社区文化既有着浓厚的地域性和群众性,也有着强烈的开放性、多元性,并且有相对的独立性和弥散性。

而学校文化,是学校特有的精神环境和文化氛围,是学校全体成员共同追求的价值观念及行为规范,是学校基于历史传统和文化底蕴所形成的具有独特凝聚力和个性特色的学校精神、办学理念、办学目标、学校传统、制度规范、校风校貌等的综合体现。它影响和制约着学校群体成员的活动方式、精神面貌与文化素养,具有抽象性、相对独立性、相对稳定性、发展性和群体累积性等。优秀的学校文化就等于卓越的品牌,具有学校个性特征和现代教育思想的学校文化建设是学校发展的基础,只有将学校精神、文化积淀成为文化底蕴,最终融以独具特色的品牌形象和文化内涵,才能构成学校的核心竞争力,实现学校的可持续发展。而要构建学校文化品牌就必须建立学校文化面向社会的开放架构,使学校在人文精神、行为方式和价值取向方面形成学校的无形资产。

显然,合作是学校文化永恒的主题。一方面,社区、学校合作共建就是传播学校鲜明个性和特色,在社会公众面前树立学校形象,帮助公众认识学校,促进学生个性发展的一个重要平台。另一方面,社区拥有丰富的教育资源,是学生进行校外活动的天然基地。学校充分利用社区教育资源,邀请社区的老干部、儿童教育专家等到学校对学生进行思想、道德和人生观教育。通过组织学生利用假期为低保人员、贫困居民上门服务,参加打扫卫生、消灭白色污染等社会公益活动,提高学生的思想道德水平,增强其社会责任感;通过与社区共同开展融科技、文化、艺术、体育等内容于一体的课外兴趣活动,为居民送上丰富多彩的精神食粮;通过为社区开放操场、图书室、微机室等,真正实现学校教育资源进社区。在服务社会、传播先进文化的同时,也促进了学校的发展。

而对于社区发展而言,社区、学校合作同样也会促进社区的和谐发展,形成一种特色地域文化。社区把学校教育发展纳入社区发展整体规划,做到经常联系,交流畅通,合作协调。社区有关部门积极配合学校及时进行周边环境整治,共创安全、文明、优美的环境。节假日为学生开放活动场所,关心困难家庭孩子就读,通过走访、协调尽可能帮助解决实际困难。

学校与社区能够共同努力,互通有无,加强沟通,利用各自的教育优势,实现优势互补,创建一个充满亲情、和谐安定的教育环境、社区环境,从而形成更为紧密的家庭、学校、社区合作培养现代公民的共育体系格局。

因此,从学校角度而言,开展以学校社区文化"共建共管、共享共用"的开放的共建教育模式,应该从以下几方面着手。

第一,要求校长具有开放的胸怀和良好的协调能力,以便加强学校和社区之间的互动,将学校教育延伸到社会,并充分利用社区的空间和教育资源最大限度地形成教育合力,把学校内部的教育转变为面向社会的教育,让学生走出校门,在更加开放的大课堂中接受教育,为学生提供更多的实践活动场所和内容。

第二,需要提升学校的品牌号召力。为此,合作中的学校需要构建包括校园环境文化、教师文化、学生文化三方面在内的学校文化体系。校园环境文化,主要包括操场、教学楼、教室、办公室等,它是外在的打造与内在的塑造相结合,是一个学校的品牌、一个学校文化教育力的外显。教师文化,包括教师群体公认的教育思想、教学境界、职业情操、文化素养、品格修养在内的行为准则,是教师群体推崇的潜规则。学生文化,是指在学习、生活中所共同拥有的价值观和文化取向。为此,校方需要提炼出能代表本校历史积淀和未来发展方向的核心价值理念,建构学校文化体系,使之成为师生的精神家园,并转化为师生内涵的人文素养和外显的行为模式,使学校文化得以传承发展、生生不息;需要梳理和充分利用学校周边社区文化和人力资源,建设具有浓郁地域文化特点的校园环境,校园设施设备得以更新完备;也可让师生自主创意并布置,充分展示环境育人功效,让建筑、雕塑、校园景观、一草一木营造一种传播形式,潜移默化地影响学生个性、品格,使静态校园环境文化与动态的校园环境文化(如特色活动小组、社团活动等)相得益彰。

第三,寻找社区文化资源与学校课程资源之间的切入点和可整合区域,开发形成特有的课程文化。各年级教师结合所教课程,挖掘社区文化资源中蕴涵的教育元素,并合理运用,将课程文化融入课堂教学中,并利用弹性课程设置,开展特色活动,构建特色活动文化资源,形成校本课程资源库。另外,还可以以社团活动和班级文化创建活动、综合实践活动为载体,加强学校和社区之间的互动,使学校教育延伸到社会,充分利用社区的空间和教育资源最大限度地形成教育合力,真正体现出"全社会关心孩子"的理念。

第四,建立社区教育领导小组和联席会议制度。领导小组成员由学校分管校长、社区单位领导、各社区文教干部组成。在社区教育领导小组的领导下,建立校区联席会议,每学期领导小组至少召开两次工作研讨会,主要内容有相互通报学生在校、在家的学习、生活情况;确定具体的工作内容;制订相关的有针对性的、学生需要的实践活动计划。这样的领导管理机制,能使学校和社区的互动有了强有力的支持和保障,为学校与社区之间的良性互动奠定了良好的基础。

第五,建立学校社区网络化管理。学校与社区形成了一个三级互动管理网,定时、定点、定人开展各种形式的教育活动。

(周荣秀供稿)

改革招致辞职：王校长如此为哪般？

王校长是某市重点中学 A 校的校长。王校长上任以前，A 校一直是市里的王牌学校，每年都有近十名学生考上北大、清华，考上其他名牌大学的学生也不少，高考升学率一直名列全市前茅。

王校长是个很有学问的人，视野也很开阔，他曾经到美国、日本等发达国家考察过基础教育的办学情况。他不仅对先进的教育理论和观念有比较充分的认识和理解，也形成了自己独到的见解。正因为如此，在 A 校的老校长退休之后，上级领导决定任命王校长担任 A 校的校长。上级领导和学生家长都对王校长寄予了厚望。

王校长上任以后，也确实没有墨守成规，而是进行了一系列大胆的改革。因为在王校长看来，A 校过去的教育是典型的应试教育，每周都有学科摸底测试，无论是老师还是学生都在自己的岗位上快速地运转，学生每周只休息半天，老师则几乎没有闲暇的时间。学生和老师的压力都很大，头脑中几乎只有两个字——"高考"，其他所有的事情，包括课外活动等都被置之脑后，整个学校气氛非常严肃，一点生气都没有。王校长认为，这种教育限制了学生天性的发展，很容易导致学生发展畸形，说得严重一点，这种教育就是一种"不人道"的教育。他希望学生在学校里能比较轻松、快乐地学习和生活，能够健康全面地成长。于是，他按照素质教育的思想来改革学校的管理和教学，在高中阶段课程中恢复了被取消多年的音乐、体育、美术课程，并增设了其他必要的活动课程，减少了校内摸底测试的次数，以减轻学生的思想压力和学习负担。改革不到两年时间，有了明显的效果，过去沉闷的校园里多了许多生机和活力，学生的脸上也多了笑容，老师也觉得没了以前那种可怕的辛苦。可是，市教育局的领导和家长的脸上却多了许多愁云，因为 A 校考上名牌大学的学生一年比一年少，整体的升学率也在明显下滑，学校的声誉大不如前,招生也受到了比较大的影响。市教育局领导多次找王校长谈话,希望他能采取措施扭转这种局面,但到第三年高考成绩公布以后,A校的情况仍不乐观。王校长迫于市局领导的压力和家长们的怨气,不得不主动提出辞职。

思考题

1. 王校长上任以后,他进行的改革总体上成效如何?该如何评价其办学指导思想?

2. 为什么学生和老师的生活有了些快乐和活力的时候,上级领导和家长却反而愁上心头呢?

3. 王校长迫于上级领导及学生家长的压力而主动辞职,但其辞职背后的深层原因何在?

案例分析

这个案例虽然是某地一件看似平常的事例,但极具代表性。这个案例中折射出许多值得我们深思和探讨的问题,反映了目前基础教育改革中存在的诸多矛盾和困惑。大致包括以下几个方面:一是先进的教育思想与社会及教育的现实之间的落差;二是教育改革的动力与阻力之间的对立;三是基础教育各利益相关者之间利益的尖锐冲突;四是应试教育与素质教育之间难以调和的矛盾;五是校长角色实然与应然的困惑。

王校长上任以后,他运用先进的教育思想来指导学校的办学实践,他所进行的改革主要是针对目前基础教育存在的弊端,其目的是培养健康发展的人,应该说符合教育发展的总体方向,但为什么不能成功呢?基础教育的改革是必然的,但到底该怎么改,朝哪个方向改,却是有争议的。很多时候,教育问题不单纯是个教育问题,它还是个政治问题、经济问题、文化问题或其他问题。也就是说,教育有着深刻的、复杂的社会、历史背景,没有脱离现实和历史的抽象的教育。先进的教育思想和观念代表的是教育发展的指向,往往具有超前性,与社会现实之间往往存在一定的差距。从社会现实的角度来看,王校长的改革似乎有些"不合时宜",因为在目前的社会状况下,生存的竞争异常激烈,找一份好工作,过上平稳而比较富足的生活还是比较困难的。而且,绝大多数人都只能通过升学这一渠道来争取自己理想的生活。为了生活,除了全力关注高考这道门槛以外,暂时还没有太多人有心思去关注别的什么东西。另外,别的学校都在搞应试教育,搞题海战术,拼命地抓升学率,唯独你一所学校不这样做,在学校之间的竞争中,似乎找不到立足之地。

基础教育改革既有动力,也有阻力。动力主要来源于两个方面:我国目前基础教育改革的动力主要是来源于国家对教育改革与发展的要求,往往表现为国家的教育政策,这种改革是自上而下的,如新课程改革;教育内部有时也会有些动力,主要来源于人的发展的内在要求,如王校长进行的改革。基础教育改革的阻力来自许多方面:一是基础教育传统的惯性,也包括基础教育系统内部人员传统的思想观念;二是社会经济发展水平的制约,社会经济发展的水平不高给人们生存竞争带来压力,这种压力表现在教育中就是不顾人的发展的需求,一味地追求考试分数。教育改革能否有效地推进,能否取得理想的成效,取决于改革的动力与阻力之间的博弈。

作为一名校长,上要对上级主管部门负责,下要对师生和家长负责。当上下各方的利益诉求基本一致时,校长会比较好办事,但当各利益相关方之间的要求存在很大的分歧甚至尖锐对立时,校长就会处于非常艰难的境地。而且,任何改革措施的出台,都可能涉及利益的重新调整。这种调整必然导致各利益相关方之间产生新的矛盾,这种矛盾往往表现为改革的强大阻力。王校长进行的改革,在某种意义上说是保证了学生生活和发展的利益及教师应有的休息的利益,但对于上级主管部门和家长来说,是对他们利益的一种损害,上级部门的"政绩"受到了影响,领导在面子上过不去。家长们认为,原本自己的小孩可以考上更好的大学,但学校的改革让自己的小孩没能考上理想的学校,孩子未来的前途和家庭的利益受到了影响。所以,教育行政部门和学生家长是不欢迎王校长的改革的。

导致王校长辞职的直接原因是该校升学率的下降。升学率是地方教育行政部门体现的政绩因素之一,也是家长们最关注的指标。在目前的基础教育领域,升学率几乎是评价一所学校的唯一标准,也是评价一名校长的重要指标。尽管以素质教育思想为指引的新课程改革已开展了很多年,但效果不是非常明显,应试教育的体系依然非常坚固,高考的指挥棒作用依然非常强大。尽管许多教育学者认为,应试教育与素质教育不是对立的,二者可以在一定程度上相容,但在实际操作中要兼顾二者确实存在很大的困难。

我们常说"教育要让那些懂教育的人来办",王校长应该不算是一个不懂教育的人,在某种意义上,王校长比许多其他的校长更懂得教育的真谛。但为什么王校长所办的教育不能得到认可呢?当我们用现代的教育理念去审视王校长的改革时,似乎不能认为那是错误的。因为事实上,基础教育领域存在的问题确实不少,尤其是应试教育带来的危害显而易见,社会各界对教育的批评和质疑之声也此起彼伏。但我们的校长又能做些什么呢?从这个案例中我们隐约可以感觉到学校和校长们承受着不堪承受之重,一方面要应对社会的质疑甚至指责,另一方面又要满足学生、家长和上级领导对升学率的要求。作为校长,其职责应该是办出高水平的学校、办出高质量的教育,让全校的学生德、智、体等方面充分发展,促进学生人格的完善,使之成为未来社会的合格公民。但实际上,王校长却只能让学生沉浸于题海,每天过着紧张和快节奏的生活,眼睛只盯着分数而忽视其他方面的发展。王校长正处于这种两难之中。

王校长只是中国目前千千万万个校长中的一个代表,王校长的困惑恐怕也是千千万万的校长们面临的共同困惑。

(傅定涛供稿)

如何打造强而有力的团队
——来自雁群的启示

一群大雁要飞到温暖的地方过冬。它们整齐的队伍像写在天上的"人"字。有一天,一只年轻的大雁突然离开大队,自己飞走了。它一边飞一边想:我为什么一定要排着队呢?多不自由呀!它飞呀,飞呀,渐渐地,它感到吃力了,身体也越来越沉重了。这时,它开始后悔不该离开集体。正在这时,一只年长的大雁飞来接它。年轻的大雁问:"为什么离开队伍,就飞不动呢?"年长的大雁告诉它:"大家排队飞行,把周围空气扇动起一股向上和向前的气流。借着这股气流,每只大雁飞起来都会省一点力。你离开队伍,没法利用气流,所以很快就累了。"年轻的大雁终于明白了,它跟在年长的大雁后面,去追赶队伍。(节选自《教师汉语手册》)

1. 雁群南飞的故事对学校管理工作有什么启示?
2. 作为学校领导,该如何合理构建并有效管理教职员工团队?

每年秋天大雁都会从寒冷的北半球飞往温暖的南半球,可是由北往南的路程有两万多公里,一路上大雁们会遭遇到各种各样的困难。其他的候鸟很少能像大雁一样胜利飞回目的地。大雁展翅高飞时,常常排成"人"字队形或"一"字斜阵,定时交换左右位置。当然,在队伍中最引人注目的是强壮的头雁。头雁飞行一段时间后,就会疲惫不堪。接着就有另一只强壮的雁替换它的位置作头雁,之前的头雁便排到队伍后面。有的年轻的大雁没有担任头雁,在"人"字形队伍中飞行得很顺利,总认为自己具备单飞的能力,不愿受飞行队伍的束缚,于是想选择单飞。但当它偏离队伍时,就会发现单独飞行的辛劳和阻力,并不得不立即飞回队伍。重新借用同伴提供的"向上之风"。飞行在队伍中的雁会发出"呱呱"叫声,鼓励前面的雁保持速度。生物学家们经过研究得出结论:雁群这一飞行阵势是它们飞得最快、最省力的方式,因为在飞行中处在领头位置的大雁会遇到很强的气流阻力,在后面位置的大雁按照"人"字形排列,可以大大减少气流的阻力,节省体力。过一段时间后,领头的大雁会排到后面,由另一只大雁接替它带头领飞。这样,大雁们通过交替领飞来节省体力,共同飞向目的地。在晚间休息的时候,大雁们则轮流放哨,共同创造一个安全的休息环境。

研究发现,雁群是由许多有着共同目标的大雁组成,在组织中,它们有明确的分工合作,当队伍中途飞累了停下休息时,它们中有负责觅食、照顾年幼或老龄大雁的大雁,有负责雁群安全放哨的大雁,有负责安静休息、调整体力的领头雁。在雁群进食的时候,巡视放哨的大雁一旦发现有敌人靠近,便会长鸣一声给出警示信号,群雁便整齐地冲向蓝天、列队远去。而那只放哨的大雁,在别人都进食的时候自己不吃不喝,具有为团队牺牲的精神。另外,雁群组队飞要比单独飞提高22%的速度,在飞行中的雁两翼可形成一个相对的真空状态,飞翔的头雁却无法享受这种真空,漫长的迁徙过程中总有人带头搏击,这同样是一种牺牲精神。如果在雁群中有大雁因受伤或生病而不能继续飞行,雁群中都会有两只自发留下的大雁守护照看它,直至它恢复或死亡,它们再加入到新的雁阵,继续南飞直至目的地。这个故事给告诉我们:大雁是通过团队精神来克服自然界的一切困难的。

从故事中我们可以看出:大雁具有很强的团队合作精神。

一是互相支持。当某只大雁偏离队伍时,它会发现单独飞行的辛劳和阻力,马上飞回队伍,重新借用同伴提供的"向上之风"。这样,就能够轻松地到达目的地。它们在旅程中表现出了相互信任、互相支持、配合默契的精神风貌。可见,加强团队合作能帮助雁群更轻松地到达目的地,因为它们的旅程建立在相互信任的基础上。每一个学校员工也可以与大雁一样,紧跟大队伍,乐于接受他人的协助,并帮助别人。

二是互相鼓励。飞行在队伍中的雁会发出"呱呱"叫声,鼓励前面的雁保持速度,后面的激励前面的,就这样互相鼓励着保持速度,共同前进。我们平时应该多鼓励别人,在团队中,有鼓励,表现就会更好,最完美的自我表现,通常来自正面的鼓励。

治校篇：学校管理相关案例

三是顾全大局。当前面的大雁疲倦时，它会退到队伍的后面，而另一只雁则会代替它飞到前面位置，如此循环，共同奔向美好的未来。它们在旅程中表现出了乐于接受他人的协助，并帮助别人的精神状态。艰巨的任务需要轮流付出，我们要尊重、保护每个人独特的才能、天分。

大雁的行为也许是本性，但给我们很深的触动，一个良好的团队难道不需要成群结队南飞的大雁精神吗？从它们身上我们可以得到不少启示。

启示一——团队要有明确的目标。雁阵之优，在于目标一致、前后呼应，一个企业、一个单位也应如此，必须和雁群一样有着清晰的战略目标，打造不同的团队去实现目标，分工明确、通力合作，必须注重创造员工价值和品牌价值，只有这样，才可以实现持续增长。作为一名团队的成员，你与你的队友们拥有一个共同的目标，工作效率会更高，也会更轻松，因为你们在工作中可以做到相互信任、相互鼓励。当一只雁掉了队，感到飞行吃力时，它就会自动地飞回队伍，借助集体的力量继续飞行。

启示二——团体成员要相互关心。如果我们能有大雁的这种意识，就应当和整个团队协调好，并与队友们分享自己的智慧与信息。当领头的大雁累了，它会收回翅膀，然后另一只雁就会接替它的位置。领导者的位置也要能与队友分享，困难要共同承担。有时候轮流挑重担或者担任领导职务是有益的。

启示三——成员之间要互相激励。后面的大雁不时地发出鸣叫，鼓励前方的大雁保持飞行速度。大雁的鸣叫能够鼓励前面的队友，使整个雁群保持飞行步调的一致。领导的言语要具有激励性，否则，只能是花言巧语。还有，当一只雁病了，或中了枪从空中落下地，其他两只雁会从雁群飞出，跟着受伤的雁飞到地面，以便能保护队友。它们将一直陪伴在伤者身边，直到它痊愈或死去。然后，它们再一起飞回雁队赶上队友。在一个成员之间相互鼓励、共同抵御困难的集体中，经常会事半功倍——这就是激励的力量。激励的核心是"勇气"，也许正是鸣叫声让心更加坚定。

所以，为了能够达到事先定下的目标，完成所在部门的业绩指标，有时候也需要像大雁一样给平级同事以帮助，道理很简单，帮助他们有时其实是在帮助自己。

启示四——团队成员要互帮互助。当我们团队中的一名成员倒下，其他成员就有责任在他有需要的时候帮助他。如果我们有大雁的精神，就会互相帮助，共渡难关。这样，才能保证没有成员落伍，一起实现我们的目标。

一群迁徙的候鸟，尚且能够通过分工合作达到省力、提速的目的，知道如何为群体共同的目标而做出个体的牺牲,将"人"字写在天空。作为团队领导更应该教育自己的成员像大雁一样,紧跟大队伍,乐于相互协助,学会团结,学会团队共赢!领导要想管理好一个团队,是需要许多策略与技巧的。

第一,完善的团队管理制度。有效的团队管理制度可以提高团队工作的效率及气势。俗话说"不成规矩,无以成方圆",高绩效团队要有严格的规章制度和规范的管理标准。公司制度是"硬"的、"冷"的,原则是"方"的,必须要坚持。同时,在公司团队建设中,各种形式的人情化管理又是"软"的、"热"的,是灵活的,是"圆"的,它对团队起到了关键性的稳定作用,也能激发团队的整体创造力。

第二,要有明确的共同目标。一是领导层首先要有明确的方向,并能将其明确地描绘给每一个成员。二是每个成员要有换位思考的意识,具有一定的大局观念。一支筷子可以轻轻地被折断,十支筷子便能够牢牢地抱成团儿。这就是由于每根筷子相互依靠、相互支撑,因而抵御外力的能力大大增强,超过了每支筷子相加的总和。

第三,尊重并关心团队成员。作为团队领导,一定要尊重并真诚地对待团队成员。因为,你真诚对待每个员工,尊重他们,他们能感受到,并会给予你真诚的回报。领导还要关心团队成员的工作及生活。美国心理学家罗森塔尔考察某校,随意从每班抽3名学生共18人,并将这18人的名字写在一张表格上,交给校长,且极为认真地说:"这18名学生经过科学测定全都是智商型人才。"事过半年,罗森塔尔又来到该校,发现这18名学生的确超过一般,长进很大,再后来这18人全都在不同的岗位上干出了非凡的成绩。这一效应就是期望心理中的共鸣现象。运用到人事管理中,就要求领导对下属要投入感情、希望和关心,使下属得以发挥自身的主动性、积极性和创造性。因为,每个人都会有心情的低谷期和高峰期,所以,当员工处于低谷期时,领导要帮助员工尽快走出来,并多多给予关心。如,领导在交办某一项任务时,不妨对下属说:"我相信你一定能办好","你是会有办法的","我想早点听到你们成功的消息"。这样下属就会朝你期待的方向发展,人才也就在期待之中得以产生。

第四,帮助团队成员提高能力。"培育领袖人才有赖于我们身先示范。"(约翰·麦斯威尔)领导者必须对团队成员的工作成果负责任,也要对成员的前途发展负责任。其实,团队中的每一个人都希望自己能够得到提高,如果一个团队无法使队员的能力得到提高,那就无法真正地留住人才。作为一个团队的领导,很重要的一个职责就是要培养团队成员,提高他们的能力。

第五,建立合理的沟通机制。这首先需要领导核心的管理艺术,独断专行的领导是无法创建充分的沟通机制的。其次,需要建立每个成员对团队的归属感,能充分调动他们的主观能动性。最后,还需要一个科学合理的沟通方法。形成合理的沟通机制,可以充分发挥队员的能动性,能充分发挥集体的智慧,可以最大限度地达到政令畅通,这是提高团队创造力与执行力必不可少的一个环节。

第六,创造好的工作环境。团队领导要努力为成员创造一种好的工作环境,力争让他们的付出得到相应的回报。当员工的利益受到损害时,要敢于为员工去争取,因为员工都愿意跟着一个能为自己谋福利的领导,谁也不愿意跟着一个不敢为下属争取利益的领导。

第七,严格要求自己。领导要以身作则,带头去执行团队制定的制度。所以,团队领导要严格要求自己,成为工作中的榜样,这样才能有利于工作的开展。

第八,要有一定的专长。作为一个团队的领导,一定要有自己的专长,无论是在技术方面的还是在管理方面。因为,只有领导有一定的专长,下属才会更加信服,领导的指令才会更有说服力。所以,领导一定要具有一定的专长。

第九,应避免运用首因效应。第一印象所产生的作用称为首因效应。根据第一印象来评价一个人往往失之偏颇,被某些表面现象蒙蔽。其主要表现在两个方面。一是以貌取人。仪表堂堂、风度翩翩的人容易给人良好的印象,缺点却较容易被优点所掩盖。二是以言取人。那些口若悬河、对答如流者往往给人留下好印象。因此,在考察、考核选拔人才时,既要听其言、观其貌,还要察其行、考其绩。

在阿拉伯数字当中,"1"是一个小数字,所以难为伟大。但当把很多个"1"组合在一起时,就是一个矩阵。只有依靠团队,把自己奉献给团队,才能有个人的成功,是团队中无数人的奉献和牺牲才塑造了英雄,并把英雄推上了历史舞台。

总之,团队成员越追求个性和自由,对领导者的素质要求也就越高,所以,领导要想管理好一个团队,就必须不断去提高自己的各种能力。

(谭建平供稿)

办学特色：校长可以说了算吗？

张校长是某民办职业技术学校新上任的校长。新上任的他信心满满地决定要开创出一所富有中职学校特色的职业技术学校。

首先，要增设新的学科专业。张校长认为，专业多了，学生选择的机会多了，这样学校的招生工作就不会有"漏网之鱼"。这样的计划做好后，张校长看到本市另外一所中职学校有印刷专业，其印刷专业也是那所学校的特色。所以立即决定也要在自己的学校开设印刷专业。学校为此采购了大量的教学设备，聘请了1名印刷专业教师，之后就急急忙忙地开始了招生工作。第一年，预计招收2个印刷班。由于学校广告宣传效果良好，所以招生情况还不错，基本完成任务。开学了，由于人数多，1个老师没办法兼顾所有的课程，所以两个班合并一起上课，有些课程就胡乱叫其他专业的老师来上。由于教学计划不明确，管理混乱，该校的印刷专业不到2年就处于瘫痪状态，唯一的专业老师也辞职了。大量的教学设备严重浪费。

其次，是采取军事化管理。张校长所谓的军事化管理就是采取严格的封闭制度，采取强硬处事的措施。他安排给各单位的任务必须完成，他也不管下级实施工作中的困难。张校长从来没有下到各教学部了解具体情况，所有的部门都统一标准。没有达标的部门，就采取扣工资，扣奖金等惩罚措施，而且大多只有罚没有奖。由此，下面的老师怨声载道。而且，张校长最关心的问题是教师的着装。他不允许年轻老师穿着时尚，凡是不符合他要求的就会严格批评，甚至在大会上毫不留情面地点名。老师都抱怨张校长放着学校招生、教学改革等重大的事情不管，却花心思在这些鸡毛蒜皮的小事上。

由于现在学校竞争激烈，中职教育的情况不乐观，学校也出现了很多问题，而张校长的军事化管理没能起到具体的作用，特色专业也没特色了。面对问题，他常常把个人的情绪宣泄到其他人身上，否定了下属的所有工作能力。本学期,由于不满学校的管理,教学科长辞职了,还有部分老师递交了辞呈。

1. 你认为张校长盲目增设专业能促进民办职业学校的发展吗?
2. 从管理的角度来看,过于强硬的手段是否符合学校的管理要求?
3. 校长个人的工作作风在管理中有何影响?

校长是学校的行政首脑,学校事业由校长负责。校长要将教师、学生、家长、社会的力量聚合在一起。第一,校长要决定学校前进的方向;第二校长要领导好下属,也就是把具体任务责任化。

作为校长,制定办学方针,创建学校发展的新道路是很重要的工作。而职业学校要生存下来,必须以特色取胜,紧跟市场,不断创新求发展,正确认识职业教育"以服务为宗旨、以就业为导向"的办学目标和指导思想。

张校长这样盲目跟风就是不了解学校的具体情况贸然行事的错误做法,是见识不足、办学思路不明确的表现。根据市场需要设置专业、定单培养等,在一定程度上体现了办学目标和指导思想,但从长远上看,不顾及学校自身实力与条件去开设新专业、新学科,盲目削减对骨干专业的投入与建设,对学校的建设极为不利。可想而知,为了扩大招生规模而设置学校教育活动,也就是把教育当成一种产业来办,这是我们在教育改革中早已否定的做法。"十年树木,百年树人。"教育事业是以塑造人的灵魂为主,怎么能把人当成产品来加工呢?校长决策水平的高低直接关系到学校的管理水平的高低,在拟订和选择方案阶段应采取民主集中制,有利于方案的有效执行。本案例中的张校长见到别的学校的印刷专业办得很红火,就盲目设立印刷专业,没有考虑自己学校的实际情况,最后以失败告终,浪费了教育成本。而且减少了对其他专业的投入,影响到现有教育的进一步完善。

管理要以人为本,而不是采取不切实际的强硬手段。本案例中的张校长最大的缺点是不了解教师和没有统领能力,见识不足,在教师中失去了威信。过度的惩罚,削弱了教师工作的积极性;思想落后,忽略了年轻教师的创新能力。作为校长要给教师自由成长的空间,青年教师的革新劲头常常非常大。而案例中的张校长将这样的青年教师视为危险分子加以压制,否定他们的审美意识,不但不知道利用年轻老师活跃的优势,还毫不留情面地批评他们的穿着,这样会伤害老师的自尊,挫伤他们的工作积极性。

校长与教师之间并没有不可逾越的鸿沟。校长要想统领好教师,就要有兼容并包的胸怀,要洞察每个教师的个性,把握他们的特点,发挥好他们所有的才干技能。由于教师也是"人",所以也有缺点,校长不能把目光盯在每个教师的缺点上,要多把目光投向教师的优点。

有效的沟通可以保障管理活动的顺利进行。本案例中的张校长就是缺乏与教师的沟通。作为校长,从来不下基层去了解各部门工作的难处和教师的心态,一味地按自己的想法安排工作,忽略了沟通与理解的重要性,同时也没有注意矛盾的特殊性,全部统一标准,工作方法单一。专业不同,问题不同,处理的方法和标准怎么能一样?

校长的工作作风是校长工作的指导思想、处事原则和个人气质与性格在工作中的具体表现。校长的工作作风体现了整个学校领导的集体形象和面貌。校长勤奋务实的工作作风有利于加强学校的凝聚力,促进基层组织的建设。在工作中,校长要尽量避免形式主义和官僚主义的工作作风。校长是学校组织的领导者。在学校内部,校长拥有最高的指挥权力。校长的工作作风直接影响校长的工作效率和工作目标的达成,所以学校教育目标的达成与否,很大程度上受到校长工作作风的影响。

民办职业学校的管理还存在很多问题,需要正确引导民办中等职业学校建立完善的决策与执行机制。首先,要加强学校法人——校长对国家教育法规和政策知识的专项教育和培训,提升决策层对民办学校管理的认识,促使他们把口头上贯彻国家的教育方针,保证教育质量和学校的规范管理转化为自觉的办学行为,端正办学者的办学思想。其次,各级教育主管部门要加强对民办中等职业学校运行机制的督导和评估,促使学校决策与执行机制日常工作运行的有效性,提高民办学校的自我管理能力和管理水平。

结合实际,培养一批具有与民办中等职业学校健康持续发展相适应的高素质的学校领导。目前,国家正在大力推进民办中等职业学校的改革与发展,要实现这一目标,民办学校的领导者是否具有与之相适应的领导意识和领导能力是一个关键问题,而推进学校的教育创新更取决于学校领导的态度。下工夫提高民办中等职业学校领导实施、推进职业教育创新的领导意识和领导能力是至关重要的。

(杨世伟　王秋菊供稿)

教师例会:校长应该如何应对?

  中国人经常开会,但普遍不会开会,"不公平,没效率"是很多会议的通病。对于学校来说,定期的教师例会是必不可少的,但是,请问校长:您会组织教师开会吗?教师例会,每周举行一次,固定的时间、地点和内容,月月不变,年年如此。教育部门的精神要贯彻,学校的工作要通报,产生的问题要解决,教育教学情况要反馈,教师的职业道德要强调……这样的例会,难免会产生"审美疲劳"。难怪在开会的时候,常常是教师们低头批作业、备课者有之,更有甚者,聊天、睡觉、看闲书……下面我们来看两个乡镇初中是怎样组织教师开会的。

  某镇A中学每周星期天晚上无特殊情况都要开周前会,并且开会的时间和地点不变,全体教师参加,会议时间一般都超过一小时,而校长所说内容大多只是与班主任有关,这样的例会基本雷打不动,每周增加一两次会议也是家常便饭,更有甚者,一天开两次会。但是B中学则是根据实际情况开教师会,有时半个月甚至一个月才开一次,并且开会要看对象,如与班主任有关的事情等到开会结束后把班主任留下单独布置。

思考题

1. 如果你是一名教师,你会更倾向于选择哪所学校的教师开会形式?为什么?
2. B校教师开会的形式体现了我国教育管理中的什么原则和艺术?
3. 如果你是一校之长,会如何组织教师开例会?

  在校长的管理工作中,开好教师会议是一项重要而又必须做好的常规工作。

治校篇：学校管理相关案例

做好这项工作对于引导教师更好地传承文化、凝聚人心、引导他们同心同德地为学校的发展努力工作，以及更好地实现教师的专业化发展至关重要。可以说，开好教师会是校长实现文化思想领导、科学民主管理，促进教师发展的一项基本功。本案例中的B校校长的做法比A校校长好，B校校长遵守了教育管理的原则，也体现了教育管理的艺术，值得广大校长学习。对于本案例中的两种教师会议形式，可以用教育管理的相关理论进行分析。

首先，校长对教师会要有正确的认识。校长召开全体教师会，从时间上来看，往往在开学初、期中、放假前，或是有重大活动任务前及完成了重大工作任务后，或是定期的专题的校本培训、业务学习时等；从内容安排上来看，会议的内容无非是宣传办学理念、教育思想，安排布置工作任务，表彰先进，传达通报有关精神或信息等；从形式上来看，会议可以是校长一讲到底，也可以组织几个教师或分管领导讲等。每一次教师会校长都应用心做好安排，精心组织内容，并考虑实效。

其次，校长要不断学习教育管理理论，并且将其运用到自己的管理工作中。例如本案例中B校校长把我国教育管理的基本原则——有效性原则中的"提高时间利用率——合理控制和利用时间，把主要时间花在最主要的事情上，有勇气并果断地拒绝不必要办的事、次要的事"运用到教师会中，根据实际情况来开会，开会时要考虑参与对象，从而大大地减少了开会的次数和缩短了开会时间，提高了时间利用率，开会的效果也大大提高了。

最后，校长要注意运用好管理的艺术。本案例中的B校校长就运用了教育领导艺术中的用时艺术：讲究开会艺术，少开会、开短会。领导艺术恰当的运用会大大增加会议的效率，增强会议的感染力。

由以上案例，我们知道A校和B校的教师会形成了鲜明的对比，并且给我们许多启示，现在我们就探讨一下校长应该如何开好教师会。

教师会议对于校长管理来说，是必不可少的。但是，会议过多，只是走形式、走过场，这样的教师会就没什么效果了，A校就属于这种情况，我们要从中吸取教训。另外，我们要向B校学习，根据实际情况开好教师会。下面就如何开好教师会提出一些建议。

第一，开会要根据实际情况来定。需要开时就开，可开可不开时就不开，也就是说，要尽量减少开会的次数，开会的时间也要尽量缩短，要讲效率，这个方面我们可以向日本太阳公司学习。日本太阳公司为提高开会效率，实行开会分析成本制度。每次开会时，总是把一个醒目的会议成本分配表贴在黑板上。成本的算法是:会议成本＝每小时平均工资的3倍×2×开会人数×会议时间(小时)。公式中平均工资之所以乘以3,是因为劳动产值高于平均工资;乘以2是因为参加会议要中断经常性工作,损失要以2倍来计算。因此,参加会议的人越多,成本就越高。有了成本分析,大家开会的效率明显提高,会议效果也十分明显。对于学校的教师例会,我们可以采取的具体做法是限制时间,教师会上不一定要让所有的校领导都作"重要讲话",凡是必须发言的领导要提前向会议主持人通报讲话的内容和所需时间,便于安排议程(校长的讲话一般放在最后压阵)。发言者要精心准备讲稿(至少要打腹稿),主持人限时叫停。这个做法可供参考。

第二,学校领导和教师共同参与。教师会也不能只是领导们的"高端论坛",可以让教师们轮流发言,鼓励他们向学校建言献策,可以宣讲自己的教育教学理念、反思实践体会、介绍个人经验、朗读教育教学方面的文章。如在进行新课程改革探索实践中,教师在教育教学上有不少珍贵的实践体验、反思升华的思想理念等,利用教师会组织"教师论坛",既让有独特感受的教师有展示自己才华、实现自己学术价值的机会,又激发其他教师学习反思,促进其专业发展的欲望。每次"教师论坛",可组织四至六名教师主讲,也可采取台上台下互动的形式。这样,人人都有一个锻炼的机会,也使教师会变得形式多样、生动活泼起来。会议的效率自然提高了,这也有利于调动全体教师的主人翁意识和工作积极性。这样的教师会,校长是幕后导演,教师是台前主角,会议形式活泼,教师参与热情较高,会议效益自然也提高了。

第三,善于向别人学习借鉴。有位老师的学校管理经验很值得借鉴:人人有事做,事事有人做;时时有事做,事事按时做。他甚至承诺每年只开四次会,否则,可以拒绝参加,而且每次开会日期都是固定不变的,还可以向名校学习取经,有条件的甚至可以出国考察引进国外的先进教育管理模式和经验。

第四,把教师会当做校长与教师的精神会餐。首要解决的是教师自身价值的认同和实现问题。关于这个问题,校长可以在教师会上和教师们一起勾画学校未来的蓝图,一起分享所获得的阶段性成就的成功的喜悦,一起探讨学校发展中有效的新思路、新方法,让教师们强烈地感到学校对教师的重视。此外,千方百计创造条件让教师的发展和学校的发展有机地结合起来,让每个教师明确自身发展的方向,使教师的自身价值得到充分体现,集聚教师对学校的参与感与归属感。精神会餐,激发教师"我要成长"的意识,触发教师投身于学校发展的激情,学校的各项工作也因此能得到蓬勃的发展。其次,校长与教师的精神会餐,不能只局限于教师大会这种形式,还应该渗透到各种方式中,随时随地地进行。

再次,在校长与教师进行精神会餐的时候,用发展性的语言来激励教师。比如,在每次教师会结束之际,每次与教师沟通交流之后,校长都要送上一句充满激励的话语,用它来调动教师自我发展的积极性,触发教师专业化发展的精神动力,进一步激发教师工作的内驱力。只有经常与教师进行精神会餐的校长,才能在教师中有一呼百应的号召力与凝聚力,才能做出民主、科学的决策,才能打造一个团结和谐的教师集体,才能真正带领全体教职工投身于学校文化建设的发展之中。因此,教师会千万不能开成训话会、牢骚会、批判会,而要开成民主会、交流会、团结会、鼓劲会,真正成为教师们的"精神大餐",成为学校前进的助推器。

总之,开教师会是一门艺术,需要把握内容、形式、效率和气氛等。教师会,是校长与教师、教师与教师进行工作上交流、学习上启发的载体,是思维的碰撞、认识互补的载体,也是心灵沟通、感情交流的载体。校长要与教师坦诚相见、开诚布公,以公心指向学校的发展。教师会不应是校长居高临下发号施令,而是校长以己之为在教师中起到榜样、引领的作用。校长开教师会要用心选择时机、明确会议要求,要精心选择内容,突出讲话重点,要费心考虑形式,语言要幽默、精炼。会不可多开,开会时间不可过长,话语不必啰嗦,校长要有思考,教师要有收获,工作要有方向,学校要有发展,这才是校长召开教师会的目的与价值所在。

(卢永彪　李洁平供稿)

这样建设现代教育技术示范学校行吗?

案例

　　某中学为了申报省级现代教育技术示范学校,主要做了这样两件事情。

　　第一件,将所有的教室装上了多媒体教学系统,包括一台高配置的多媒体计算机、一台亮度 2500 流明的数字投影仪,还有配套的音响系统和投影屏幕。

　　第二件,请专门的软件开发人员为每门课程开发了多媒体教学课件,要求所有的老师都使用这些课件进行教学。

　　在上级组织的评估中,该学校顺利获得了省级现代教育技术示范学校的挂牌资格。

　　但是随着时间的推移,这种建设思路渐渐地暴露出了一些问题。其中最为突出地就是老师和学生并没有感觉到多媒体教学比以前的教学效果好,有时甚至感觉到还要差一些,而且由软件公司开发的课件有时也不太好用。

　　于是,不少老师又放弃使用多媒体教学,重新使用传统的教学方式进行教学,使学校投入大量资金建设的多媒体教学环境和开发的教学软件闲置,现代教育技术示范学校只有了牌子而没有实质。

思考题

1. 你觉得学校在建设现代教育技术示范学校方面出现了哪些问题?
2. 多媒体教学和传统教学相比没有优势吗?
3. 如果你是学校领导,你打算怎样引导学校进行信息技术与课程整合?

案例分析

本案例所讲的事情,是前些年我国不少中小学校在建设现代教育技术示范学校、进行信息技术与课程整合过程中存在的普遍现象。

随着多媒体计算机在教学中的普及应用,给不少人一个错觉,他们普遍认为:计算机是最先进的教学媒体,当然就应该是教学效果最好的媒体,因此只要在教学中使用了多媒体计算机,就意味着教学进入了信息化和现代化。于是很多学校投入大量资金,安装了大量的多媒体教学设备,突出多媒体教学的应用,而忽视黑板、粉笔、教科书、投影、幻灯等传统教学媒体在教学中的应用。但是,当多媒体教学出现一些问题时,这些学校又否定多媒体教学的优势,重新回到粉笔加黑板的教学模式,使现代教育技术示范学校建设变成了一项面子工程,信息技术与课程整合也变成了亮化工程。

在本案例中,我们看到:学校为了建设信息化教学的硬件和软件环境,还是投入了大量资金,但是由于规划、管理和使用不太适当,这些投入并没有获得预期的效果。出现这一问题的原因很多,集中体现在以下三个方面。

(1) 在硬件环境建设方面存在偏差。这实际上是一个教学媒体选择与应用的问题。不可否认,计算机是现代教育中最先进的媒体,但是选择教学媒体时要综合考虑教学目标、教学内容、教学对象和教学条件,在教学中除了计算机可以用来辅助教学之外,传统教学媒体也有着相当强大的信息表现能力,主要因为:①媒体一般是灵活的、可以替换的,关键在于在一定条件下采用何种媒体更为合适;②各种媒体都有其内在规律,必须正确地加以应用,再好的媒体,如果使用不当,也不会获得好的效果;③世界上没有"万能的媒体",各种媒体都有自己的优势和局限性,应该扬长避短,合理地选择和利用。在本案例中,学校过分地突出了计算机多媒体的作用,而忽视了传统媒体的作用,在硬件环境建设上存在着一定的偏差。

(2) 在软件建设上忽视了教师自制软件的重要性。该学校为了保证教学软件的质量,出资金请软件开发公司为课程开发了大量的配套课件,但效果并不理想,出现这一问题的原因是他们忽视了任课教师在教学课件开发中的重要作用,事实上我们可以从很多渠道获取教学软件资源。如通过音像教材出版社的出版发行进行购置;进行校际之间的对口交流,复制其他学校已有的适用课件;对电视台和广播电台播出的符合教学需要的节目进行收看和录制;适当引进和译制国外的教学课件；单位或教师自行组织进行相关课件的编制或改编；从网络上下载有用的学习资源。在教学中使用的课件，自制部分所占的比重虽然不需很大，但能更好地满足教学的实际需要。因此，教师自制课件具有十分重要的意义，这是因为：①教师自制课件能够最大限度满足软件的适用性；②教师自制课件能够从根本上保证软件内容的质量；③教师自制课件可以从"等米下锅"变为"产米下锅"，满足教学课件的急需。

（3）忽视了对教师信息化教学设计技能的培训。我们知道，计算机是一种相当先进的教学媒体，但是再先进的教学媒体都离不开人的支持，决定教学质量高低的关键因素不是教学媒体的先进与否，而是使用该媒体的人是否能够合理地将媒体整合于教学的各个环节之中，具体地说就是要对信息化教学过程有一个较为合理的设计，在建设现代教育技术示范学校时，不少学校最容易忽视的一个问题就是对人的培训。在本案例中，我们看到了学校投入资金进行硬件建设和软件开发，但是由于没有在人员培训方面投入一定的时间和资金，一些老师不能很好地利用先进的教学条件，最终走回了"老路"。因此，学校应该在建设硬件、软件环境的同时，投入一定的资金进行人员培训。通过培训，应该让广大教师从掌握基本的教学媒体操作技能入手，掌握基本的教学软件开发技能，更重要的是掌握信息化教学过程的设计技能，要让广大教师具备充分利用信息化教学环境进行课内、课外教学的意识和能力。

在本案例中，不少教师在使用多媒体教学一段时间后，认为多媒体教学没有优势，重新走回了粉笔加黑板的传统教学方式，这是我们要讨论的第二个问题——多媒体教学与传统教学相比究竟有没有优势？

多媒体技术是指计算机交互式综合处理多种媒体信息——文本、图形、声音及视频图像，使多种信息建立逻辑连接，集成为一个系统并具有交互性。多媒体CAI是将多媒体计算机用作教学工具，为教学提供一个良好的环境，教师和学生利用多媒体计算机对各种形态的媒体信息进行存储、处理和多形态呈现的功能来支持自己的教和学的一种活动形式。多媒体CAI的模式多种多样，随着多媒体CAI实践活动的发展，将有更多的模式出现。如对其作大致的分类，可以主要概括为三大类：以学生为中心的个别化模式、以教师为中心的集体化模式和以网络为基础的协作化教学模式。现在学校课堂教学中的多媒体教学就是上述的第二种教学模式。

与传统教学方式相比，多媒体教学还是具有较大的优势的，这主要体现在：①可以利用计算机存储丰富的教学信息，而且能够快速地进行处理、检索和提取,大大提高了教师和学生对学习资源的利用效率;②可以利用多媒体素材创设自主学习的环境,有利于个别化学习,在这种环境下,学习者通过自定目标、自定步调,自己选择学习的方法、媒体和材料,达到自我成功;③计算机教学过程具有极强的交互性,并且能够通过人机交互有效地刺激学生,使学生保持学习的积极性和维持学习的动机;④通过计算机开发的教学软件,可以向学习者提供经过设计的、一致性较强的、规范的教学内容,保证教学内容的标准化;⑤计算机辅助教学可以满足特殊学习者的需要,如对于时间安排、空间安排上有特殊要求的学习者,交互媒体可以在一定程度上保证他们的学习效果;⑥多媒体计算机可以记录和分析学习者的学习进程与学习成绩,并利用这些信息来调整学习步调或教学顺序,满足学习者的不同需要。

当然,我们在强调多媒体教学优势的同时,也要注意多媒体教学的局限性,因为多媒体计算机虽然在信息的存储、传递和处理等很多方面要比教科书、幻灯、投影、电影、电视等媒体更快、更强、更准确,但是多媒体计算机技术在教学应用中也存在一定的局限性,主要表现在:①与教科书、幻灯、投影、电视等媒体相比,购置计算机类硬件设备和教学软件的费用还是比较昂贵的;②与常规媒体相比,计算机类设备种类多、更新快,维护、更新、升级上有一定困难;③在CAI的具体应用中,教学软件的质量直接影响教学作用的发挥,而教学软件的编制需要投入很大的人力、智力、财力和时间;④与教师相比,多媒体计算机难以完成情感、态度和动作技能类教学目标的传递任务。

因此,在实际教学中,我们要根据需要选择合适的教学媒体,有时还需要将多种类型的媒体综合起来运用,形成综合媒体或多媒体组合教学系统,其关键在于认真分析各种媒体的优势与不足,扬长避短,充分发挥多种媒体的综合优势。

作为学校的领导,引导自己的学校进行信息技术与课程整合,应该从以下方面着手进行。

(1) 建设数字化硬件环境。硬件环境为整合提供物质条件,比如数字化教室、数字化办公室、数字化校园建设等,在建设硬件时,要突出教学工作的核心地位,优先建设与教学密切相关的硬件环境。

(2) 搭建各种教学应用软件平台。硬件环境作用的发挥,还有赖于学校各种业务相关的应用软件平台,主要包括教学平台、资源平台、管理平台和通信平台等。

(3) 建设教育教学软件资源库。软件只提供了处理教学或管理问题的工具,它必须要有加工的对象才能真正有价值,因此必须建设与软件配套的教育资源,比如支持教学平台的教学资源、支持管理平台的管理信息资源等。

（4）培训教师的信息技术与课程整合技能。整合的关键是教师，离开了教师的积极参与，整合将无从谈起，为此，需要对教师实施四个层面的培训：①现代信息环境下先进的教育理论培训，使教师转变传统的教学观念；②教师的现代教育技术技能培训，使他们能够运用现代信息技术表达教学内容、教学方法，优化教学结构；③信息化教学设计方法培训，使教师能够很好地规划和设计自己的教学；④信息技术与课程整合模式培训，使教师掌握开展信息技术与课程整合的具体进程与实现方式。

（5）加强管理与激励机制。现代信息技术在教育领域的广泛应用，会促进学校内部管理机构职能的逐步转变，教师的工作方式也有很大的变化，传统的一些管理体制与方法已经不能完全适应现代教育，学校必须制定一些积极的配套政策并调整相关机构的职能。

（6）建立示范学科。建立信息技术与课程整合的示范科目，培养骨干教师，推出一些具有创新性的典型课件与公开课，通过示范科目带动其他学科，推动整个学校的教育信息化深入发展。

（7）全面推进整合。将信息化教学制度化，推进信息技术与课程的全面整合，将现代信息技术作为教学与管理的必备工具，使其进入每一堂课。

（8）参与课题研究，开展校内、校际交流。通过参与一些相关的研究课题，了解信息技术与课程整合的发展趋势，走出学校，加强交流，观摩其他学校的优秀课程，吸收先进的经验，跟踪相关领域的学术前沿。

（杨世伟供稿）

高考前的求神拜佛：教师的教育信仰何在？

案例

高考临近，一些佛教名山迎来了一拨又一拨的高三老师，他们祈祷着自己带的学生今年高考有个好"收成"。如广西铁路某中学数月前派出几位德高望重的教师作为代表，来到湖南衡阳的衡山烧香拜佛，祈求该校参加高考的学生顺顺利利，考出好成绩。每年派老师到庙里求神，已经成为这所学校公开的秘密了。

思考题

1. 你认为案例中这些高三老师拜佛的原因是什么？
2. 你认为在目前情况下，如何树立教师的教育信仰？

案例分析

作为有"灵魂工程师"之美称的人民教师，不问苍生问鬼神，指望"佛事"缓解精神压力，这可以理解为教师在高考压力下的一种自我救赎，不必上纲上线到现代迷信的高度予以批判，但是教师拜佛背后显现出的信仰缺失，却令人深思。

目前，教师的事业心不强已成为不争的事实。教育工作只是教师得以生存的职业，而不是一项为之奋斗而无悔的事业，这导致在教育领域产生诸多的问题。

教育信仰是教师对教育在个体和社会发展中价值的高度信服和尊重，是其全部活动的出发点和归宿，是开展教育活动的根本准则。对于整个教育生活而言，教育信仰是进行教育活动的前提条件与内在动力，也是促进教育发展的潜在性的推动力量。

生而为人总有其自身的信仰世界。教师不仅要有一般信仰,更要有教育信仰,这是教师职业的客观要求,也是学校教师个体人生的内在需要。只有有信仰的教师才能从他们从事的事业当中体验到自己的意义和价值,体验到人生的最大幸福。

朱自清先生在《朱自清语文教学经验》中指出:教育者先须有健全的人格,而且对于教育,须有坚贞的信仰,如宗教信徒一般,他的人生理想不用说也应该超乎功利以上。所谓"超乎功利以上"就是说,不但要做一个能干的人、有用的人,还要做一个正直的、坦白的、敢作敢为的人——教育者有了这样的信仰,有了这样的人格,自然便能潜移默化。

世界名校英国伊顿公学的教师的教育信仰是,希望每个孩子都能够正确认识自我价值,使他们能够对社会贡献价值,而从来不把自己当成工厂生产线,为满足就业进行大量的生产。美国教师的教育信仰是学校培养不出天才,但可以培养好公民,公民培养好了,人才就有了。发达国家的成功教育离不开教师的正确的教育信仰,我国的教育事业亟须教师树立正确的教育信仰。

我们认为,教师教育信仰的确立可从下面几方面进行。

(1) 完善教育体制,为教师提供良好的工作环境。这是确立教育信仰的外部条件。只有进一步完善我国的教师教育管理制度,给予教师教学自主权,营造和谐、安全、积极向上的教育环境,充分重视教师的个性,才能让教师最大限度地释放出教育激情,激发教师的教育信仰。

(2) 政府部门创造条件,尽量落实《教师法》中关于"教师的平均工资水平不低于或者高于国家公务员的平均工资水平,并逐步提高"的规定,提高教师应有的社会地位,使教师职业具备足够的吸引力,为教师教育信仰的建立和坚守提供可靠的保证。

(3) 多读教育名著,增加教师对教育事业的热爱。这是确立教师教育信仰的内部条件。多读教育名著就是感悟、体验、理解大师,主动接受大师的教诲和引导,体会大师赋予教育事业的崇高理想和从事教育工作的严肃责任感,潜移默化地受其影响,形成热爱教育事业的动力和信心。

(4) 加强教师对自身教育行为的不断反思。每个人总是在其人生经验基础上形成各种信仰,人生经验为信仰的成长提供了必不可少的营养。但是经验并不是自然而然地为信仰的成长提供有益营养,为此,我们要引导教师加强对自我经验的整理、反思,建立个体经验与信仰的良好关系。

(5) 培养教师乐业敬业、积极奉献的风范和精神。国内外关于专业人员特征的研究都一致指出:专业人员应以服务为职业动机,有奉献高于报酬的精神。教师是特别要求具备这种精神的专业人员之一,正是如此,才要求教师养成积极乐观的爱岗敬业态度,进而树立起崇高信仰,为人民神圣而伟大的教育事业作出贡献。

总之,重建教育的崇高精神,让教师怀着虔诚的事业心,运用教育智慧去育人,实现自身的人生价值,确立教师的教育信仰,摒弃前述高三老师的烧香拜佛的非理性行为,需要社会与教师个人的共同努力。

(张建新供稿)

职业倦怠困扰：张杨的职业选择错了吗？

案例

张杨是A大学的助教，28岁。3年前张杨从一所著名工科院校的计算机专业硕士研究生班毕业，当时他的很多同学都进入了外企和国企，薪水都不菲。这个时候，A大学向张杨伸出了橄榄枝，张杨思索了一下，觉得大学的工作比较轻松稳定，学术氛围比较好，适合自己爱钻研的性格，也有利于以后继续深造，并且，大学的人际关系比较单纯，让人比较放松；该校也处在一个迅速发展的时期，所以，虽然考虑到学校的待遇可能比不上外企和国企，但是张杨还是毅然选择了成为一名大学老师，积极、热情地投入到了工作当中，渴望在教学、科研方面有所成就。

3年过去了，张杨当初的斗志渐渐消失，没有找到想象中的职业幸福感，反而出现了职业倦怠，对教学、科研都有种无能为力的感觉。同时面对不高的工资，已到了适婚年龄的张杨处在一个买不起房的状态，对此，女朋友已经下了最后通牒：再不买房，就分手。可是，每个月2000多元的工资比照当地每平方米3000元以上的房价无疑是杯水车薪。以前的同学纷纷买房、买车，结婚生子，陷入窘境的张杨不禁问自己：我的职业选择错了吗？我是不是该换份工作呢？

思考题

1. 张杨为什么会有职业倦怠？
2. 对张杨这样的年轻老师出现的职业倦怠现象，学校领导应该如何看待？
3. 要消除张杨的职业倦怠，你认为应该从哪些方面下手？

案例分析

职业倦怠又称工作倦怠、工作耗竭、职业枯竭，国内大多使用"工作倦怠"一词。对工作倦怠的研究始于20世纪70年代，1974年，佛罗登伯格首先提出了"倦怠"一词。他认为，倦怠是一种情绪性耗竭的症状，这种症状最容易在工作情境中出现。当工作本身对个人的能力、精力及资源过度要求，导致工作者感到情绪枯竭、筋疲力尽时，工作倦怠就产生了。1981年，马斯拉齐编制了"工作倦怠量表"，并将工作倦怠从三个维度加以定义，这三个维度分别是情感耗竭、去人格化、个人成就感降低。其中，情感耗竭的特征是缺乏活力，有一种空虚感，感觉到情绪资源被耗尽。去人格化是指个体冷漠无情，玩世不恭，对他人敏感性降低，表现出对他人的消极、冷淡、过分隔离、愤世嫉俗等态度和情绪。个人成就感降低则是指感觉自己的行动和努力都是白费的、没有价值的，自我效能感降低，自尊心下降，感觉无助，倾向于对自己做负面评价，工作满意度也随之降低。

在本案例中，张杨在选择职业时，是经过了一番考虑的。他充分考虑到了自己的个性和学校工作的优势，也考虑到了可能遇到的问题：在学校的待遇比不上在国企和外企。可以说，他是做好了心理准备才开始他的职业生涯的，也想在工作岗位上有所作为，但是，现实远远没有他想象得那么简单。

首先，由于所学的是计算机专业，所以他的同学去了国企、外企之后大多从事专业技术工作，所服务的对象是"物"，是机器，而张杨从事教育工作，服务的对象是一个个鲜活的生命——大学生，这就使得张杨的工作内容异常复杂，特别是现在的大学生自小到大就受到很多的关注，互联网的发达又促使大学生们接收了丰富的信息，从而大部分人都有自己的思想，有自己鲜明的个性。大学生对教师的专业知识、学术水平和教学经验都有较高的要求，显得有些"挑剔"。张杨刚毕业，在学识、经验方面必然会有所欠缺，而这就必然使得张杨在面对学生的"挑剔"时感到捉襟见肘，难于应付。而要得到学生的喜爱，张杨就需要投入大量的情感和精力，久而久之，张杨自然就会有一种被掏空的感觉，而且也很难体验到工作上的成就感，工作倦怠也就产生了。

其次，现在高校对学历、学术的要求越来越高，就张杨所在的学校来说，他是学校引进的最后一批硕士研究生，自此之后，学校采取了一刀切，要求引进博士研究生。张杨当初选择成为一名高校教师，也是想在学术上有所成就。但是，在现实生活中，由于资源的有限，在申请科研课题、发表学术论文、参加学术研讨会等方面,张杨比不上博士研究生的"硬条件"——学历,也比不上工龄长的同事的"软条件"——经验,加上同事之间比较疏远,张杨较少得到同事的指点,因此,张杨很难在学术方面有所突破,这也与他当初的期待有所差距。

最后,按照马斯洛的需要层次理论,人的需要按低级到高级的顺序可分为五个层次:生理需要、安全需要、归属和爱的需要、尊重需要与自我实现需要。对于张杨来说,如今的高校也不再是"保险柜","一份工作干一辈子"的情况不复存在,高校以往的终身制也逐渐被打破,因此,职位的保障也不再是理所当然的,特别是学校的快速发展要求引进更多高学历的博士研究生、教授学者,张杨的安全需要受到了一定的威胁,他感到"饭碗不保"。张杨现年 28 岁,已是该考虑成家的年龄了,而微薄的薪水又不足以构筑起一个家庭,女朋友的最后通牒无疑是对他归属和爱的需要的一个打击。由于待遇不高,他在与同学聚会时,经常会得到一些善意的劝告,劝他辞职下海等,这无疑是对张杨的自尊的一种伤害。更重要的是,张杨在工作岗位上暂不能实现自己的理想和抱负,其自我实现的需要更是没有得到满足。作为一个接受了高等教育的大学教师来说,自然不会满足于生理需要的简单实现,当其他层次的需要得不到满足,长期的期待落空时,工作倦怠也就产生了。

那么,如何对工作倦怠进行干预呢?这就首先得从影响工作倦怠的因素说起。其实,张杨产生工作倦怠的原因,无外乎两种,即个体因素和环境因素。

工作环境中的个体并非机械地对长期工作压力作出反应,其独特的人格特质往往参与其中。个体本身的特点对工作倦怠的影响已得到无数研究的证实。如性格内向、沉默寡言的个体容易受到情感耗竭、成就感降低的困扰;对组织、工作及自己的绩效表现抱有很高期望或者期望水平变化波动较大的个体发生倦怠的几率比较大。从人口统计学变量角度来看,刚刚开始职业生涯的年轻人比已经工作了一段时间的、30 岁以上的人易发生倦怠,教育水平高的个体比教育水平低的个体易发生倦怠。

工作环境包括硬环境(如灯光、噪音等)和软环境(如组织氛围、组织文化、组织社会、职业支持等)。几乎所有的研究结果都显示工作环境与工作倦怠密切相关。按照应激的资源守恒理论,当工作环境等外部因素对个体的要求持续超过个体具有的有效应对资源时,就会发生资源枯竭。这些因素包括:工作角色冲突与模糊、工作负荷、工作可控性、报酬、工作群体、社会支持系统、时间压力、组织公平、组织与管理变革,以及需要持续、频繁、深入地与工作对象接触等。其中,长期超负荷工作、工作环境差、报酬低于自己的期望值是导致工作满意度下降和工作倦怠的主要原因。

对于工作倦怠的干预策略，从不同的理论出发可以有不同的看法。从资源论角度看，将干预策略分为以人为中心的干预策略和以工作情境为中心的干预策略。前者强调员工的内部资源，从认知角度改变个体对压力源的反应，对张杨来说，他可以适当地降低工作期望、重新解释自己工作的意义，同时培养乐观态度、采取主动应对策略等，此外，通过心理调节、运动等促进心理健康、平衡作息时间。以工作情境为中心的干预策略强调从减少工作负荷、角色冲突、角色模糊等工作需求和加强社会支持、组织公平、工作自主性等工作资源两个方面进行干预。张杨可以多向上级领导、同事请教，既完善自己的知识结构，也获得来自各方面的情感支持，同时也可以多和学生交流，了解学生的所思所想，从而在教学方面有所改进，逐渐获得工作上的成就感。

从努力-奖酬平衡论角度来看，个体投入的工作努力和获得的奖酬之间的不平衡是倦怠产生的根源。张杨所在的学院，提供休息室、娱乐设备等都是很好的干预措施。在奖酬方面，学院应尽量保证公正的物质性奖酬，同时注重提供非物质性奖酬，如领导通过倾听、及时反馈和社会支持等能让员工认识到自己工作的重要性，从而获得满足。另外，可以帮助张杨进行压力管理、职业生涯管理等，从而减少张杨的工作不安全感，提高张杨的自尊，提高张杨的工作效率。

当然，张杨产生工作倦怠，也有可能是与其高校的教育工作的不匹配造成的，这就需要张杨自己进行更加深入、仔细的思考，分析自己的优势、劣势和高校教育工作的要求，以便对自己的职业生涯作出相应的调整。

青年教师出现工作倦怠的原因是多方面的，既有自身的因素，也有外界环境的影响，所以不可能找到一条一劳永逸的解决之路。青年教师在参加工作之后，不可避免地会遭遇各种各样的挫折，这个时候，很容易产生对自己职业选择的怀疑，以及后悔的心态，这就需要各级领导、青年教师及其同事积极地面对问题、解决问题，而不是一味地回避问题。

（黄甜供稿）

学校心理咨询与心理健康教育是一码事吗？

张平是某中学初三(二)班的班主任。这学期，学校根据工作需要，指派他负责学校心理健康教育工作。一直以来张平对心理学都比较感兴趣，这也是领导指派他的原因。学校专门准备一个心理辅导的办公室，因为大家都没有做过心理健康教育工作，所以学校希望张平自己摸索着去做。

虽然张平平时对心理学感兴趣，但是真的要他来负责学校心理健康教育工作，他还是心里没底。这项工作由主管教学工作的王副校长监管，说是监管，事实上从来不监督，也不管理。张平知道，他必须主动去与领导沟通，只是他自己也不知道从哪里做起。他想给学生们讲课，但是全校这么多学生，而且层次不同，这个课该怎么讲呢？他想起之前自己还在为班上几个学生的心理问题烦恼，很希望通过心理健康教育的方式帮助他们。他觉得应该给他们做心理咨询。他跟王副校长商量了一下，希望学校送他进行短期的有针对性的心理咨询培训。王副校长说，这事要讨论。等了一个星期，结果终于下来了，学校同意他去学习。学习回来，张平对心理咨询有了更深的了解。他觉得学校心理健康教育工作就要以心理咨询为主。他布置了心理咨询室，然后向全校师生宣传，希望他们有心理问题就来咨询室咨询。一段时间过去了，没有一个学生来咨询室咨询。张平决定主动去约学生。他把自己以前班上当时有问题的学生叫到了咨询室。让他很尴尬的是，这些学生都很拘谨，甚至因被他喊到咨询室而感到反感。

之后，张平又向所有班主任宣传，希望他们能够劝说班上有心理问题的学生到心理咨询室进行咨询。虽然班主任答应得都很好，但来咨询的人却寥寥无几。

思考题

1. 你认为张平和王副校长对学校心理健康教育工作的理解是否正确？为什么？

2. 请结合中小学心理健康教育工作的相关理论和文件，探讨学校该如何管理和开展心理健康教育工作。

3. 如果你是张平，你将如何开展心理健康教育工作？

案例分析

早在1999年，教育部就颁布了《关于进一步加强中小学心理健康教育的若干意见》（以下简称《意见》），并在2002年印发《中小学心理健康教育指导纲要》（以下简称《纲要》）。其中对学校心理健康教育工作的管理与实施均作出了较为详细的指导。学校心理健康教育管理与实施应以《意见》和《纲要》作为指导，正确而有效地进行。

首先，应该清楚中小学心理健康教育的管理体系。《意见》中指出，中小学心理健康教育工作，由省、自治区、直辖市教育行政部门的德育处或基（普）教处负责。各级教育行政部门都应有专人负责或分管中小学心理健康教育工作。各级教研部门要积极配合、支持搞好心理健康教育。《纲要》中也提出，各地教育行政部门要把心理健康教育工作纳入对学校督导评估之中，加强对教师和咨询人员的管理，建立相应的规章制度。所以，学校应该从整体上把握，建立心理健康教育工作的管理体系，包括心理健康教育工作管理的办法、工作队伍的建设及各项规章制度的建立。只有这样，才能有效保障学校心理健康教育工作的实施。

其次，了解学校心理健康教育工作的任务，理解学校心理健康教育工作的本质。《纲要》中提出，心理健康教育的主要内容包括：普及心理健康基本知识，树立心理健康意识，了解简单的心理调节方法，认识心理异常现象，以及初步掌握心理保健常识。其重点是学会学习、人际交往、升学择业，以及生活和社会适应等方面的常识。针对不同层次的学生，如小学生、初中生、高中生，学生不同阶段心理发展的特点不同，其工作重点也有所不同。

最后，科学有效地实施学校心理健康教育工作。在学校开展心理健康教育工作，应该形式广泛，通过不同途径，全面实施。学校心理健康教育工作应该以预防为主,主要是宣传和教育。可以将课堂讲座与课外宣传活动等相结合,针对学生自己的特点,让学生更好地了解自己及发生在自己身上的一些问题,学会通过各种方法和途径解决问题,提高学生的心理素质。同时,在学校开展心理咨询也是非常必要的。个别咨询是教师和学生通过一对一的沟通方式,对学生在学习和生活中出现的问题给予直接的指导,排解心理困扰,并对有关的心理行为问题进行诊断、矫治的有效途径。对于极个别有严重心理疾病的学生,学校也能够及时识别并转介到医学心理诊治部门。为了保持学校心理健康教育工作的效果,积极地与学生家长建立联系,指导家长正确地看待学生的心理问题,注重自身良好心理素质的养成,营造家庭心理健康教育的环境,以家长的理想、追求、品格和行为影响孩子。

本案例中,学校并不是真正出于重视而开展心理健康教育工作的。从管理上,没有明确学校心理健康教育工作的管理办法,因此在开展工作过程中,增加了不必要的程序。工作队伍安排上过于随意。整个工作队伍只包括两个人,即王副校长和张平。虽然是王副校长主管工作,但是对这项工作并不上心。而且,学校也没有制定相应的规章制度,许多工作很难实施。其他老师并不配合张平的工作。总地来说,该学校对心理健康教育工作的管理是比较随意和混乱的。

作为直接开展心理健康教育工作的张平,对具体怎样管理和实施工作并不了解。在没有弄清楚学校心理健康教育的本质之前,他就急于开展工作,一心扑在心理咨询上。如果张平能清楚地了解学校心理健康教育的本质与具体工作范围,有计划、有目的地开展工作,就不会盲目行动了。在刚开始工作之时,他应该全面了解本校学生的心理发展特点,掌握各类典型的心理问题,收集各类相关资料,丰富自己关于学生心理健康的知识。

整体把握学生心理特点以后,张平应该有计划地制定心理健康教育的具体实施办法。如果他知道学校心理健康教育工作要以预防为主的话,就应该针对不同年级、不同问题的学生开设不同的心理健康教育讲座或课程,在课堂上宣传心理健康知识,加强学生对心理健康的认识。同时还应开展一些课外活动,多途径地宣传,更好地吸引学生的兴趣。将团体训练、团体心理咨询与个别心理咨询结合起来,全面提高学生心理健康水平。除此之外,应注意到家长的配合也是很重要的,所以,也应与家长建立联系,一起建设学生的成长环境,为学生提供更好的心理空间。

心理健康教育工作是学校素质教育的重要组成部分。虽然一直以来心理健康教育并未受到足够的重视,但是随着社会的发展,人们越来越意识到心理健康的重要,而中小学时期是心理发展的黄金时期,很多问题一旦形成,就会影响终身。同时,心理健康也会直接影响到学生的学习,中小学生因缺乏解决问题的经验,碰到问题通常会不知所措,注意力也就很容易从学习上转移到对问题的关注上。总之,心理健康教育工作的开展对于中小学生来说是非常重要的,学校应该给予足够的重视。

通过这个案例,我们不难看出,学校心理健康教育工作是一项系统工程,从管理架构到工作具体实施,都需要学校和相关工作人员积极的投入。事实上,因为工作本身就是关系学生身心健康的,所以,学校和相关工作人员都必须有高度的责任感和爱心。

(刘明理供稿)

学校该如何应对突发恶性危机事件？

案例

山东某县第一实验小学 20 日上午发生一起恶性事件。一名男子在学生上学时间段手持菜刀砍伤 25 名学生，并劫持一名 9 岁女生作为人质。后来在警方的努力下，犯罪嫌疑人被抓获，受伤学生已处理妥当，被劫持为人质的女生被成功解救。

此事件发生之后，该校将一本注明突发事故负责人的《突发事故处置预案工作手册》（简称《手册》）发放到每个负责人手中。《手册》中公布了 24 小时值班电话和安全稳定工作领导小组负责人联系电话。《手册》还将可能发生在校园的突发事故分为 17 类，针对不同突发事故，《手册》分别写明事故负责人、具体处置措施等内容。有了《手册》，事故发生后，教师可在《手册》的指导下，成立伤亡人员救治组、师生疏导组等临时机构，按照相关内容执行临时机构的工作职责，而牵头处室和配合处室的明确，更杜绝了以往事故发生后，各部门推卸责任现象的发生，突发事故的处置效率可以得到提高。同时，在学校宣传橱窗内宣传危机信息、提供安全解救办法。组织各班召开以"安全校园"为主题的班会等一系列宣传活动。

思考题

1. 学校应如何处理危机事件过程中的控制和善后两个环节？
2. 以上案例中，学校对危机事件的处置和防范方案对你有何启示？

案例分析

每一所学校都应该建立危机事件预警机制，当突发危机事件发生时，可以较好地处理。如果没有预警机制,当突发危机事件发生时就采取以下措施:①立即组织抢救,保护现场,向有关部门求救;②立即向领导报告情况,领导率领专业人员亲赴现场指挥,调查事实真相,了解事件的性质和危害程度,做好情况记录;③由学校领导和相关负责人组成危机事件处理小组,负责处理危机相关工作;④及时探视受害人,安抚公众,分清责任并主动承担负责;⑤适时、适式指定人员向公众、上级部门等公布事情真相,了解公众反应、社会舆论;⑥学校要与当事人沟通,如若无法沟通、协商解决问题时,可通过其他途径来解决,如上级主管部门或法律途径等。

学校危机事件的处理既要考虑危机本身的控制,又要考虑如何善后,即如何处理好危机涉及的各方面关系,如何抓住危机,恢复教育组织声誉。危机的善后包括:对危机事件所造成的损失进行评估、实施补救措施、总结经验教训。

预防危机发生是最好的战略,即在事件还未形成时就予以制止。预防危机包括事先的预测、决策和应急计划的制订。事先预防可以防范危机的发生,即使发生危机,也能迅速控制局面,减少损失,使处理工作有条不紊,从而化解危机。要把预防工作做到位,在全体师生员工中树立危机意识,让所有人都认识到危机事件的危害性,积极参与危机事件的预防。同时,教育组织要自觉遵守国家有关的政策、法令,以免引起纠纷和矛盾,做到健全管理制度,建立有关危机事件的预警应急机制。将教育内部和外界发生的危机事件进行总结,在教育组织里进行宣传提醒,引以为戒。随时注意和发现各种危机事件的苗头,苗头一旦出现,应及时采取措施化解。针对可能的危机事件,要有预警应急机制。

面对上述学生危机事件的特点和学校班主任工作的情况,要特别注重班主任在防范和应对危机事件中的作用。具体而言,学校班主任在学校的危机事件防范中应该承担起以下角色。

1. "摄像头"和"预防针"

班主任与学生相处的时间最长,和学生接触最密切,对学生的情况也最为了解,所以,班主任应该在预防学校学生危机事件中扮演"摄像头"和"预防针"的角色。所谓"摄像头",是从班主任对学生的管理方面而言的,就是多接触、多了解学生,密切关注学生的动态,像摄像头一样,捕捉学生动态信息;所谓"预防针",是从教育方面而言的,就是在学生的日常教育管理中应注重教育学生树立正确的世界观、人生观和价值观,正确处理学习、生活和恋爱中遇到的种种问题,引导学生正确面对社会和生活的挑战,正确认识生命的价值,懂得珍惜生命、珍爱生活,正确对待挫折和压力,树立学生的社会责任感和家庭责任感,不断提高其心理素质和抗挫折能力。班主任要制定并完善科学合理的学生管理制度,寓法制教育于教学和各项活动之中,要经常给学生打预防针;要建立危机事件应急处理系统,制定应急方案。

2. "镇定剂"和"纽带"

学校学生危机事件防不胜防,对事件的发生不要回避,一旦发生,班主任应尽快发挥其作用,因为班主任对学生的情况最了解,也最贴近学生,因而应该在处理学校学生危机事件中起"镇定剂"作用。同时,班主任作为联系学生与学校有关部门的纽带,是学校职能管理部门的得力助手。

所谓"镇定剂",是指学校班主任要在危机事件发生后迅速赶到事件现场,全面地了解事情的各种情况,为妥善处理事件赢得时间。班主任是学校中最了解、最熟悉学生的人,可以结合平时所掌握的信息从蛛丝马迹中判断出学生某种行为的原因。同时由于学校班主任平时同学生接触较多,容易得到学生的信任,所以班主任要充分运用自己的威信力,及时汇报,争取主动,坚守岗位,履行职责,使慌乱中的学生镇定下来,起到镇定剂的作用。

在重大危机事件处理过程中,班主任应像纽带一样,维系并妥善处理好上下左右的关系,比如,妥善处理好自己与学校领导的关系,妥善处理好自己和各部门之间的关系,妥善处理好自己与外界的关系等。

3. "润滑剂"和"创口贴"

伴随着危机事件处理工作的深入和危机事件走向尾声,危机事件的善后处理工作的重要性就凸现出来。危机事件总是给学校和学生带来有形和无形的损伤和危害。只有把危机事件的善后处理工作做好,才可以把危机事件可能造成的损害程度降到最低。所以,危机事件善后处理是危机事件处理中不容忽视的一个重要环节,班主任在这个过程中应该起"润滑剂"和"创口贴"作用。

通过本案例我们可以看到,引发危机的原因是多方面的,作为班主任,应时刻树立危机意识,建立系统的危机预警应急机制。减少危机发生几率,为学生营造良好的学习环境。

(王方供稿)

学校财务管理:"预算虚高"岂能简单地"大砍一刀"?

案 例

很多教育单位领导反映:他们把单位的各种教育建设项目和教育活动项目等的经费预算方案上报教育主管部门审批,教育主管部门领导在审批时常常以"预算虚高"为由,"大砍一刀"了事;教育单位因惧怕关系搞僵,影响长远利益,通常不敢追问审批者认为"预算虚高"的缘由,只是反复陈述"确实需要这么多",但陈述常无效,"挨刀"没商量,因此,有了一次"挨刀"经验以后,为应付"大砍一刀",他们只好要求单位会计人员有意把支出预算经费造得大大超过实际需要,以便被砍后还能满足需要。事实上,"预算虚高,大砍一刀"武断性审批经费现象确实普遍存在,并成为教育经费预算审批工作中的"正常"现象,而且事后双方都有成就感,审批者觉得自己坚持了原则,把好了关,为国家节约了许多教育经费,需求方觉得为本部门争取了许多教育经费,功不可没。

思考题

1. 应该如何看待"预算虚高,大砍一刀"武断性审批学校经费现象?
2. 请谈谈这种武断性审批经费现象产生的原因和可能引起的负面影响。
3. 如何提高教育经费预算及教育预算经费审批的科学性?

案例分析

近年来随着基础教育的发展,学校基本建设、教学软硬件设施投入不断加大,财政对教育的投入成为社会关注的热点。每年各级各类教育系统林林总总的教育预算与审批是教育经济管理工作中必不可少的重要内容。"预算虚高,大砍一刀",这种武断性审批经费现象确实普遍存在,并被视为"正常"。其实,这是教育预算与审批工作很不健康的表现,是教育经济管理领域中的"怪胎"。深入分析这种现象产生的原因和可能导致的危害,并制定相应的对策打掉这一"怪胎",确保教育预算与审批工作健康进行的自由之路。

为什么会出现这种现象?仔细分析,原因甚多,主要在于:其一,厉行节约是审批者在审批经费时应该遵循的基本原则;其二,教育经费的严重短缺促使审批者不得不从严把关;其三,教育预算的虚高现象确实不同程度地存在,审批者脑海里很自然地有了预算虚高的结论预设;其四,由于某种原因,审批者没有进行调查研究而不了解实际情况;其五,审批者业务不精,无法对预算方案作出客观公正的评价;其六,审批者担心被蒙蔽,而且也不愿被蒙蔽;其七,审批者认为,"从严"不会导致资金的浪费,不会承担渎职之责,而"从宽"则不然,所以"从严"比"从宽"好;其八,"预算虚高"既可以很好地掩饰不解实情之过和业务不精之短,又是搪塞"挨刀者"的良好借口。总之,对于这些审批者来说,以"预算虚高"为由"大砍一刀"是教育预算审批的无奈之举、安全之策,因此,这种现象的普遍存在也就不足为怪了!

事实上,很多学校的预算方案质量的确不高,原因方方面面,如,领导重视不够,多数学校的领导不懂会计知识,有的甚至看不懂报表,预算小组成员结构很不合理,预算能力差,等等。有的学校讨论预算方案只有校领导和财会人员参加,有的学校甚至只有校领导参加。还有的学校校长把心思放在抓教学和增资立项上,预算则安排财会人员去编制,自己没有参加学校年度收支预算的编制,甚至对学校预算没有仔细审查,导致学校预算严重超标。在编制经费预算时重视程度不够,方法简单,不是根据学校实际情况及发展规划来编制经费来源及支出预算,常常采用增量法来编制收支预算,即预算年度经费收支承袭上年度的经费收支,再加上一定程度匡算变动,作为新年度经费收支预算提交教育主管部门审批。低质量的预算方案引起了审批者的反感而使审批者以"预算虚高"为由"大砍一刀"也就不足为怪了!

然而,不可否认的是,这个"怪胎"很容易给教育经济管理工作带来严重的负面影响。首先,常常是实事求是者吃亏,弄虚作假者沾光。这也正是这个"怪胎"的"怪"之所在。其次,它很容易滋生腐败。为了让审批者的"大刀不砍"或"少砍",预算报审的教育单位很可能提供一定比例的回扣来贿赂审批者,审批者也容易为了自身的利益而弃原则于不顾。再次,容易导致另一个"怪胎"的出现——"会哭的孩子有奶吃,不会哭的孩子饿肚子"。最后,容易导致非常紧缺的教育财力资源的严重浪费。用一定比例的回扣来贿赂审批者,这本身就已经造成教育财力资源的严重浪费。

要从根本上解决预算审批的武断性问题,必须建立科学的预算与审批机制。所谓机制,就是泛指一个系统中,各元素之间的相互作用的过程和功能,在社会科学中可以理解为机构和制度。其中机构是系统行为的执行者和系统功能的实现者,制度是机构行为的约束,是促使机构实现系统功能的保障措施。因此,预算与审批机制就是指预算与审批的机构与制度。由此看来,解决预算审批的武断性问题应从预算与审批两个方面、在机构与制度两个层面,同时采取措施。

在预算方面,首先要在制度上规范预算行为。如建立适当的奖罚制度,即根据预算方案质量优劣程度给予相应的奖罚。具体来说就是,对实事求是、科学合理的预算方案给予相应的经费奖励,对弄虚作假、故意拔高的预算方案给予相应的经费处罚,总之,要树立预算正气,遏制预算歪风。要建立校长负责、集体研究的教育预算制度,杜绝预算的个人行为,因为集体的智慧往往胜于个人。要建立教育预算的论证制度,要求预算者必须进行市场调查和预测,杜绝预算的随意性情况出现。

其次,要在机构上优化预算行为。编制预算,虽然是一项财务工作,由学校的财务部门具体操作,但仅靠财务部门是不可能完成的,或者说是不可能很好地完成的。这是由预算的全面性、综合性的要求与财务工作的局限性、业务性的矛盾所决定的。学校编制预算的主要目的和任务是为了保证义务教育培养目标的顺利实现,保障学校能够提供优质的教育服务。具体说来,学校编制的主要任务有以下四点:一是配备办学必需的教育设施;二是保证教学任务的全面完成;三是保障学生身心的健康发展;四是提供教育优先发展的必要条件。而以上这些都需要经费的支撑。按照校内分工,教务熟悉教学领域,总务熟悉后勤领域,各科教师熟悉各自的教学领域,学校的财会人员绝对不可能熟悉所有的领域,而且每所学校都有自己独特的办学理念、办学思想,在资金分配和使用时,如何将学校的办学理念、办学思想体现出来,贯彻下去,是学校财会人员无论如何也想不到的。所以,编制预算时必须要有广泛的参与,这不仅是民主理财的需要、编制预算的需要,也是体现和贯彻办学理念、办学思想的需要。为此,各学校必须建立一个在校长统一领导下的真正懂得预算的预算工作小组,才有可能保证预算方案的科学性。预算工作小组在人员结构上应该有校长等校领导、教务、总务、财务和教师代表,有时还应邀请有关专家参加。预算工作小组必须熟悉本单位的实际情况,掌握本单位的建设与发展规划,了解市场行情,熟悉会计预算业务。

编制经费预算时,应坚持"量入为出,统筹兼顾,保证重点,收支平衡"的原则,综合财务计划,加强资金平衡工作;应深入调研与科学核算,准确核定所需预算的额度,制定科学合理的预算方案,确定的预算额度既要充分体现和贯彻办学理念,保证完成既定工作任务的开支需要,又要保证不夸大虚报,有效地处理好预算的客观性与可行性之间的矛盾。

在审批方面,首先要在制度上规范审批行为。例如,建立预算分权审批制,就是所有预算首先都必须由专家组集体审核,然后主管部门领导根据专家组审核意见审批,再交给财务部门下拨。这样既可以避免权力过于集中而滋生腐败,又可以对预算方案再进行一次专业水准的把关。预算审批与预算执行质量联系制,是指要根据以往预算执行情况来审批新的预算方案,作为制度既规范预算也规范审批。所谓以往预算执行情况,就是指在以往预算的执行过程中,是否严格按预算办事,是否维护了预算的严肃性,为此,必须充分发挥预算管理的重要作用,对预算资金的使用效果要进行追踪、监督和评价,并将跟踪评价结果作为新一笔预算的审批依据和考核审批者廉洁情况的依据。这样将会促使校长们重视和强化学校内部的财务管理,确保预算执行质量。同时,又能有效阻止学校拿出一定比例的回扣向审批者行贿。预算审批书面解释制度,就是要对每一笔预算申请的批复要有一个详细的书面说明,例如,不批要有不批的理由,少批要有少批的理由和少批多少金额的依据,等等,都必须清清楚楚,这样可以防止审批者欺骗"挨刀者"。

最后,在机构上,要组建预算审核与执行质量评价专家组。该专家组必须具有很强的预算审核能力,预算审核能力主要表现在对待审的各种预算方案的科学程度的评价能力,就是要对各种预算方案的系统性、可行性作出正确的评价,对预算的遗漏情况、预算的虚高情况、预算的低估情况等作出准确的判断。而预算执行质量评价相对容易得多,主要是拿着预算方案与实际执行情况进行对照比较,检查核实。教育系统各种预算所属的也是非常狭窄的几个教育经济领域,如工资、基建、设备、耗材等,组建预算审核与执行质量评价专家组并非难事,而专家组工作一段时间之后将更加专业,他们的预算审核能力将得到大大提高,可以有效为审批领导把好审核关,审批者也不用再担心被报批者欺骗,同时也不会因审批者的变更而影响审核把关的质量!

总之,"预算虚高,大砍一刀",这种武断性审批经费现象确实普遍存在,是教育预算与审批工作很不健康的表现,这种现象已经产生了非常严重的负面影响,从它产生的原因来看,要消除这种武断性审批经费现象,必须从预算与审批两个方面、在机构与制度两个层面上加强研究并采取有效措施,如此才有可能确保预算与审批二者的科学性与合理性。当然,教育经费的严重短缺也是制约预算与审批,特别是审批的科学性与合理性的主要因素之一,因此,各级各类教育系统节流的同时更应该重视开源。其中,校友资源、乡友资源、(教育)彩票资源等就是值得我们开发的重要财源。

(王伟清供稿)

如何突出中职学校的教育理念？

李老师在株洲一所中等职业学校主持校团委的工作。2010年上学期，在一次团干部培训课后，数控技师班二年级的A同学（担任校团委组织部副部长），主动要求李老师抽出时间来听一听她的想法。次日晚自习，李老师耐心地听了她的一些想法。谈话的主要内容是："校团委的工作您可能需要另找人接替，我下个学期可能不会在学校继续读书了。"同时，通过谈话，李老师了解到，和她同班的其他女同学也有类似的想法。

为了解开学生内心的困惑，李老师首先从换位思考的角度多方查询数控技师专业人才需求的现状和未来发展对人才培养的要求，使学生能乐观地看到数控技师专业尚处于起步的阶段，就业市场对该专业的人才需求空缺还相当大。学生所就读的专业选择完全符合就业市场的需求。其次，李老师自己花时间实地走访了一些与A学生专业对口的企业，与企业职工进行了交谈，从谈话中得知，数控技师在企业中的地位相当高，待遇与工程师相同，其工资和津贴有时还要高于工程师。企业中的女性数控技师更是凤毛麟角。女性在该职业的竞争中还是有一定的优势。再次，数控技师专业的课程设置和实训安排与企业需求的关联度高。最后，女生所反映的思想波动问题，实质上是学生青春期心理健康教育的问题。

在进行了充分的准备工作之后，李老师又主动和A同学进行了一次长时间的谈话。遵照知觉、感觉、认知、同化、类化等人类对事物认识的心理过程，帮助她找出产生这一想法的直接根源。根源主要来自于她对女性就业不如男性的自卑感，对就业市场人才需求的层次和要求不了解，以及青春期承受能力差和情绪波动大。找到了思想问题的症结所在，李老师以一个老师，更是一个朋友的口吻，列举了数控技师专业在企业中的需求层次要求和待遇，指出了现在打好基础是十分重要的，同时，也一起分析了女生青春期生理和心理变化的问题，引起了她的共鸣。A同学觉得有些话说到了她的里,这次谈话解开了她的心结,她又找回了积极、乐观、向上的自己,并且一再表示,一定会坚持学好数控专业知识,把团委工作当做培养提高自身素质的舞台。

李老师意识到,这不仅仅是个案,而是带有普遍性的问题,这就要求中等职业学校在教育行政管理过程中务必要把"以服务为宗旨,以就业为导向"的办学理念做实做好。教育工作者必须高度重视对学生的心理健康和心理辅导。

思考题

1. 在中等职业学校教育行政管理中,如何将"以服务为宗旨,以就业为导向"的办学理念落到实处?
2. 如何将学生的心理健康教育贯彻到学校德育工作中去?
3. 怎样和学生干部进行有效的交流?

案例分析

首先,学校的办学定位不同,受教育者的来源、层次、年龄和文化素质也存在着较大的差异性,差异性的教育教学应引起足够的重视。中等职业学校是为社会培养合格的劳动者和高技能的人才,办学定位决定着学生的来源,主要是初中毕业生,年龄在14周岁至18周岁之间,必须进行长时间的择业观教育和人才观的教育,才能使学生对人生观和价值观有正确的认识,达到潜移默化的作用。这是学校全体教职员工应做的一项基础性的工作。

其次,理解、宽容和真诚是师生平等沟通的基础。中等职业学校的学生正处于青春期,他们的共性是活泼好动、追求时尚、情绪波动大、是非辨别能力差、自制力不强,特别是女生,自信不够。在对学生进行心理咨询的时候,要"听其言,观其行,察其色,量其果"。谈话的过程中,教师要注意学生的语言和肢体表情,揣摩学生的心理活动,从而找出产生思想波动的真正原因所在。老师有把握沟通疏导好的问题,可以及时与学生进行交流,有些问题需要进行认真的调查和研究才能回答,可以缓些时候再与学生进行沟通和交流。对于学生看起来似乎很幼稚的想法,也要认真倾听。谈话中,教育者要真诚,在谈话中所讲的观点、事例、数据要能引起学生共鸣,达到以情感育人的效果。总之,师生之间要真正平等地进行心灵的交流和对话,具有重要的教育意义。

再次,学校的德育、智育和体育应均衡发展。中等职业学校输送的合格的劳动者和高技能的人才,首先要思想道德素养、知识和技能符合用人单位的要求,智力和体力符合工作岗位的条件。对于学生所反映的厌学情绪应多角度、全方位加以剖析,从教育教学的过程中寻求解决的方案和方法。

最后,学生团干部在学生管理中有一定带动作用。学生团干部是学生中的佼佼者,综合素质高,工作能力强,他们所反映的思想问题一般带有一定的普遍性,解决好他们在生活和学习中所遇到的困难和问题,可以达到以点带面的效果。

(周险峰 耿星供稿)

治校篇：学校管理相关案例

教学回避法：教育管理人性化又何妨？

2003年2月21日《钱江晚报》报道，杭州市天地实验小学在2003年2月出台了该校首部关于"教学回避"的规章制度。该校出台的《教学回避办法》明确规定，教师因家庭突发事件或受外来刺激而情绪失控，可以申请教学回避，暂不上课；教师因在日常生活中遇到难以排解的矛盾而情绪失控，可以暂不上课；教师在处理与教师、家长的矛盾中因矛盾激化而情绪失控，可以暂不上课；教师在教学过程中因受各种因素干扰而情绪失控等，可暂不上课。

情绪失控程度较轻的，可暂时回避教学现场，时间一般不超过半小时；如果其情绪过于低落或激动，学校可放假半天，让其用听音乐、看书、喝饮料、外出散步、找人倾诉等方法积极调控心态，等情绪调适后再及时进行教学工作。校方不追究回避人的回避责任。当教师不愿主动申请回避时，学校也可视具体情况劝说其回避。

推行这一"办法"是为了保证教师在良好的状态下进行教学活动，避免不良情绪干扰教学过程，减少教学的负面效应，从而确保师生身心健康，提高教育的整体效益。教师回避期间由学校安排其他老师顶替回避人的岗位。

浙江省心理评估委员会委员、同德医院心理科副主任医师陈敏表示，据调查，教师队伍中存在心理问题的人有很多，一些学生受到不公正待遇，主要就是事发时教师情绪失控引发的。教师的悲伤、急躁情绪很容易让学生察觉，产生不良影响。教学回避办法的推出，非常人性化，值得推广。

1. 你如何看待天地实验小学的教学回避法？为什么？

2. 你认为"教学回避"的提出折射了怎样的教育问题?
3. 如果你是校长,会在学校推行教学回避法吗?谈谈你的理由。

当下,许多学校都提出了"以人为本"的管理理念,但是仅仅看中的是学生的发展。我们都知道,学校管理的对象是人,即学生和教师,我们在关注学生的人性发展的同时,也需要认识到,教师同样需要获得人性的关怀和自身的发展。天地实验小学《教学回避办法》的出台,说明其校长具有人本化的管理理念,并且充分了解与重视教师的心理健康问题。

以人为本的教学管理具有以下特征。①提升教师在学校中的地位。人本教学管理思想把教师视为学校的财富和最核心的资源,教师与管理者之间不是由上到下的控制关系,而是一种分工合作的关系。②注重开发教师的潜能。社会的飞速发展与知识更新的加快,使人才越来越成为学校成长和发展的决定性因素,在这一管理模式下,学校不仅要努力去挖掘教师的潜能,还要不断追加对教师的资源投资。③将实现学校发展目标与教师个人发展目标结合起来。因为只有将二者有效结合,才能充分发挥教师的积极性和创造性,才能增强学校的凝聚力,学校的长久发展才能得以实现。④以解放人、发展人为宗旨。学校是教育人、培养人的地方,只有教师发展了,才能使学生更好地发展。追求人的不断解放和全面发展正是以人为本的管理理念的本质。

传统的教育管理忽视了教师作为一个普通人的心理特点和需求,想当然地认为每一位教师都应当具有牺牲精神,一切以学生为重,没有考虑到教师作为一个正常人的需求,比较起来,"教学回避"制度就有了可贵的进步:管理者大胆地跳出对教师的传统定位,把教师从"神"或"物"的传统观念上转移过来,让他们回归到普通的、真正的、现实的"人",让他们得到一个正常的人应该得到的理解、尊重、宽容、信任及帮助。

教学回避不仅考虑了教师的需要,同时也考虑到了学生的需要,体现了对教师和学生高度负责的精神,是一种充满人性化的管理方法。教师在情绪失控的情况下,是无法正常教学,并保证教学质量的。在教师情绪低落、心情压抑的情况下,我们仍然要求其正常教学,这不仅是对教师的不尊重,同时也是对学生的不负责任。教师在情绪失控的情况下,其不稳定的情绪会给学生带来心灵的伤害,影响学生的心理健康。案例中的教学回避,关注教师,尊重教师,更好地教育学生,是人文精神的具体体现,适应时代的需求。

本案例中的天地实验小学之所以提出"教学回避",一方面说明其管理的人性化,另一方面也告诉我们,现今教师的心理健康问题应该得到重视。当今社会,经济飞速发展,社会对人才的要求越来越高,社会带给教师的压力也越来越大。教师不仅要面对沉重的职业压力,同时他们作为一个普通人的生存压力也不断增加。据北京市教科院基础教育研究所的调查,北京市93%的中小学教师感到当老师越来越不容易,压力很大。如果有机会,50%的中小学教师希望换工作,只有17%的教师愿意终身执教。(2003年4月4日《京华日报》)如何减缓教师的心理压力,已成为一个迫在眉睫的问题。教学回避,使教师摆脱了单一选择勉强为之的尴尬,让教师重新拥有了自由选择的权利,对工作紧张繁忙的教师而言,无疑是极大的尊重。

面对心理压力日益加重的教师,作为教育管理者,我们应该怎样做?我们应该树立人本管理的理念。本案例中天地实验小学的"教学回避"就体现了人本管理的精神。在学校管理中,最重要的管理理念就是"以人为本"。"以人为本"就是坚持人的自然属性、社会属性、精神属性的辩证统一,这是我们从事学校管理工作时应当树立的一种教育管理哲学。①创造互相尊重的环境。传统的学校管理者没有将老师作为一个活生生的人,管理就是检查、督促,没有考虑到教师的情感。这样,教师常常感到心理受挫,工作压力大,从而产生种种不良的心理体验。作为管理者要善于营造一个平等、团结、和谐的工作氛围,营造一个互相尊重的环境。学会尊重教师的人格、尊重教师的工作、尊重教师的需要。②"以师为本"的管理。传统的刚性的制度管理扼杀教师的创造性和积极性,难以培养出具有创新精神和实践能力的人才。因此,作为管理者要重视教师的参与意识和创造意识,使教师的才能得到充分发挥,人生得到完善发展。让教师在学校事务中体现出主人翁的地位,主动积极地参与学校的管理,激发其主动精神和创造意识,提高教师的自我价值感,提高工作效率。③重视过程。传统的教学质量评价仅以及格率、升学率和学生分数的高低来衡量,忽视了教师工作对象的特殊性。人性化的管理应该注重教师对学生综合素质的培养、创新精神和创新能力的培养,减轻教师的压力,帮助教师走上自信的良性循环道路。

本案例中的教学回避把教师作为一个正常的人对待,正视教师的消极情绪问题,体现了对学生和教师负责的精神,这其中的人本管理的理念是值得倡导的。但是在具体操作上,我们也应该注意一些问题。从案例中我们知道,当教师情绪失控时,可以暂不上课,申请"教学回避",教师回避期间由学校安排其他教师上课,或者等教师情绪调适好后继续上课。这就涉及教学进度、其他教师的课程安排的问题,要求管理者能够制定一个比较规范的操作流程,这样才能将《教学回避办法》落实到实处,也才能真正满足学生和教师的需要,更好地促进学生和教师的发展。本案例中提到,对不愿主动申请回避的教师,学校也可视具体情况劝说其回避。从这点我们可以看到,该校的管理者考虑是比较全面的,认识到中国人很看重面子,有些教师可能习惯将问题埋在心里,不想让别人知道,不愿意主动申请回避。这就要求学校能有一个很好的人际关系网,校长和教师能彼此关注,管理者能敏锐地觉察出教师的情绪波动,帮助他们调节心理状态。

教学回避从一个侧面反映了教师的压力大。作为人性化的管理者,应该关注教师的心理健康,并自觉地创造条件为教师减压,更好地做到"以师为本"。教师要加强自身的心理防范意识,主动学习相关知识,提高自身的心理调适能力;学校要请专家给教师进行指导,加强对教师的心理辅导,让他们有一个积极、乐观的心态;同时,学校还要为教师创造一个宽松的人文环境,促进教师的健康发展。

通过本案例我们可以看出,现在的学校管理者注重人本化的管理理念,理解教师的压力,关注教师的心理状态,尊重教师,在考虑学生发展的同时关注教师自身的发展。

(吴文峰 鲍文婷供稿)

治校篇：学校管理相关案例

校长该怎样推进学校的教育信息化？

　　某中学王校长思路活、观念新，在教育实践过程中，王校长认为教育信息化是教育发展的必然趋势，在中小学推进教育信息化有利于培养学生的创新意识和创新能力，对提高教学质量也具有十分积极的意义，因此决定在学校里全面推动教育信息化。王校长主要从四个方面来促进教育信息化的实施：在硬件建设上，王校长投入了大量的资金，购置了教学和办公所需的计算机等办公设备，建设了校园网、多媒体教室和多媒体计算机网络实验室等信息化教学平台；在软件上，王校长不仅购买了学校急需的办公软件，还投入大笔资金购置了丰富的学科教育信息资源；在人才培养上，王校长重视教师信息技能的培养，不仅派出骨干教师接受信息技术培训，还从校外请人指导教师使用计算机和制作教学软件，使广大教师都具有一定计算机操作的能力；在政策制定上，王校长将信息化教学能力纳入教师职业技能的考核范围，将信息化教育与教师评优等活动相结合，并对教师使用计算机的能力提出了明确的要求。但是通过一段时间的教学实践，王校长发现广大教师信息化教学的积极性并不强，许多教师敷衍了事，信息化教学的效果也不尽如人意，甚至还不如传统教学方式的教学效果。

思考题

1. 你认为王校长推进教育信息化的方法对吗？
2. 教育信息化的过程与教师有怎样的关系？
3. 要想提高信息化教学效果，王校长应该怎么办？

案例分析

教育信息化是指在教育过程中比较全面地运用以计算机多媒体和网络通信为基础的现代化信息技术,促进教育系统的全面改革,使之适应正在到来的信息化社会对于教育发展的新要求。教育信息化不仅仅是教育形式和学习方式的重大变化,更重要的是对教育思想、观念、模式、内容和方法产生深刻影响,对深化教育改革,实施素质教育具有重大的意义。

教育信息化的实施有六要素:①应用——信息技术与信息资源在教育教学领域的广泛应用;②开发——开发丰富的教育信息资源;③网络——建设国家、地区、学校教育信息网络系统;④产业——发展教育信息产业;⑤人才——培训掌握信息技术的教师队伍;⑥政策——制定教育信息化的相关政策、法规和标准。从表面上来看,王校长的教育信息化的推动措施基本上涵盖了以上六个方面,从这个方面讲,王校长的工作是比较全面的,他重视教育信息网络的建设,开发和购买了教育信息资源,目的是信息技术和信息资源在教学中的广泛应用,重视人才的培养和政策的制定。

信息化教学环境建设是学校实现教育信息化的基本前提和重要基础,信息化教学环境建设水平决定了学校能够实现的教育信息化程度。学校要想推进教育信息化,首先就必须建设信息化教育软硬件环境,如建设校园网,建设多媒体教室、多媒体计算机网络实验室,建设教学资源库等。如果没有这些信息化教学环境建设,教育信息化就是镜中月、水中花,是无法实现的乌托邦。

教育信息化需要信息化教学资源的支持,信息化教学资源是教育信息化的核心内容。信息化教学资源可以依靠学科教师自制,也可以从市场上购买。从当前的教育信息化发展阶段来看,市场上与课程内容相关的信息化教学资源库无论是在内容上还是在类型上已经非常丰富,通过市场购买和校际共享可以较好地满足日常教学中对信息资源的需要,减少教师制作课件的压力,让教师能够将更多的精力和时间放在教学设计和信息化教学环境的创设上。因此在经济许可的情况下,学校或者教育主管部门购置教学所需的信息化教学资源库是一个明智的行为。

但是教育信息化的发展已经从前期的强调教育信息化基础设施建设的速度与规模阶段进化到现在的重视信息化教学效果的阶段,教育信息化不仅关注软硬件资源的建设,更关注教学效果的提高。对于如何提高教育信息化的教学效果,联合国教科文组织认为需要广大教师掌握信息化教学环境下的必要素养与能力。经过较长时间的深入研究,联合国教科文组织制定了一个《教师信息技术能力标准》(ICT Competency Standard for Teachers,简称 ICT-CST),该标准认为为了使教师能将信息技术融入课堂,成功地实现信息技术与学科教学的整合,教师必须具备四个方面的素养与能力:构建学习环境的能力、信息技术素养、知识深化能力和知识创造能力。虽然 ICT-CST 并不是绝对的标准,但是对于我们推进教育信息化进程具有积极的指导作用。

在中小学教师信息技术能力培训中经常将教师使用以计算机和网络为代表的信息技术使用能力的培养作为教师培训的重点,培训的内容集中在计算机的基本使用和办公软件的使用、多媒体制作软件的培训上。如在某博文《教育技术是个球》中就提到一个案例,教师脱产一周主要是学习 Flash,教老师们怎么做一个飞来飞去的球。从教师培养的角度来看,使用信息技术的能力属于教师的信息素养的一部分,特别是随着教师信息技能的不断提高,教师培训应当突破这一限制,将培训的重点引向构建学习环境的能力,知识深化的能力和知识创新的能力。

信息化教学效果的提高与否,在很大程度上取决于教师进行信息化教学的能力,使用计算机的能力和制作课件的能力只是其中的一小部分。有研究表明教师信息化教育的能力与使用信息技术的能力并没有直接的相关性,只要教师具备基本的计算机操作技能和多媒体教学软件的使用技能,就完全有能力进行信息化教学活动。但是这并不意味着教师能够有效进行信息化教学活动,教师信息化教学还需要其他知识和技能的支持。

与传统的教学相比,教育信息化并不仅仅是教学手段的改变,还包括教学模式和教学理念的改变。仅仅改变教学手段并不能提高教学效果,也不能实现推动教学信息化的初衷。推进教学信息化不仅要实现信息化教学方式,还要改革传统教学模式和培养创新人才。从传统教学方式到信息化教学方式,教师的教学发生了较大的改变:从课堂教学到实施课堂与活动并存的教学,从教内容到教方法,教学设计重点由教学内容转移为教学过程,教学设计成果从教案变为教学过程单元包。因此,如果教师依然沿用原有的教学方式,利用原来的模式进行教学活动,那么信息化教学的优势必然无法显现。从教师培训角度来看,对教师进行信息化教学方法的培训比对教师进行信息技术使用技能的培训更为重要。

虽然可以通过培训来提高教师的信息化教学的理论和技能,但是教师信息化教学技能并不能简单地通过短期培训来获得,在教学实践中进行学习是最有效的一种方式。在教学实践中创设良好的学习和讨论环境,促进教师在正式学习之外开展各种非正式学习活动,如定期组织听课、评课、说课活动,组织信息技术支持下的各种新课程的教学观摩活动,开辟教师教学研讨中心,提供案例和资料供教师观摩和研讨,让教师能够有更多的机会接受到新的教学模式和教学方法,扩大教师的专业视域。从前期的研究看,随堂听课和评课是促进教师教学能力的最有效方式,在专家的指导下进行定期的听课、评课活动,参与信息化教学研究项目,参加各种专题研讨会都可以达到这一目的。

当前不少教师的视阈被局限于学校课堂教学的范围,其教育教学行为观照处于较低的层次、较窄的范围,教师的工作被窄化为"教书",教师将教育信息化也主要集中在知识传递和成绩提高上,不注重学生创新思维的训练,不重视学生探究问题分析问题的能力和意识的培养。因此在教学实践和专业学习的过程中不重视知识创新能力和知识深化能力的培养,也缺乏这方面的意识。在教学实践中这种局限的视阈限制了他们的教学行为。社会转型要求教师教育向质量提高型转变,提高教师的教育理论素养成为当务之急,而参与专业研讨会广泛阅读权威期刊中的前沿研究论文就是扩大教师视域,培养教师信息化教学能力的最快捷的方式。

目前教育信息化还处于一个不断发展的阶段,信息化教学的模式和方法还不成熟,需要各个学科的教师根据各个学科的特点,探索适合本学科的信息化教学模式。在当前的学科教育信息化教学模式的探索过程中,具体学科教学模式的研究,通常是学科教师根据自己的教学实践和经验进行总结的结果。学科教师在信息化教学一般原则的指导下,可以结合学科教学内容、教学目标和学习者特点,探索合适的信息化教学模式。

最后,教育信息化对以校长为代表的教学管理者角色也提出了新的要求。在教育信息化的进程中,校长是关键。校长及其领导集体的教育技术领导力是其教育技术素养在管理层面的一种反映。根据祝智庭等人的研究,教育技术领导力包括四个方面内涵:教育信息化系统规划能力、信息化教学与课程改革领导能力、教师专业发展领导能力和教育信息化规制建设能力。校长及其领导集体的领导力在决策、管理、服务、评价四个方面影响了学校的教育信息化进程,校长及其领导集体的信息技术知识与技能,理解和应用信息技术的能力,信息化的管理水平等制约了学校的教育信息化发展规划与实现。与学科教师的信息技术教学能力不同,校长及其领导集体的教育技术领导力不是一种知识和技能,更多的是一种影响力、洞察力、凝聚力、协调力与决策力,是属于个体知识和技能的"软"层面。教学管理者能否达到教育信息化所需的能力,无疑会影响学校教育信息化的顺利进行。

(何向阳供稿)

教师信息技术培训真的起到作用了吗?

案例

老王是一名已有近20年教龄的中学数学教师,在全国中小学推广普及使用信息技术教学的氛围下,他迫于各方原因,参加了各级各类的信息技术能力培训,通过了大大小小的考试,拿到了形形色色的证书,可回到工作中,却只"知道一点,却又知之不多、不深",显得力不从心,这使老王对信息技术在教学过程中的应用失去了信心。

思考题

1. 你认为老王的事件在全国的教师信息技术培训中具有典型性吗?
2. 你认为应该如何提高学科教师信息技术能力培训的积极性和主动性?
3. 如果你是校长,你会如何提高学科教师信息技术能力培训的质量?

案例分析

在信息高速公路的影响下,信息技术,如计算机辅助教学、课程开发、试题库及多媒体技术已经广泛进入中小学课堂。现代信息技术将以其丰富的功能、便捷的特点在教育教学中得到广泛的应用,它将对整个教育产生深远的影响,并促使传统的或现行的教育观念、教育内容、教学方式、学习方式、教师角色等发生重大的变化,对学科教师的素质提出了更高的要求。《教育部关于推进教师教育信息化建设的意见》中指出:把信息技术教育作为中小学教师继续教育的重要内容之一,要通过各种方式对全体中小学教师进行一轮现代信息技术和教育技术培训。从本案例中我们也看到老王参加了许多诸如此类的培训。但值得我们思考的是,为什么经过这么多培训,老王的信息技术应用的能力还是如此一般,甚至产生了不想在教学中使用信息技术的想法呢?

老王其实是全国中小学众多学科教师中,特别是年纪相对来说大一点的老教师的一个缩影。该案例要讨论的核心就是如何提高中小学教师信息技术能力培训的主动性和积极性,以及如何在培训过程中实行质量管理。首先我们分析一下当前中小学信息技术能力培训存在的主要问题。

(1) 对教师信息技术能力内容的理解存在误区。

在教师信息技术培训中,关键是培训的内容,一般包括三个层面:一是理论层面;二是技术层面;三是教学设计和方法,即整合应用层面。但通过细心的观察,可以发现许多人一提到教师培训,就与教 WORD、EXCEL、FLASH、设计网页等画上等号,把培训单纯地理解为技术培训。许多同志,包括一些领导对这方面理解不一致,制约了该项工作的进一步推进。而且在现实中,新课程培训与信息技术应用培训存在"两张皮"现象,即"有思想没有技术"和"有技术没有思想"并存,相当部分应用培训仍停留在理论层面和技术层面上,真正把信息技术应用融入教与学全过程中的培训不多,而使应用始终在初级层次徘徊。

(2) 重形式、轻理念。

在信息技术技能的培训中,常常忽视教育信息技术理念的培养。目前教师参加的信息技术培训存在项目重复设置、多部门培训、多部门管理的情况,如教师评职称要参加人事部门组织的计算机模块培育与考试,教师参加学历进修时要参加自考部门组织的信息技术课程结业考试,教师还要参加教育部门组织的教师教育技术能力培训与考试等,既耗费了教师的精力,也增加了教师的经济负担。这在一定程度上使中小学教师对使用信息技术产生了抵触情绪。信息技术培训首先应让中小学教师认识到掌握信息技术知识和技能的重要性和紧迫性,让中小学教师信息技术培训从被动接受转变为自觉主动要求培训。

(3) 重学习、轻应用。

从本案例中,我们可以看到老王虽然经历了大大小小的培训,并取得了证书。但学完以后回到学校,没有将学到的技能用于教学,久而久之,掌握的操作技能生疏了,要使信息技术为教学教育服务更无从谈起。而且很多教师误以为,只要把多媒体引入了课堂,运用课件教学提高了教师课堂教学的效率,这就算达到了信息技术教学的目的。殊不知,教师的教学效率再高,学生在较短时间内无法接受也是没用的,那么教师做的就是无用功。教师点击课件的速度过快,课件内容根本不可能给学生留下深刻的印象,就更谈不上理解内容,提高学习的效率了。而且在拥有众多优秀教学资源的教育局域网、校园网及互联网上,许多教师一遇到教学活动,诸如能力比赛等,首先想到的是找人制作课件,这一现象充分说明教师信息技术应用的能力欠缺,且对培训内容的理解停于表面。

(4)重眼前,轻规划,培训运作方式过于整齐划一。

由于领导的重视,许多学校都把教师教育信息技术培训放上议事日程,每学期都有实施计划,有自培、他培、自学等一系列措施。但有些学校因没有一个明确的、长期的培训计划,缺乏针对性、系统性,严重影响了培训的效果。教学一线的教师大部分十分愿意接受信息技术的培训,但团体推进、整齐划一的运作范式难以激发他们学习的兴趣,不能满足他们学习的需要。一些培训课程安排的练习往往是消化教师教学的操作知识点,这就使层次参差不齐的学员没有机会更好地提升个体技能,常常流于形式,既不能促成信息技术与诸学科的整合,也不能进一步提高教师的动手操作能力,使受训教师的主体性和创造性难以发挥。

在吸收各校多年的教师信息技术培训的经验的基础上,我们可以从以下几个方面搭建新的教师教育信息技术培训框架。

(1)切合实际,合理规划。

教师信息技术培训作为一项工程,必须系统、科学地规划。要改变过去虽然按对象划分培训班,但授课内容差异不大,针对性还不够的做法,应根据具体的学科教师展开更有针对性的培训,这样才能使培训产生更大实效,更能充分调动学科一线教师培训的积极性。

(2)任务驱动,提高能力。

要改变过去一个软件一个软件地讲的方式,培训指导者必须围绕受训教师本人的实际问题与预期目标,根据学校教育教学的实际需要设计一系列具体任务,受训教师在任务驱动下,通过资源收集、筛选、整合、交流协作及意义建构,在规定时间内利用信息技术完成具体任务,这种以教师本身教学问题为中心的任务驱动训练方式能大大提高受训教师的培训兴趣与实践能力。

(3)注重素养,提升理念。

增加信息素养的教学内容,改变过去重操作技术的培训。同时,要结合培训,改变受训教师的教学观念,使信息技术成为教师实施素质教育的有力工具,在改变教师的教学行为和学生的学习方式上起到作用,还应该把教学设计作为受训内容,目的是把理论与课堂教学实际需要结合起来,把学和用统一起来,增强受训教师的"资源共享"观念,提高培训的时效性。

(4)学科整合,提高实效。

可以把教师培训与教育信息化、学习网络化等诸方面加以整合以确立培训的科研的课题,并通过学术讨论、教学观摩等形式,探索出适合本校、本学科、本人的教学方法与模式,并将此用于实际教学中,将教育信息技术培训与学科整合的研究结合起来。

(5) 过程评价,人性评价。

评价应该从以下三个方面予以考虑:第一,对教师的学习过程评价,主要内容有出勤率、作业完成情况、学习态度、当前学习成绩等;第二,实践评价,最终的评价还要考核到培训结束后,在指定的时间内,教师回到学校,能不能把学的东西在学校教育教学中应用,以及应用的效果是否良好;第三,评价要人性化,评价既要有一定的规范,又有一定的灵活性;既要有一般的标准,又要有个性的内容等,不要把评价作为"管"、"压"学员的法宝,而要成为让学员认识自我、超越自我的激励机制。

(6) 突破时空,体现个性。

从需要出发,探索一套既先进又切实可行的现代教育技术培训体系。比如,设立"在线课程",教师可以不受时间、空间的限制,根据个体情况,选择学习内容,自行确定学习方法和时间,而作为师训管理部门只要合理把握评测标准和规范管理程序,可能会取得更好的学习效果。

教师的信息素养制约着教育信息化的发展步伐,对教师的信息技术培训将是一个长期工程,需要我们不断总结经验,不断改进,与时俱进,才能适应新一轮教育改革发展的需求。

(蒋玲玲供稿)

育人篇：
学生培养相关案例

德育实践中的无德现象何时休?

　　亮亮是某小学三年级学生,他的妈妈是一位中学教师。一天早上亮亮起床后,胆怯地对妈妈说不想去学校读书了。问及原因,亮亮说因为自己的两只胳膊很酸痛,所以不想去上学,妈妈以她作教师的职业敏感想到事情可能没那么简单,因为平时孩子是很喜欢上学的,仅仅因胳膊酸痛就不想去学校读书这应该不是真正的理由,会不会是儿子犯了错误,或被老师批评了,或跟同学打架了……想到这里,她走到亮亮身边,抚摸着他的头轻轻地说:"亮亮,胳膊酸痛可能是白天用手过度了,妈妈给你揉一揉,很快就会好的。给妈妈讲讲,你不想去上学还有没有其他原因呀,告诉妈妈,妈妈会帮助你的,让我们一起来解决问题,好吗?"起初有点惧怕的亮亮望着妈妈关切和蔼的目光,道出了实情:昨天上美术课时和同学讲话,被老师叫到教室后面罚站,下课后老师又将他喊到办公室,命令他举起两只胳膊又站了一节课。接着她又从亮亮口中得知当亮亮在办公室举着胳膊罚站时候,办公室里还有好几位老师,他们不但默许美术老师的体罚行为,而且跟着起哄,一起批评亮亮……妈妈听后,很是震惊,作为教师,她知道这是不对的。妈妈思考了一会儿,告诉亮亮:"上课讲话,不仅会影响自己听课,而且还会影响到班上其他的同学,美术老师是应该批评你的,可能是老师一时心急,在批评你的方式方法上有些不恰当。一个人犯了错误,应该为他所犯的错误承担责任,你也一样。以后上课的时候,不允许有讲话等影响班级其他同学的事情发生了。妈妈也相信美术老师一定不会再让你举着胳膊罚站了。"吃过早饭,妈妈带着亮亮来到了学校,准备找美术老师谈一谈。正好在门口遇到了校长,就跟校长聊到了这件事情,校长得知此事也很惊讶,表示会严肃处理这件事情。

思考题

1. 美术教师及办公室的其他教师的行为是否妥当？教师应该如何正确处理学生违纪事件呢？
2. 本案例中的妈妈作为一名教师，教育孩子的成功之处表现在哪些方面？
3. 本案例反映了什么德育问题？如果你是校长，你会如何处理类似事件？

案例分析

在实施素质教育的今天，虽然有越来越多的中小学教师认识到体罚并非"上上策"，但是体罚这一古老的教育方式在今天的学校仍然具有鲜活的生命力，体罚学生现象仍然屡禁不止。《中华人民共和国义务教育法》、《中华人民共和国教师法》、《中华人民共和国未成年人保护法》都有明文规定禁止体罚或变相体罚学生。而2008年修订的《中小学教师职业道德规范》第三条也有明确的文字规定："关爱学生。关心爱护全体学生，尊重学生人格，平等公正对待学生。对学生严慈相济，做学生良师益友。保护学生安全，关心学生健康，维护学生权益。不讽刺、挖苦、歧视学生，不体罚或变相体罚学生。"本案例中的亮亮却被美术老师罚举着两只胳膊站45分钟，实属变相体罚，叫人痛心不已。

本案例中的美术老师的无德现象不仅反映了其缺乏正确的教育方法，而且反映了他缺乏应有的师德，办公室其他老师的行为也是如此。

师德指教师的职业道德，它是教师和一切教育工作者在从事教育活动中必须遵守的道德规范和行为准则，以及与之相适应的道德观念、情操和品质。教师要提高自身道德素质，首先要加强自身德育意识。德育意识是提高德育效果的前提条件，也是教师德育活动成败的重要因素。教育者作为德育过程的主体只有对德育活动的性质、结构、内容始终具有清醒的认识，才能根据德育目标需求不断地调节自己的活动。本案例中的美术老师和办公室其他老师就缺乏相应的德育意识，其自身道德人格的纯洁程度有待提高。

作为一名老师，除了教授学生科学文化知识外，还有一项重要的任务就是起到为人师表的作用，所以，老师不仅要掌握专业知识和教学技巧，更要注重自身道德素质的提高。要在潜移默化中让学生学会如何做人，在这一点上，老师对学生的影响是毋庸置疑的。说到这儿就不得不提一个词——"修养"，怎样与学

育人篇:学生培养相关案例

生相处,怎样用自己的行为去感染学生,应该是一名老师必备的修养。天天面对爱憎分明、平和从容、处乱不惊的老师,学生自然就会不骄不躁、乐观向上,平稳地度过自己的学生时代;反之,如果老师终日气急败坏,动辄拳脚相向,学生只能是有过之而无不及。学生不听话,老师就更粗暴,老师越粗暴、学生就越不听话,如此下去,学生的发展就会被耽误,症结在哪儿?还在于,老师与学生相比,老师有成熟的心智,有判断是非的能力,所以改变还得从老师做起。

好老师都是一样的——学高为师,身正为范。教育工作自有其技巧,好老师总是能在业务突出的基础上,灵活、圆满地处理师生关系,甚至会与学生成为好朋友,家长们最愿意看到这样的老师来教育自己的孩子。

北京致诚律师事务所主任佟丽华曾说,孩童时期的暴力是整个人类社会暴力的基础,孩子是真正的社会的弱者,不懂得自己有哪些权利,也不懂得怎么样去合法维护自己的权利。正是由于身体力量的弱小,才导致老师和家长敢于体罚和虐待。这也就是说,学生是成长中的人、是发展中的人,出现问题是必然的,也是极其正常的。就像一棵小树,在成长的过程中肯定会有旁枝斜杈。要使其长成参天大树,成为祖国的栋梁之材,教育者必须在教育的过程中不断地对其修枝除杈。在修理的过程中一定会有痛,但如果只因为其痛而任其自然发展,虽健康快乐,但难有大成。我们提倡孩子健康自然地成长,但是教育者有责任也有权利对其成长予以把关,这就有一个度的问题。我们也不能说,同一种方法,在张三身上是教育,到李四身上就变成了体罚;没有产生后果就是教育,产生了严重后果就变成了体罚。

本案例中的亮亮正处在少年阶段,处于此阶段的孩子的心智发展都还不成熟,对同学和老师有依赖性,尤其是老师的言行举止对孩子更是起着不可估量的影响。因此,教师在处理类似亮亮事件的时候,应该采取正确的教育方法,不应该不顾学生的感受,滥用体罚等手段。本案例中的美术老师发现亮亮上课说话后,首先应该在坚持德育原则的基础上,对亮亮进行说理教育,如果经过劝说教育,学生的行为没有得到改善,则可以采用其他合理手段,尽量在尊重孩子的前提下,进行说服教育;而美术老师不仅没有这么做,反而是武断地对学生进行体罚,并且无视学生的尊严,在已经下课的情况下,将亮亮喊到办公室继续接受体罚,办公室其他教师对于这样不合理的变相体罚行为,不仅不进行劝阻,反而采取默许的态度,甚至站在美术老师这边一起指责亮亮,给亮亮幼小的心理造成了很大的伤害,才导致次日亮亮不想去上学。

教师体罚学生是法律法规所不允许的,是违背教育学、心理学规律的,是不适应现代教育发展趋势的。因此,广大教师应该自觉提高自身素质,尊重学生受教育的权利和人格尊严,杜绝体罚学生的行为,塑造良好的教师形象,适应时代赋予教师的更高的要求。

老师是人类灵魂的工程师,承担着教书育人的重要使命,老师在教育教学过程中要关爱学生,坚持以学生全面、主动、健康发展为本的理念,尊重学生人格,构建民主、平等、和谐的师生关系,对学生要严慈相济,杜绝偏袒、歧视、讽刺、挖苦、辱骂、体罚(变相体罚)及有辱学生人格尊严的行为,努力做学生的良师益友。

本案例中的妈妈身为一名教师,有着较高的道德修养,深谙道德教育方法及自身道德素质对孩子的影响,在孩子胆怯畏惧的情况下,以作为母亲和教师的本能,及时发现并采取了较为合适的方法鼓励亮亮道出事情原委,帮助亮亮克服了由美术老师体罚及办公室其他老师的冷漠态度而产生的心理恐惧。妈妈对孩子充满爱心的教育方法是值得我们借鉴的,而且,应及时向学校领导反映问题,引起学校对教师自身道德素质提高的高度重视。

从本案例中校长听完亮亮罚站事件后的表现及态度,我们可以看出该校校长平时对学校教职工道德素质培养关注不够,学校德育管理工作还有待加强。从案例结果我们得知,该校长采取了一定的措施。

校长作为学校最高领导者,应该建立完善的道德教育管理体制,规范教师的言行举止,杜绝体罚和变相体罚事件的发生。在任用教师时要注重考察其思想道德修养,定期开展教师道德修养培训等。

教书育人是一门很深的学问,教师是一个很让人尊敬的职业,它担当着下一代人快乐、健康成长的重大责任。小学和中学是孩子们成长的一个重要阶段,任何好的或者坏的事情都将对他们造成一定影响,为此我们的教育部门早就出台规定,老师不得体罚学生!但即便这样,体罚学生的事情还是接二连三地发生,且深深地伤害了学生和家长,这为我们的老师、学校和教育主管部门敲响了警钟。

(朱华供稿)

如何面对离异家庭的学生问题？

案例

刘某，男，十三岁，初二年级学生。该生对同学漠不关心，不能从别人的角度考虑问题。他在课堂上注意力不集中，经常和同学说话，并且不能很好地完成作业。班主任多次找他谈话，还是屡教不改，甚至越来越严重。最近半年，刘某的性情突然有了大改变，以前喜欢打闹，现在却经常呆坐在座位上一言不发。有一次，老师在课堂上谈论离婚事件的时候，他居然在课堂上大哭起来。后来，老师了解到刘某的父母性格不和，长期吵架，去年年底就离婚了，刘某现在和爷爷、奶奶一起过，而他的父母基本上对他采取置之不理的态度。

思考题

1. 父母离异对孩子的成长会造成什么样的影响？
2. 当父母离异的学生犯错时，老师应该怎样做？

在儿童的成长过程中，父母离异会对其产生很大的影响，处理不好会对儿童产生很不利的影响。一项对541户离异家庭的调查显示：有61.42%的父母离异后产生了忧郁消沉、自卑沮丧、烦躁易怒等失衡心理，父母的这种心理必然会对孩子产生不良的、消极的影响。调查同时反映这些家庭的孩子心理不正常的占了73.58%。这些不正常的心理主要表现为喜欢独处、闷闷不乐、烦躁、易怒、冷漠、自卑、逆反心理等等。如果这些问题得不到及时有效的解决，将会对其未来发展造成严重的阻碍。

刘某的问题主要是由于父母离婚造成的。美国心理学家杜威曾指出：家庭关系的失调是产生精神和情绪病态的肥沃土壤。许多老师进而认为,解决这类问题必须从父母着手,毕竟解铃还需系铃人。但是,教师应该本着教书育人、对学生负责的态度,主动采取积极措施加以应对,帮助学生回归正常的发展轨道。

一、心理上及时疏导,帮助学生调整心态

首先,教师要做一个可信赖的倾听者。父母离异的孩子不愿向别人说心里话,各种复杂的情绪常期压抑在心里,就成了一种心理负担,这是产生心理疾病的原因之一。教师要树立一定的形象,让学生感觉到这个教师可以信赖,可以把自己的心里话告诉老师,而班主任和心理辅导老师要坚持保密原则,做一个耐心又值得信赖的倾听者。老师应经常主动地接近学生,和学生谈心,使学生对老师产生亲切感,让学生能够有可以倾诉的对象,可以把心里话说出来,排除心中的烦恼。其次,老师要帮助学生以正确态度看待父母离异的事实,逐渐让他们理解父母的苦衷。最后,教会学生用发现的眼睛去看待生活,用感恩的心去对待周围的人;并引导他们关注身边美好的事,感激生活中所有关爱他们的人。心理辅导老师可以引导他们思考父母吵架的原因,谈出自己对父母吵架的看法,老师亦可以讲一些自己的切身感受,以引起他的共鸣,消除学生的抵触情绪。

二、关心学生的生活、学习

有些学生因父母离异、家庭不完整,在生活上有一定困难。老师应及时给予他们一定的物质帮助,使他们无后顾之忧,可以缓解心理压力;同时部分学生因缺少了家庭的关爱,失去了学习的自信心和学习动力,精神萎靡,成绩明显下降,如果不及时辅导,久而久之,成绩就会越来越差,学习兴趣日渐降低,产生恶性循环,本案例中的刘某的学习问题就是实例。这就需要老师上课时多给他们练习的机会,及时表扬;课后多辅导,多询问,多鼓励;对他们的每次进步都要给予表扬、鼓励,帮助他们提高学习的兴趣。正如德国教育家第斯多惠所说:教育的艺术不在于传授本领,而在于鼓励、唤醒、鼓舞。

三、关注学生人格的完整及自我成长

处于离异家庭的孩子往往存在自卑的心理,认为父母抛弃了自己,全世界都看不起自己,初中生又处在自我意识空前发展的阶段,渴望得到别人的关注与肯定,势必会想尽一切办法引起别人的注意。本案例中,刘某课堂上讲话、哭闹都是为了引起教师更多的注意。因此,教师应该更多地关注这部分学生。除了关

注他们的生活和学习外,更应该关注他们的人格完整和自我强大。例如让孩子感受到人人平等,没有谁会因为父母离异而低人一等;培养学生多方面的兴趣,鼓励学生多与同学交流等。

四、与其父母沟通,形成合力

首先,班主任有责任对离异家庭的孩子进行家访,与家长进行面对面的沟通,了解父母离异的原因,同时也了解他们的家庭生活情况。其次,经常性地与家长电话联系,告知家长孩子在学校的学习情况,并利用每学期一次的家长会和这些家长面谈,全面了解学生的情况,并提出一些教育建议,共同帮助解决一些实际问题。在与离异孩子父母双方的沟通中,教师要扮演好劝导者的角色,这要把握好以下几个重点。①要劝导双方从离异的事件中走出来,认真安排新的生活,稳定自己的情绪,振作精神,用更多的时间考虑如何承担教养子女的重任,端正对孩子的看法。②要劝导双方主动关心孩子成长中的烦恼和学习情况,尽可能地加强与学校老师的沟通和交流,不要向孩子播种仇恨,把对对方的怨恨发泄在孩子身上。例如,可多带孩子去参加户外活动,尽量让孩子融入集体之中,享受大家庭的温暖。尤其要提醒家长不要感觉自己在情感上亏欠了孩子,就一定要在物质上给予他们补偿,忽略了情感的沟通与交流。③在孩子心中树立"另一半"的良好形象。离异后,不要在孩子面前讲原配偶的坏话,更不能把孩子作为传递敌对信息的工具。否则,会让孩子从小对异性没有好感,长大后以否定的眼光看待异性,给以后的情感生活带来不利影响。

总地来说,对于离异家庭的学生,教师应该注意三点。第一,尊重。捷克教育家夸美纽斯曾指出:应该像尊重上帝一样尊重学生。尊重他们,就要尊重他们的隐私,尊重他们作为普通学生的权利,给他们人格上的尊重,不要用过分的爱给他们塑造了一个特殊的身份,或者爱的表现不要过于频繁与公开化,也就是要做到"关照而无痕",不要让他觉察到老师在用不同的方式对待他,以免触及孩子敏感的心灵。第二,理解。对离异家庭学生,我们应该给予正确的理解,理解他们的问题是事出有因,理解他们父母关系破裂后的心情。苏霍姆林斯基说:在每个孩子心中最隐秘的一角,都有一根独特的琴弦,拨动它就会发出特有的音响。因此我们要学会用孩子的眼光看孩子的世界,理解孩子的行动。第三,关爱。关爱是教育的前提和基础,没有关爱就谈不上教育。来自离异家庭的孩子更需要关爱,我们应该用关爱去感化他们受到创伤的心灵,用关爱去唤起他们内心的热情,用关爱去激励他们不断进步。

当然,单凭某个教师,以上这些是难以做到的。班主任、心理辅导教师、其他任课教师及学校领导应该相互合作,共同营造温暖的校园家庭。同时,班主任还要与班干部及普通同学共同营造良好的班风,把班集体打造成为温暖他们心灵的一个"家",教师就是他们的长辈亲人,同学就是他们的兄弟姐妹,让孩子重新找回家的感觉。

总之,离异家庭学生的健康教育是个社会问题,它需要学校、家庭、社会的共同关注。离异家庭学生的教育也是一项长期的、艰难的工作,具体操作的过程中可能会遇到各种各样的问题与困难,需要教育工作者具有很大的爱心、耐心和细心,去积极创造良好的环境,采用有效的方法,抚平其心灵的创伤,"让每个学生都能抬头走路",使他们能够健康成长。

(谭千保　张晶晶供稿)

育人篇:学生培养相关案例

学生座位轮换制真的公平吗?

案例

唐老师是一位经验丰富的老教师,有着十多年的班主任工作经历。以往,他给学生排座位都是采用传统的按身高排位的做法,当然,他会考虑少数孩子的视力问题,同时也会考虑男生和女生的搭配、学生性格方面的互补等因素。

可是随着公平公正理念深入人心,许多家长认为教师按身高排座位,定期按组平移,前后位置并不轮换的做法违背了教育公平公正的原则,家长要求学生座位应当作为一项公平的教育资源来分配的呼声也越来越高。因此,现在唐老师只好改变策略,采用座位轮换制。第一次排座位时,学生抓阄,抓到哪个座位就座哪个座位。以后每星期轮换一次,前后左右轮换。唐老师觉得这样很好,既没有得罪人,自己也省事。可不久以后,问题又出来了,个子矮的、听力不好的、视力不好的学生家长总是找过来,要求老师照顾。唐老师左右为难,但为了得到大多数学生家长的认可,他只好置少数部分家长的请求于不顾。

思考题

1. 你认为唐老师采用座位轮换制以后就置少数家长的要求于不顾的做法是否妥当,为什么?
2. 请结合教育教学的相关理论,探讨学生座位轮换制是否实现了真正的公平。
3. 如果你是唐老师,面对座位转换制产生的问题,该如何去向家长解释?

班级是以学生为主体,以学习活动为主要内容,以师生之间、学生之间的交

往为纽带而构建起来的组织,是学校进行教育教学和管理的基层组织。班主任是学生思想道德教育的引导者,是班级管理的组织者和领导者,是学校开展教育教学工作的得力助手,是联系各位任课教师、学生的纽带,是沟通学校与家庭及社会的桥梁。班主任教育工作和管理工作的好坏,直接影响到学校教育教学工作能否正常开展,影响学生的发展状况。

班主任工作是否成功,班级能否很好地发挥其整体作用,在很大程度上取决于班主任自身素质的高低和管理能力的强弱。

首先,班主任作为学生道德教育的引导者,他的人格素质至关重要。因为青少年学生正处于长身体、长知识的发展期,可塑性很强,他们的成长状况很大一部分取决于外部因素的影响,取决于教育者给予的教育,作为每天与学生相处的班主任,他的一言一行、一举一动都直接影响着学生,对学生产生潜移默化的作用。一方面班主任将成为学生学习和模仿的榜样,另一方面班主任的优秀品格将为学生所崇拜和效仿,学生往往会把对教师的尊敬和喜爱转化为对班集体的喜爱和信心。所以要当好班主任,抓好班级管理工作,必须先树立好自身形象,提高自身素质,做好表率。

在人格方面,唐老师无疑是无可挑剔的,他并没有像某些老师那样,把座位作为一种资源:要么违背素质教育初衷,按学生成绩排位,成绩好的学生座位靠前,差者则靠后;要么违背教师职业道德,按关系和"好处"编排"人情座位"。在采用传统的按身高排座位时也是从全体学生的利益出发,综合考虑多方面的因素,坚持以学生为本,以关心爱护每一个学生为出发点,努力创设一个和谐的、有利于学生学习的班集体。

其次,班主任是班级管理工作的组织者、领导者和参与者,是班级的核心人物,班主任的整体素质高低,处理班中事务是否有经验,工作策略是否合理,工作过程中是否坚持以学生为本,以关心爱护学生为出发点,这些都直接影响到全班学生是否能健康成长,班级能否形成团结向上的优良班风。一旦班主任的管理能力和方法出现问题,学生有意见、学校有意见、家长有意见,势必会影响教学工作的正常开展。因此班主任的管理理念、管理措施、管理制度和管理办法一定要从大局出发,以创设和谐的班集体为目的,以每个学生能正常发展为前提。

唐老师能与时俱进,听取家长的意见,采用被家长认可的较为公平公正的座位轮换制,说明唐老师具有正确的价值观、强烈的责任心,愿意用先进的教育理念去管理好班级,对学生及家长负责。只是唐老师在工作中,不善于反思、不敢创新。因为他在采用"座位轮换制"遇到困难时,采用逃避现实的方式来对待,置

育人篇:学生培养相关案例

少数学生家长要求于不顾。作为一名优秀的班主任,除了能采用现代的新的方式方法对班级进行管理外,在平时的工作中,还应该学会研究问题。在解决问题的过程中,对遇到的新情况和新问题,优秀的班主任应该学会主动进行分析、探究,直至有效地进行解决,争取成为一名研究型的班主任,同时,还应敢于创新。面对工作中遇到的新问题,能从不同的角度进行审视,敢于用新思路、新方法进行尝试;对一些沿用已久的方法,敢于进行怀疑、批判,并拿出自己的解决方案,善于结合实际,博采众长解决问题。这就要求班主任首先在观念上创新,确立以学生为主的参与意识,在班级管理中,遇到问题时,要针对班级学生的实际情况,创造性地解决问题。可见唐老师并非是一位创新型、研究型的班主任,他只是遵照大家的意见办事,而没有创造性地开展工作,也就是执行能力有余,而创新不足。

我们再来谈谈唐老师所采用的座位轮换制是否公平公正。

从理论上来说,公平是指按照一定的社会标准(法律、道德、政策等)、正当的秩序来合理地待人处世。公平包含公民参与经济、政治和社会其他生活时的机会公平、过程公平和结果分配公平。如何理解教育公平呢?首先按教育公平实现过程,依次为起点公平、过程公平和结果公平。起点公平指受教育权和教育机会公平;过程公平为受教育者享有公共教育资源的公平;结果公平为教育结果的质量公平。起点公平是教育公平的前提,过程公平是教育公平的条件,结果公平是目标。由于教育公平受现实客观条件和受教育者天赋与能力差异等主观条件的制约,它具有一定的相对性。因此,从上述意义上来说,公平并不是完全的一致,必须承认个体之间差别的存在。

就座位轮换制来说,每个学生获得好座位的机会可能均等,也就是说过程是公平的,每星期一换,没有谁干预。但问题是起点不同,因为每个学生的身体和心理素质不同,接受能力也各异。有些学生能自觉要求自己,不容易受外界干扰而自主学习,而有些学生就需要老师的督促与监督,才能安心学习。结果又如何呢?自然是一些学生能学好,而一些学生只能顺其自然了。班主任作为学生思想教育的第一责任人,做事一定要遵循学生的个性特点及心理规律;同时在构建班级制度文化时应该遵循新课改所倡导的"以人为本"的理念,以学生发展为本,尊重学生的权利,满足学生的需要,促进学生的发展。唐老师由经典的按身高排座位改为座位轮换制,目的是为了实现教育的公平公正,可在操作上却一定程度地违背了教育应遵循的原则。

从实际情况来看,在我国基础教育阶段,教室内的桌椅布局主要为秧田式,而教师授课时的主要阵地是讲台,重点内容将板书在黑板上。自然,教室内的座位就存在优劣之分,从视觉、听觉效果来说,位于教室中间前几排的是"黄金座位",学生看得清、听得好,且在老师的最近视线内,易于管教,因而成为炙手可热的"宝座"。每个有进取心的学生都希望坐在教室的最佳位置(也就是中间靠前的座位),这样更有助于听课和与老师的沟通。事实上,从听课效率上来讲,"宝座"确实对学习有所帮助,老师非常希望难管的学生能坐在前排,便于自己调控,保持班级良好的学习气氛。但也不可否认,传统的按学生身高排定座位的做法,矮个学生普遍享受着优待,而高个学生自然就失去了占有最佳位置的机会。因此,有些专家也说,"矮个子坐前面天经地义"的传统排位方式对高个学生是不公平的。特别是对学习兴趣不大的学生来说,座位在一定程度上影响着孩子听课的效率。因此学生和家长对此提出了异议是可以理解的,作为教师就应该平等对待每一个学生。唐老师意识到这种不公平性并继而提出座位资源公平分配,是一种民主意识的觉醒,体现了他对孩子未来的高度关注和对教育个体的极端重视,凸显了教育的"以人为本"理念。可问题是如今孩子们的个体发育差距较大,进入初中后个头差别更加明显。如果严格采取轮换制,当矮个学生换到教室后面时,连黑板都看不到。特别是师资力量雄厚的有规模的城区学校,一个班级学生少则六七十人,多则九十多人,个头矮的学生只有一米多点,而个头高的学生却有一米六七,一旦小个子学生坐在教室后面,就只能像坐在三面环山的峡谷里学习了。

如何解决这个问题呢?只能因时而动了。如今,时代不同了,人们的思想观念和价值观已经发生了深刻的变化,看问题、做事情更多考虑的是自己的权利是否得到保障、是否得到满足,而不像以前的人更多的是考虑别人的需要,学会谦让,学会牺牲。因此,如果班主任碰到以上问题,光靠做学生及家长的思想工作是不能解决问题的。如何因地制宜、随机应变,科学合理地想出最佳的解决办法,才是班主任老师要考虑的最大问题。

那么,怎样做才能更加公平公正呢?确定分配机制比划定分配标准更重要。编排学生座位就是如此,以高矮、以成绩、以关系为编排座次标准,都不科学。而实行座位轮换,形成一种硬性的约束机制,既提供给所有学生同样公平的机会,也从制度上堵塞了个别教师照顾关系甚至从中牟利的漏洞。关键是如何轮换,唐老师的座位轮换制度无疑需要不断完善,不能是随机先编一个座位,然后再组与组、排与排轮换。既然考虑前与后的轮换,自然要照顾学生身高的因素。首先,排座位不能抓阄,而应该是教师全面安排,综合考虑多种因素,尽量让每小组的学生个子差不多高,以后每轮换一次,特殊情况需要照顾者,学生自己协商解决。客观上,需要加强教室的硬件建设,阶梯式教室也好,座位升降式也罢,总之要能解决好座位资源公平分配中的连带问题。

有专家指出,国外较早注意到学生座位的公平问题,有的国家采取圆桌式教学。但我国大多数学校存在人数"超编"现象,圆桌式教学难以做到。因此,我们的教育工作者就应多想办法改变自己的教学方式方法,如加强师生之间的互动,在课堂上不要只依赖黑板和粉笔,要综合运用多媒体,把自己从三尺讲台上解放出来,多走到学生中间去,与每一位学生交流,以保证让每位学生都获得平等的教育教学机会。

(尹琼芳供稿)

这个老师为什么会犯错?

案例

六月的一天早晨,早读课已开始十分钟了,刘老师才见班上三个寄宿生手中拎着早餐,满头大汗地跑进教室。当时刘老师以为他们是因为睡懒觉而迟到了,所以就没让他们解释,直接罚站了,并命令他们在第一节课上课时到校园内转一圈,看一看、数一数到底还有几位学生在校园内转悠而不进教室?当时刘老师注意到三个人满脸气愤,一言不发。第一节课上课铃声响后,他们三个人极不愿意地下了楼去看有没有不进教室的学生。几分钟以后,其中的一个学生气喘吁吁地跑进刘老师办公室说,"老师,没有学生不进教室",另一个说,"老师,今天我们也不是存心要迟到,而是轮值冲厕所时,发现厕所堵塞了,我们花了很长时间疏通"。一听到这些话,刘老师就觉得自己犯了一个很大的错误,因为没有耐心细致地聆听学生说事情的原委,就很冲动地处理了这件事,让学生受了委屈。为此,刘老师主动地向学生道了歉。

思考题

1. 本案例中教师为什么"犯了一个很大的错误"?
2. 教师应怎样避免犯这样的错误?

案例分析

课堂管理的实质是对课堂基本要素进行的协调和控制,目的是为课堂教学营造和谐而融洽的人际心理环境,主要表现为对正常课堂行为的维持和强化,以及对不当或违规的课堂行为矫正。首先,教师的课堂管理行为不同于教师和学生的课堂交往行为,它是一种典型的目的性行为。教师根据明确的目标导向,做出教学规划与决策,采取行动,并追求以最小的代价换取最大的教育效益。其次,教师的课堂管理行为还是一种规范调整行为,教师从教育目标的达成要求出发,从提高教学效益的需要出发,逐步建立起班级内学生们共同的课堂行为规范。教师还要对规范的执行情况进行监控与调节。

  课堂教学中难免会发生问题,教师处理的大多数都是一些小乱子,如做小动作、交头接耳、不遵守课堂规则和程序、注意力不集中、擅自起立,等等。这些小事并非真正严重,但为了保证课堂教学的正常进行,这些行为必须杜绝。上述案例中的三名学生,上课迟到了,按照课堂教学管理的要求,他们的行为是不能被教师所允许的,所以案例中的教师采取了常规的做法,对这三个学生进行了惩罚,学生虽然接受了惩罚,但内心并不服气,教师采取了简单粗暴的办法,不分青红皂白地惩罚他们,使学生受到了委屈。这样的课堂管理方式是不成功的,会让学生觉得教师不讲道理,很不公正,只会破坏师生之间的信任关系。所以案例中的教师说自己"犯了一个很大的错误"。

  这个案例提示我们,在进行日常的课堂教学管理时,不能仅仅把目光放在"问题行为"的表面,要多问个"为什么",找到所谓"问题行为"产生的原因,有针对性地实施管理。找原因的过程,实质上就是一个师生交流、沟通的过程。然而,现实的课堂管理中,教师往往忽略了这个常识,常常犯一些"断章取义"和"以己推人"的错误。"断章取义"指的是教师往往会因为自己的立场或者偏见片面地理解学生的意思,把学生的部分意思理解为全部,甚至歪曲学生的原意。"以己推人"指的是无意识地把自己的个人特性强加在对方身上,认为对方也具有这些特性。教师可能会依据自己以往的经验或经历对学生形成判断,产生对学生的误解。

  本案例中的教师正是犯了"以己推人"的错误,处理问题时仅仅从自己的主观经验和立场出发,"以自我为中心",并没有寻求学生问题行为的真正原因,导致对学生的误解。不过庆幸的是,本案例中的教师认识到了自己的失误,并主动向学生道歉,在弥补失误的同时,为学生树立了一个尊重学生感受、敢于承认错误和承担责任的教师形象,相信该教师的威信并不会因此事而受到影响,相反有可能会更赢得学生的尊重。教师在日常课堂教学管理中,应该尽量避免犯类似的错误。不犯类似错误的必要条件就是使自己具备"同理心"。"同理心"原本是心理辅导学科的专业术语,由人本主义学派心理学家罗杰斯于1989年提出:感受当事人的私人世界,就好像那是你自己的世界一样,但又绝未失去"好像"二字——这就是"同理心"。通俗地说,"同理心"是这样一种态度,它要求我们在和对方谈话时,把自己的信念、价值观等暂时搁置一边,从对方的角度去感受,顺着对方的思路去思考,即"用他人的眼睛看世界"。一个通俗的故事可以用来解释"同理心"。一只小猪、一只绵羊和一头乳牛被关在同一个畜栏里。有一次,牧人捉住小猪,小猪大声嚎叫,猛烈地抗拒。绵羊和乳牛讨厌它的嚎叫,便说:"他常常捉我们,我们并不大呼小叫"。小猪听了,回答道:"捉你们和捉我是两回事。他捉你们只是要你们的毛和乳汁,捉我却是要我的命呢"。由此可见,"同理心"的核心就在于站在别人的角度上看问题。"同理心"不等于认同和评判对方的行为和看法,而是对对方为什么会产生这种行为和看法表示理解。比如,"他骂你让你感到很愤怒,所以你打了他",而不是"你为什么打人?打人是不对的"。"同理心"也不等于同情。同情指的是对他人物质上的帮助和情感上的抚慰。在同情的心理活动中,交往的双方有高低、尊卑的差别。在"同理心"的心理活动中,沟通双方的地位是平等的,无高低之分。而在现实的师生交往活动中,许多教师由于缺乏"同理心",把自己的价值观和人格置于学生之上,不站在学生的立场考虑学生面临的情境、内心感受及想法,陷入和学生沟通的误区当中,主要表现有以下几点:①命令、控制、指挥,例"你上课为什么随便讲话,给我闭嘴";②警告、威胁,例"你再这样下去,我就要叫家长了";③训诫、说教,常对学生说"应该"和"必须",例"你必须把作业写完";④中伤、揶揄,例"你以为你很聪明吗","我就知道你不行";⑤不愿意聆听,例"你不用说了,你要记住我的话,回去吧";⑥空泛之辞,例"你要改正缺点"。学生对说这些话的教师的评价常常是"这个老师真凶","真没意思","讨厌"。在课堂教学管理中,如果教师能够运用"同理心",去感受学生的心理、态度,并有效地将这些感受传递给学生,学生会感到被理解和尊重,从而产生温暖感和满足感。这种感受可以营造出互相体谅和关心的良好沟通氛围,有助于学生改正一些不良的课堂行为,更好地遵守课堂纪律和教学秩序。

(陈京军供稿)

师者,如此"狠心"又何必?

某乡村小学开学报到的第一天,突然从一间教室里传来一个孩子的哭声,紧接着"砰"的一声,一张课桌被丢了出来,学生小明两眼泪汪汪地走了出来。原来,小明上个学期学习成绩为全班倒数第一,严重影响了年终全班的成绩排名,班主任王老师要求他留级或者退学。可小明不想留级更不想退学,于是向王老师苦苦哀求,并保证要好好读书,可王老师就是不答应,还把小明的课桌也丢了出来。这可是王老师班上由于成绩差被迫留级或退学的第四个学生了。其他老师都在感叹,王老师真狠心!

1. 你认为王老师对小明的做法对吗?为什么?
2. 究竟是哪些可能性造成了王老师如此"狠心"?
3. 对待这些后进生,你认为一名教师应该具有怎样的情怀?

案例分析

提到"后进生",每个老师都头痛不已,因为他们在班级中扮演了破坏纪律、拖拉班级整体成绩的"边缘"角色。这类学生虽然不多,但影响力巨大。不但教师对这类学生"恨铁不成钢",连同班同学也对他们嗤之以鼻。尽管如此,作为老师也不能强迫他们留级甚至退学,这对他们来说是不公平的,学习成绩差不代表自己受教育的权利也应被剥夺。本案例中,王老师的做法是极其错误的。首先,王老师藐视了教育的神圣地位。教师是人类灵魂的工程师,本应该受到人们的崇敬,可是他,却玷污了这份神圣。王老师要求后进生留级或退学,要提高班级整体成绩,与自身评职称、评奖等有关,说白了就是与自身的利益有关联。韩愈云:"师者,所以传道授业解惑也。"其实,学生能不能学好,还取决于老师教得好不好,以留级或退学相要挟,是极端的不负责任的一种行为。其次,王老师缺乏学校教育的基本底线——爱心。我们说,教育就是培养生命的事业,世界上再没有什么比生命更重要的东西。被学生称为"慈父"的裴斯泰洛齐说过,面对那些孤儿、弃儿、病儿、弱儿,我与他们一同哭泣,一同欢笑,当他们生病时,我在他们身边,当他们健康时,我也在他们身边,当他们睡觉时,我还在他们身边,我最后一个睡觉,第一个起床,在寝室里,我们一起祈祷……直到他们熟睡为止;我的目的在于使他们过着共同的新生活,产生新的力量,唤醒他们的兄弟般的情谊,使他们成为热情的公正的亲切的人。裴斯泰洛齐、苏霍姆林斯基、陶行知等教育家用他们最简朴的行动谱写了"爱的教育"的人类奇迹,这给我们学校管理者和教师一个重要启迪:作为教育工作者,爱心比什么都重要!我们既然选择教师这个职业,就要爱心永驻。

王老师的做法,不外乎出于以下两个原因。其一,法律意识薄弱,《中华人民共和国未成年人保护法》明确规定:学校应当尊重未成年学生的受教育权,不得随意开除未成年学生。根据《中华人民共和国义务教育法》,未成年人有依法接受规定年限义务教育的权利;有权要求学校开足开齐国家规定的各类课程、有权要求学校采取措施保证教学质量,学校或教师不得以任何理由限制学生上课,不得随便开除学生。人人生而有受教育的权利,这是神圣不可侵犯的。作为一名老师,不以身作则,相反,采用"要挟"、"相逼"的方法来教导学生,动辄要学生留级或退学,这种做法既是无视校纪校规、我行我素,更是藐视法律的表现。法律面前,人人平等,谁也不能任意剥夺他人任何的权利。这位教师的另类之举,是一种剥夺他人受教育的权利的变相体现,应当受到法律应有的制裁。其二,现有教育体制不完善,还存在一些弊端。不可否认,王老师也是制度的受害者,所带班级如果整体成绩差,不仅关系到其年终的评奖、评优、评职称,更关系到他是否被解聘。尽管说每个班上总有些拖后腿的学生,但如果差生人数多了,班级整体成绩上不去,老师自身的某些利益就会受到影响,严重时老师就会被解聘。据了解,乡村教师工资不高,生活拮据,这迫使他们不得不考虑这些问题。现实是残酷,生活是无奈的,处处充满危机和挑战,人为了生存,就不得不去思考解决困境的方法。在这种情况下,必须做出选择,谁都不希望受伤害的是自己,所以不得不去"负他人"。如果当前的教育体制能够有所完善,那么这样的"惨剧"也许就不会发生。

作为教师,不应该惩罚"后进生",毕竟在任何一个集体中,所有的人都不可能处在同一起跑线上,总会有优、中、差的区别。同时,"后进生"是相对的,在"后进生"中同样有出类拔萃的国家栋梁,这已被古今中外的事实所证明。德国大诗人海涅是学校里众人皆知的"后进生",教师常骂他对诗"一窍不通";达尔文读中学时,因成绩不良而被教师、家长视为"智力低下的人";大诗人拜伦在阿巴丁小学读书时,成绩也曾是全班倒数第一;举世闻名的发明家爱迪生在读小学时被誉为"爱捣蛋的孩子",在现实生活中这样的事例不胜枚举。据《中国青年报》报道:一个平时连两位数加减法都不会做的"后进生",谈起"养鸟经"却口若悬河;一个六门功课开"红灯"的"后进生",居然能心灵手巧地拆装多种规格的电视机。由此可见,社会上每一个人都有可能成为人才,每个人都会有各自的位置和存在的价值,学生也是如此,而我们教师的任务就是帮助学生找到属于自己的位置,并发掘自己的价值。就像模范班主任刘纯朴那样,抱着"一碗水也要救活几棵秧苗"的信念,坚持"誓把锈铁炼成钢"的精神,对学生循循善诱、因势利导,把全部的精力用在教育上。因此说,"歪脖子树"也可以变成有用之材,只要我们教育工作者,善待"后进生",教育得法、持之以恒,"后进生"也能成为国家的栋梁之材。苏霍姆林斯基曾感叹:我手底下的学生成千上万,奇怪的是,留给我印象最深的并不是无可挑剔的模范生,而是别具特点、与众不同的孩子。在我们自身的教育实践中,不难发现真正被老师记住的,往往就是这些"后进生"。这种教育反差告诉我们,对"后进生"只要我们多加关怀,并以恰当的教学策略加之培植,这些迟开的"花朵",就会沐浴着阳光雨露,健康成长。

当然,培养"后进生"是一个长期的、复杂的工作,需要全社会共同的努力。教师必须要有很强的责任心,还要掌握丰富的心理学知识和教育理论,深入研究,精心设计各种教育方案,并大胆尝试。只要坚持不懈地努力,一定能收到好的效果。

(刘成伟供稿)

培养小学生的良好品德该从何着手？

　　某小学办公室里十分安静，还未到上课时间，老师们或是在批改作业，或是在备课。突然，这种安静被一位老人的声音所打破，"你们做老师的是怎么教育学生的？"老人显得十分的焦急。原来，这位老人和自己的老伴在学校附近有个摊位，专门卖孩子喜欢的玩具，每到上学、放学的时候，这里就特别的热闹。

　　今天，有一个男孩子"机智"地骗取了老人的玩具，当时正值上学时间，老人的生意像往常一样好，摊位被一群孩子包围着。有一个男孩子走上来纠缠着老人教他写"奥特曼"这三个字，老人很不耐烦，随便写了一下。这孩子拿着老人的笔迹到老人的老伴面前，说："奶奶，奥特曼的玩具已经付钱给爷爷，这名字就是爷爷写下的，爷爷忙着呢，不能拿玩具给我，让奶奶拿给我。"孩子很轻松地得到了自己喜欢的玩具。忙过之后，两个老人才发现竟然被一个孩子给骗了，很是焦急，就找到了学校。

　　在老师的威吓之下，那个孩子主动承认了错误，老师严厉地批评了他，并罚他做一周的值日打扫教室。此事在该校师生中产生了强烈的反响，为杜绝此类事件的再次发生，校长组织老师对教学工作进行反思，经过分析发现，在工作中，由于各方面的压力，使得教师只注重学生的分数而忽视了对学生基本品德教育及良好行为习惯的养成教育，思想品德课也是名存实亡。为此，学校决定狠抓学生的思想教育，把强化学生行为规范教育摆到德育的最重位置，培养学生良好的行为习惯，以及改变学生不良的行为习惯，加强对学生各种行为的严格要求、严格训练、严格管理。将品德操行规范细化为具体要求，对学生遵守公共次序、爱护公物、行为礼貌、讲究卫生等各方面，都有明确的规范和考核标准，并采取多种措施监督学生行为，让学生知道自己"该做什么"和"不该做什么"，并制定奖罚的标准付诸实施，特别是对于违犯规定的学生,惩罚一定要严厉,消除学生的不良行为,使其形成良好的品行习惯。

1. 请结合心理学的有关理论,探讨该校的做法是否正确?为什么?
2. 如果你是该校教师,你认为怎样做才能更好地促进该校学生良好品德的形成和发展?

作为老师,要想更好地对学生进行思想教育,必须要了解学生品德的发展特点及影响品德形成的因素。只有这样,我们制定的制度才有针对性,才能立足于学生的实际。

首先,从品德的内涵来看。品德是个人依据一定的道德规范在行动时表现出来的某些稳固的心理特征。这个完整的心理特征,包含道德认识、道德情感、道德意志和道德行为四个部分。这四个部分也是品德心理特征的四个子系统,彼此间既有联系,又相互独立。①道德认识。道德认识是对于道德规范和道德范畴及其意义的认识,它是人的认识过程在品德上的表现,一般称为品德的理智特征。②道德情感。道德情感是直接与人所具有的一定道德规范的需要相联系的一种体验,是人的情感过程在品德上的表现,一般称为品德的情感特征。③道德意志。道德意志是一个人自觉地克服困难去完成预定的道德目的任务,以实现一定道德动机的活动。道德意志是调节道德行为的内部力量,它是人的意志过程或主观能动性在品德上的表现。④道德行为。道德行为是在一定道德意识支配下所采取的各种行为,是一个人道德意识的外部表现形态,一般称为品德的行为特征。

现代德育心理学认为,品德心理的形成,实际上就是学生在接受道德要求和行为规范教育的过程中,把一类要求形成一种品质,通过对这些要求的理解而形成道德认识,通过不断的练习而形成道德行为,通过审美体验而形成道德情感,最终形成一系列的道德品质。心理学家认为:根据儿童心理、品德发展的特点,小学生完整的品德是在学校中遵守明确的道德要求、准则和行为规范而逐步形成的。但由于年龄小,小学生在思想品德形成过程中,道德认识比较肤浅,道德情感不深,信念尚未形成,只知道"应该去做",但对"为什么这样做"缺乏理解,具有外部调节向内心自觉发展的特点。他们主要靠外部力量推动个人去执行常规性的行为准则,基本按照教师或成人的委托、规定或叮嘱去行事。另外,小学生常常言行不能一致,不能用顽强的毅力去克服不正确的欲望,导致不良行为时有发生。但一次侥幸"成功"之后,会强化这种偶然的不良行为,久而久之,多次反复,偶然发展成为必然,就变成了学生的不良行为习惯。因此,要从道德行为习惯培养入手,这是培养小学生品德的最有效途径。许多思想教育家认为,思想品德教育是一种潜藏于人的内心思想教育,它的目标是要规范人的行为举止,该做什么,不该做什么。在社会生活中不断地改造自己、完善自己。人的品德虽不能像语文、数学等科目那样用分数来衡量,但可以通过自己的行为反映出内心活动。

由此,笔者认为,在本案例中,该校从道德行为入手来抓学生的品德教育是可取的。行为管理可以把思想品德教育目标具体化为以管理、法纪形式出现的行为规范,对人的行为形成有一定的约束力,对于自律意识较弱的小学生,促使其行为合理化就能发挥一定的作用,从而使思想品德教育理论的作用得到巩固,并在反复的行为实践中逐渐形成一种习惯。养成良好的道德行为习惯是学校德育工作的基础工程,是素质教育中不可缺少的一个层面。以往我国思想品德教育偏重于理论教育忽视行为管理,即存在重说理、轻管理的倾向,管理缺乏力度,或者没有明确的规范要求,或者徒有规范而无执行的强度,说理的作用因此而变得空洞乏力。正是这一认识和行为上的偏差,导致了学生知行不能统一。理论上说起来头头是道,行为上却缺乏起码的道德修养。若是没有强有力的行为管理和制约,本来是少数的违规者可能会引起较为恶劣的影响。

其次,从行为改变的角度来讲。心理学家斯金纳认为行为之所以发生变化,是由于强化作用的结果,所谓强化,指当一个操作(行为)发生之后,紧接着呈现一个强化刺激时,那么,这个操作(行为)的强度(概率)就增加。如婴儿在咿呀学语时,父母或其他人总是高兴地对着他们咿呀作答,就强化了他们的言语行为;当婴儿发出接近成人的语音时,成人又会对这些发音强化,使这些声音逐渐在儿童发声中占优势,于是婴儿就逐渐从没有含义的咿呀学语过渡到富有意义的言语。人总是通过其行为后果来进行学习,凡是受到正强化的行为,以后出现的可能性就会增强,从未受到正强化训练的行为,以后出现的可能性就会下降,以至消退。由此,我们也可以认为,学生道德行为习惯形成的基础是强化,强化是道德行为习惯形成的起点,是道德规范内化的基础。表扬、批评、惩罚、暗示、榜样和环境影响都可以看做是强化。如果我们在评估学生时采用正强化,即用某种有吸引力的后果,如认可、表扬、奖励和肯定来评价学生的正确行为,就会提高这种行为重复出现的可能性,因此,在道德行为习惯形成中应该广泛地应用强化。对于小学生而言,由于缺乏自我控制力,外在的强化对于他们行为的塑造起着根本作用。故本案例中,该校在学生的行为规范中加入一定的奖惩机制也是合理的。

奖励和处罚作为矫正学生不良品德的强化手段,也是学校德育教育必不可少的手段。运用好这两种手段对促进学校德育工作的开展十分有益,运用得当可以帮助行为不良的学生较快地转变。但奖励与惩罚仅仅是辅助手段,单靠惩罚来解决问题,不仅不易解决问题,反而会使学生的对立情绪越来越强烈。

此外,学校的德育工作是做人的思想道德转化工作,是一项长期性、艰巨性的任务。依靠外部的强迫动力不能从根本上起作用,只能是一个表面的、暂时的效应。个体思想品德的形成和发展主要靠自律,自觉遵守伦理道德准则,运用道德目标、理想、信念,自觉调节行为。如果一个学校从德育管理的手段、方式到管理的结果,都把学生放在一个固定、被动的位置,把学生当做一种德育的工具,运用管制惩罚的方式,使学生长期处于被动的地位,没有任何主动权,就会形成人与人之间地位的不平等观念、社会的不公平观念,学生因而对社会的公平、正义、民主等产生怀疑,从心理上感到学校对自己的一种不信任,会产生自卑情绪,甚至失去信心。久而久之,这种惩罚就会严重挫伤学生思想品德自我生成、自我内化、自我完善的积极性。再者,过于细密的规范会适得其反。做任何事情都必须把握适度原则,超过一定的限度时就会引起矛盾双方的转化,好的事情就会变成坏的事情,规定过细过全、学生缺少自主空间,以"管住"学生、"不出事"为目标,着力于纠正学生的"错误行为",而不是将工作重点放在养成学生积极健康的行为上易激起学生的逆反心理。因此,我们在道德教育中还要使用说服教育,做到理解学生、关心学生,在制度的框架里留有一定的空间,把理和情置于其中,做到"润物无声",这样学生的良好思想品德会在一个宽松、文明的制度中自觉形成。

美国教育家杜威曾经指出:教育的最根本的基础在于儿童的活动能力,教育上的问题就在于怎样抓住儿童的活动并予以指导。本案例中,如果仅仅是把学生良好品德的形成寄希望在制度的建立和基于奖惩机制的行为的指导上,是远远不够的。必须要有明确而严格的行为训练。实践是人们认识的基础和源泉。这不仅因为道德行为必须在实践中得到体现,也因为只有在实践中经过反复练习、锻炼和巩固,才能使道德行为成为自然的、一贯的、稳定的行为习惯,让德育体验化、生活化。实践还可以丰富学生的道德情感。鉴于此,我们可以根据小学生的年龄特点,为学生创造各种实践锻炼的机会和条件,使他们在各种自我实践活动中独立自主地选择正确的品德行为,进行自我品德监督,通过激发学生的兴趣和满足学生的合理需要,使学生主动地参与到活动中来。而学生在活动中总是自觉或不自觉地从现实中吸取道德思想,形成自己的善恶是非等道德观念,产生好恶爱憎等情感,同时养成一定的行为习惯。在教育过程中,应提出"在实践中体验、在体验中感悟、在感悟中发展"的教育思路。提倡学生自己的活动自己组织,自己的事情自己办,自己的同伴自己帮,大力培养学生自主管理能力,放手让学生当家做主,发挥学生的才干,展示他们的创造才能,在自主管理内转化品德规范。让儿童的德育生活充满七彩阳光,使品德教育摆脱单纯的说教、枯燥的训练,成为学生喜闻乐见、乐于参与的一项活动。我们要注意从不同的渠道设计活动,为学生开辟实践的天地,创造熏陶的氛围,提供教养的机会,锤炼其道德行为。

(展宁宁供稿)

该如何认识并合理干预中学生的网瘾行为？

案例

小明是高一男生，成绩在班上排名居中，由于成绩比较稳定，父母对其管教也不多。一次偶然的机会，小明在同学的带领下到网吧上过一次网，接触到了网络游戏。虚拟世界的奇幻和精彩让他仿佛进入了一个乐园，网络游戏更像黑洞一样吸引着他。从此他对网络是"一网情深"，欲罢不能。他的学习成绩明显下降，白天上课时总是无精打采，一摸到鼠标键盘就神采奕奕。因为打游戏对小明学习的严重影响，父母指责过他多次，但他愈加沉迷于其中，并且厌学倾向逐渐明显。慢慢地，小明仿佛变成了另一个人，除了玩网络游戏对其他一切事情都没了兴趣，不论是老师讲道理还是父母打骂都没有用。眼见着小明网瘾越来越严重，小明的父母十分着急。

思考题

1. 小明为什么会沉迷于网络游戏的虚拟世界？
2. 父母对他的指责甚至是打骂为什么无效？
3. 怎样才能帮助小明摆脱网瘾？

案例分析

当今社会，"网瘾"已然成了一个热门词汇，"网瘾行为"的定义也是众说纷纭。本文探讨的网瘾行为主要是指在校的中学生对网络游戏的沉迷行为，判断标准为孩子玩网游的行为明显地影响到了学习，不能正常完成日常学习任务，并且对于玩网游之外的其他任何事情都提不起明显兴趣。

在越来越多父母的眼中，他们的孩子正在加入或者已经加入了网瘾中学生

教育教学管理案例选粹

的队伍,成为网络游戏的受害者、牺牲品。因此,社会上声讨网游的呼声越来越高,矫治网瘾的特训学校层出不穷,治疗办法也是五花八门。面对这些现象,笔者认为可以从这样几个方面来进行分析。

一、中学生的价值追求与网瘾行为

首先,笔者认为,网络游戏本身并无问题,我们无须对其进行"讨伐"。原因有两点:第一,不可否认,网络游戏对中学生有一定的积极影响,如可以开发大脑,提升智力,培养、提高创新意识,宣泄情绪,缓减压力,增强自信心,磨炼意志,加强团队合作精神;第二,孩子玩的大型网游,如传奇、魔兽、星际等,基本都是经过国家相关部门审核批准后才得以发行的,而在我国,审批合格的网游的内容必须是积极健康的,而且能在一定程度上体现出社会主流文化价值观。可见,网络游戏本身是符合人类发展的产物,而社会对于网络游戏的态度并不公正,忽视了它好的方面,而将其"恶魔化"了。

其次,笔者认为,网络行为分为良好的网络行为和不良网络行为,我们没必要一棒子都打死,可以将它们区分开来,区别对待。

正确对待网络的态度应该是将网络作为生活的一个部分,为生活服务,对生活进行拓展和扩充,这能使人们的生活更加丰富和精彩,因此良好的网络行为会使当事人更热爱生活,更愿意精心经营生活,会带来许多好的结果。而不良的网络行为,则是当事人在正当的价值追求过程中(如上网玩游戏等)走向了一个极端——将网络或者玩网络游戏作为生活的全部,这样反而会产生一个相反的结果,即将网络行为推向了拓展和丰富生活功能的对立面,导致当事人的生活圈子缩小,生活内容单一,使当事人逐渐丧失掉对现实生活的热爱,以及对生活中诸多活动(如学习、社交、劳动等)的热情,从留恋虚拟网游世界到沉溺其中,从偶尔抽离现实到长期远离现实,最终发展为不愿回到现实,与现实生活割裂开来。可见,一旦人们不是想借网络丰富生活,而是想借其逃避生活时,正当的网络行为就很容易演变成问题行为。这种背离初衷,走向对立面的现象就称之为"异化"现象,不良网络行为,即俗称的"网瘾",正是生活异化的表现。

写到这里,很多人可能会提出以下两个问题。一是为什么社会会将网络行为一棒子打死,一概批判?二是为什么会出现生活的异化?

其实上述两种现象的出现存在共同的来源,那就是当今社会主流的单一价值评判标准——功利主义标准。社会上的许多价值观都受到了功利主义的主导,以行为的功利性作为行为的唯一评判标准,换句话说,就是绝大多数行为都会通过有没有产出具有功利性的结果来衡量其价值的高低。但需要注意的是,这种主流评价标准本身并不会直接对上述两种现象的出现起到作用,导致两种现象出现的是标准单一化。价值评判标准的单一化导致了价值观念的单一化,进而导致了价值追求的单一化,这些都是价值异化的体现。

第一,价值评判的单一化否定了中学生的正当网络行为。

价值评判的单一化延伸到学校,就形成了成绩至上的风气,对于大部分学校、家长来说,分数和成绩就是他们评价孩子最重要的,甚至可能是唯一的标准,是否利于孩子成长在他们眼中会简单地等同于是否利于提高孩子的成绩,而网络行为显然并不符合这种功利评价标准,而且被认为会耽误孩子的学习时间,分散孩子的精力。事实上,好的网络行为对孩子的成长是有潜在帮助的,但它与成绩之间并无直接关联,因此也不可幸免地被贴上了"会对学习产生负面影响"的标签。这就是中学生的网络行为会遭到一概批判的原因。

第二,价值评判的单一化导致了中学生生活的异化。

前面提到了价值评判的单一化在教育中的表现就是很多学校和家庭基本上是以学习成绩作为评价孩子的唯一标准。这种评价方式的单一化和绝对化会导致教师、家长忽视孩子除学习成绩之外的其他价值追求和价值表现,甚至压制其他方面的优势和特色。这样不仅不利于发扬孩子的优势,挖掘孩子的潜能,而且会将这种单一、片面、绝对化的不良评价方式"传染"给孩子,直接影响到他们的自我意识。孩子的心智还不够成熟,对自我的评价主要依据外界评价标准,因而也会倾向于只用成绩好坏来衡量自我价值,好成绩就成了许多孩子念书期间唯一的价值追求。一些成绩不好、达不到父母和老师期望的孩子一方面受到来自父母、老师的冷落和责骂等惩罚,体验到的多是否定、排斥、拒绝,缺乏关爱和温暖,会产生孤独感;另一方面他们也会自我否定,认为自己成绩不好就是个没用的人,活得没意义、没价值,从而变得消极、自卑、无助。他们觉得既然在学习方面没办法体验到价值感,自己的价值追求没办法实现,那么不如彻底放弃,不再做任何努力。这也就是为什么成绩不好的孩子更容易产生厌学情绪,更容易自暴自弃。他们放弃学习上的价值追求之后,需要开始寻找新的价值追求,在这个过程中他们会做很多的尝试,可能会打架、早恋等。很多后来染上网瘾的孩子就是在这个过程中接触到了网络游戏,玩网游可以带给他们直接而强烈的成就感和自我价值感,这是他们在现实生活中一直缺失的,也一直渴求的,当他们在虚拟世界中获得足够的补偿和得到巨大的满足时,这种强烈的反差体验会让他们认定自己只有在虚拟世界中才能实现价值追求,因此他们会将全部的价值追求都转移到玩网游上,将玩网络游戏当成了追求和实现自我价值的唯一手段,将网络视为生活的全部,对于其他任何事情都不感兴趣。这时,他们的生活就走向了对立,产生了异化。

这一过程的发展也可以解释为什么家长的指责、打骂不仅对消除网瘾无效,反而会让孩子更加迷恋网络。因为每一次在网游中的过关和升级都是对他们网络行为的强化,而每一次因为学习的挨骂、挨打都是对他们学习动力的削弱,在现实生活中得到的负面体验(如否定等)越多,他们的厌学情绪就越高涨,他们逃避现实的愿望和渴望在虚拟世界中获得精神补偿和满足的动机也就越强烈,他们的网络行为也就异化得越厉害。可以说,价值评判的单一化的程度直接决定了生活异化的程度。

但并不是所有成绩不好的孩子都会出现生活的异化。有些孩子成绩不好,但是他们并不因此而否定自己,他们不仅追求学习方面的自我价值,也会追求其他方面的自我价值,并且能在现实生活中通过多种途径在多个方面得到满足。即使他们玩网游也不会引发不良网络行为,在他们身上不会出现异化现象。他们和那些网瘾孩子的区别在哪儿呢?区别就在于价值追求的多元化。他们没有形成以成绩作为唯一评判标准的单一价值观,不会以片面、绝对化的方式看待自己,而是用不同方面的标准来综合评价自己,例如根据自己在德、智、体、美、劳等多个方面的表现来全面地看待自己。这样不仅可以避免因为一个方面的不足或者失败体验不到价值感就对自我进行全盘否定,而且可以充分发挥一方面的优势来弥补另一方面的不足。所以他们的价值体验比网瘾孩子要积极健康很多。而网瘾孩子与其说是网络游戏的"受害者",不如说是单一的功利主义价值评判标准的"受害者",而这种评价标准正是他们在社会、学校和家庭中习得的。可见,中学生沉迷网络行为是其生活异化的延伸和表现。

二、价值多元化能预防中学生产生网瘾行为

要避免在中学生中出现沉迷网络行为,就需要社会和个人的力量来消除生活异化现象。

1. 社会要发展多元的价值评判标准,避免推崇单一的功利主义价值评判标准

马克思说过,人是各种社会关系的总和,人的生活就应体现出多种社会关系。多种社会关系的背后就应该有多种价值观念做支撑,因此,社会上应该同时存在多种价值评判标准,不应将某种评判标准宣扬得至高无上。具体来说,当今社会应该削弱功利主义的影响力,并且努力宣扬其他价值评判标准的重要性;避

免推崇单一的价值评判标准,努力实现多种价值评判标准的均衡发展。

因为学生迷恋网络行为的根源是社会功利主义评价标准的单一化在起作用,所以只有社会保证评价标准的多元化,社会中的个体才能培养出多元的价值观念,发展出多元的价值追求,而不会出现价值单一化和极端化的异化现象。没有了社会和教育的异化,学生才不会出现生活的异化,才不会发展出迷恋网络的不良行为。

2. 个体要培养多元的价值观念,避免形成价值观的单一化和极端性

(1) 家长、老师不要只用成绩来衡量孩子,更不要根据成绩把他们分为三六九等,要平等对待学生。在家庭和学校教育中,家长和老师应该多注意观察孩子,多与孩子沟通交流,多关心孩子的需求,多了解孩子的兴趣,多发现孩子的优点,多挖掘孩子的潜力。

(2) 家长、老师要帮助孩子全面看待自己,鼓励他们全面发展自我,引导他们有意识地培养多元价值观,发展多种价值追求,避免产生价值异化。这样有利于孩子形成广泛的兴趣爱好,拓展和丰富精神世界;有利于孩子增强自信、肯定自我、悦纳自我;也有利于孩子在现实生活中通过多种途径寻求和获得满足。总之,实现孩子的均衡发展和全面发展,是避免孩子在价值追求过程中走极端的最好方法。

三、"德西效应"在中学生网瘾行为治疗中的运用

价值多元化能预防中学生出现网络行为的异化,但对于已经被网瘾控制、无法自拔的网瘾少年来说,我们需要采取一些对策来帮助他们摆脱网瘾,消除网络行为的异化,使不良网络行为得到矫正成正当的网络行为。其实治疗网瘾并不一定需要将孩子送到一些特训机构。

首先我们来了解一下"德西效应"。心理学家德西在1971年做了一个实验。他让大学生们在实验室里解有趣的智力难题。实验分三个阶段:第一阶段,所有的大学生都无奖励;第二阶段,将大学生分为两组,实验组的大学生解决一个难题可得到1美元的报酬,而控制组的大学生跟第一阶段相同,无报酬;第三阶段,为休息时间,大学生们可以在原地自由活动,并把他们是否继续去解题作为喜爱这项活动的程度指标。实验组(奖励组)大学生在第二阶段确实十分努力,而在第三阶段继续解题的人数很少,表明兴趣与努力的程度在减弱,而控制组(无奖励组)大学生有更多人花更多的休息时间在继续解题,表明他们的兴趣与努力的程度在增强。

德西在实验中发现:在某些情况下,人们在外在报酬和内在报酬兼得的时候,不但不会增强工作动机,反而会降低工作动机。此时,动机强度会变成二者之差。人们把这种规律称为"德西效应"。这个结果表明,进行一项愉快的活动(内感报酬),如果提供外部的物质奖励(外加报酬),反而会减少这项活动对参与者的吸引力。

有一个经典的故事就能反映出"德西效应"在生活中的运用。

一群孩子在一位老人家门前嬉闹,叫声特别大,老人难以忍受。老人思索了一下,他出来给了每个孩子 10 美分,对他们说:"你们闹得好,我觉得自己变年轻了,这点钱表示我对你们的感谢",孩子们兴高采烈。第二天孩子们又来了,嬉闹得比昨天更起劲。老人再出来,给了每个孩子 5 美分,孩子们走了。第三天,老人只给了每个孩子 2 美分,孩子们很不高兴了,他们说:"一天才 2 美分,知不知道我们多辛苦!"他们向老人家发誓:"我们再也不会为你这老家伙而嬉闹了!"

在这个故事中,老人将孩子们的内部动机"为自己快乐而玩"变成了外部动机"为得到美分而玩",他操纵着美分这个外部因素,从而达到了操纵孩子们行为的目的。

"德西效应"还可以解释某些厌学行为的产生。很多厌学的孩子最初是热爱学习的,有强烈的好奇心和求知欲,学习行为本身就可以给他们带来成就感等积极愉悦的体验,这一内感报酬形成了他们学习的内部动机,能激发他们的自主学习行为。一旦家长出于各种原因开始给予孩子物质奖励后,有些孩子对外加报酬的兴趣会逐渐超过对学习本身的兴趣,这样外部动机会逐渐取代内部动机。换句话说,孩子学习不再是因为热爱学习本身,而是更多地依赖于物质奖励。当家长不再给予物质奖励或是给予的物质奖励已经不能再满足孩子的需要时,外部动机就会随之消失,自主学习行为便会逐渐减弱。孩子会变得不愿学习,觉得学习没意义。

下面,我们就来看看如何将"德西效应"运用到网瘾治疗中。

根据"德西效应",我们知道人在从事某一项愉快的活动时会自动获得内感报酬,产生自我强化的效果,因此,人的内部动机很难受到外界干扰。但是,人的外部动机要依赖于外部环境提供一定的支持物作为积极刺激,刺激的加强会强化动机,反之则会削弱甚至消除动机。因此,外部动机很不稳定,会因外部环境的变化而变化。从孩子网瘾行为的动机分析中,我们知道孩子的这一行为全部源自内部动机的推动,既然我们无法操纵内部动机,那么我们需要采取一定的方法促使孩子在外部刺激下产生我们可以操纵的外部动机,并且使支撑网络行为的动机由内向外转移。转移成功后,孩子的网瘾行为便会由原本的以满足心理需要为目的转变为以获取外界支持物为目的。当孩子发现他们无法通过这一行为达到目的后,这一行为对他们来说就失去了原有的意义,于是孩子会自主地降低这一行为的频率,达到戒除网瘾的效果。

在外部动机强化物的选取上,一般是选择孩子真正在乎和感兴趣的事情或事物,要能够较好地满足孩子的某种需要,让他们愿意努力去获取强化物。在确定了恰当的强化物之后,家长需要与孩子拟定一个协议,家长规定孩子每天玩网游的时间(在开始的时候这一时间与孩子之前每天玩网游的时间相近,以后可以呈梯度缩短),并承诺如果玩够了这么多时间,就会给予某种奖励。计划执行过程中,家长要坚持在孩子每次完成目标行为后就及时地给予奖励,以此建立网络行为与奖励之间的联结,并且不断强化。一段时间之后,家长会发现孩子玩网游不再是单纯为了玩而玩,很大程度上是为了获取奖励,这种转变一般表现为以下三点:一是孩子完成目标行为之后会主动向家长索取奖励;二是当家长以某种理由取消某次奖励后,孩子会表现得十分沮丧;三是在家长多次因故取消奖励之后,孩子对玩网游的兴趣和动力明显减弱,在规定时间之外不再主动发出这一行为。当孩子玩网游的外部动机超过并且逐渐取代内部动机之后,家长便可以开始慢慢减少奖励,或者降低奖励的频率。例如,用代币法治疗,设定每天玩4个小时的网游,就奖励5个币,现在只奖励3个币,或者原来每天玩都会奖励,现在3天才奖励一次。直到最后取消奖励,这样孩子想要通过玩游戏来换币的目的达不到了,会慢慢觉得"得不到什么,上这么久的网也没啥意思",甚至还可以通过激将法来激发孩子的逆反心理,不给他们奖励也要求他们玩够一定的时间,让他们抱怨"你答应给我的奖励都不给了,还要我玩,我才不玩呢",行为动机的丧失会使孩子主动缩短和降低玩网游的时间和频率。如果孩子的网络行为能控制在一个合理的时间和频率内,不会影响正常的学习、生活,那么问题行为就转变成了正当行为,家长只需要保持这种状态,无须再作进一步干预。

由于染上网瘾的孩子已经习惯通过网络游戏来确证自我价值,获得精神满足,在他们慢慢走出网瘾的过程中,必然需要将满足的需要嫁接到其他行为上面,寻求新的价值追求和精神寄托。此时,父母、老师若能及时给予孩子良好的引导和教育,给予孩子较多的关爱和理解、鼓励和称赞,激发孩子的多种需要,培养孩子的多样兴趣,就能帮助他们更快更好地建立新的、积极的、健康的行为来代替原来的不良行为。

(陈功供稿)

尊重或自重:道德教育的基础何在?

案例

某校男老师为制止女学生的违纪行为,在熄灯之后进入女学生宿舍查房,并用手电筒照射女学生,此事引起女学生不满,女学生认为这是对她们"不尊重",并向媒体反映,引起社会的广泛争议;而校方则强调,他们只是照章进行严格管理。

当天的情况是晚上熄灯以后,女生们已经上床打算休息了,学校的德育处主任曹老师和另一位男老师及主管生活的女老师用钥匙打开了她们的宿舍门,曹老师进入她们的宿舍,用"很亮的手电筒"照射她们,当时有两个女生睡在一张床上,被勒令回到自己床上去睡觉。这让她们觉得非常不舒服,因为天气较热,她们穿着"小背心和短裤",女学生的年龄又都在十五六岁。当时老师还没收了她们违规在宿舍充电的手机电池和充电器。第二天,她们去老师那里想要回电池和充电器,老师不给,双方起了争执。她们向校方提出,晚上男老师进入女生宿舍查房是对她们不尊重,没想到老师却要她们"自重",这让她们很生气。

思考题

1. 你认为男老师在晚上检查女学生宿舍合适吗?
2. 如果你是校长,遇到这种情况你会如何处理?
3. 请结合相关德育原理,谈一谈如何做好学生的德育工作,提高德育管理的有效性。

案例分析

这是一起由在校女生集体曝光学校管理漏洞的典型案例。从表面上看,是由于学生向德育主任索要手机电池及充电器未果,向媒体反映情况,以达到"报复"的目的,而实际上是由于学生要求"尊重",反被老师提出要"自重",是"尊重"与"自重"的巨大反差造成了学生的如此行为。随着社会的进步,学生要求平等的意识愈来愈强,传统的师道尊严受到了严重挑战。新课改在培养目标上明确提出:要保护学生的自尊心、自信心,体现尊重与爱护。作为教师,首先要明确尊重的内容,探索尊重的途径;作为学生,则要学会自重,这样才能架起教师与学生之间心灵相通的桥梁。

如果说,人世间有一种心灵的天平,那就是尊重;如果说,被人尊重是一种权利,尊重他人就是一种美德。尊重是人类在漫长历史发展中形成的基本伦理规范或最起码的道德共识,是传统美德最基本的部分。然而在传统的认识中,尊重往往是对上的,如尊老爱幼等,孩子是受保护、受教育的对象,往往不是在受尊重的范围内。以往孩子要求得到尊重的呼声很弱,现代社会道德关系体现了平等,没有尊重就没有平等,孩子尽管依附于师长,但也有被人尊重的需要。一旦这种需要得以满足,就会产生力量,就能促进孩子不断发展。从教育的角度来看,尊重也是教育的重要原则。人的第一本性,就是要生存、发展。因此,尊重人格,尊重个人的发展应该是教育的基础,也是一个文明社会的道德基础。

本案例告诉我们,高中阶段学生正处于自我意识包括性别意识的觉醒时期,他们产生了爱的需要、归属的需要、独立自主的需要和尊重的需要(包括自尊的需要)。那么,如何对高中生进行尊重教育?

一、规范"尊重"的内容

尊重,指尊重人的尊严,尊重人的基本权利和责任,尊重人的价值,尊重人在自己发展中的主体地位。一句话,把人所赋有的权利和责任还给自身。尊重教育,就是营造民主、平等、和谐,相互促进的适宜学生发展的教育环境,培养学生尊重的意识和能力。尊重教育应包括以下内容。

(1)尊重自己,强调自主。自尊是一个人灵魂中伟大的杠杆。人虽然有年龄、性别、体貌的差别,但都有一个相同点,就是都希望获得尊重。人首先要尊重自己,才能尊重他人和社会,也才能获得外界对自己的尊重。尊重自己,首先是认识自己,对自己有比较正确的认识;其次是接纳自己,承认并尊重现实,接受现实中的我,善待自己;再次是维护自己,每个人的基本权利都应受到尊重,每个人都有权利捍卫自己的人格尊严。人格是自己的脊梁,尊严能使人高尚起来,人格尊严是人的第二生命;最后是发展自己,发展要靠自己。因此,尊重自己要把培养自立精神和能力贯穿于"尊重自己"的整个教育过程中,促进学生自我意识的发展。

(2) 尊重他人,强调平等。尊重他人,并不是失去自己,而是基于平等,在彰显个性基础上对他人的人格尊严的尊重,实际上是"开放的我"、"自立的我"的延伸。"尊重他人"的教育内容是指平等待人、诚实守信、善于助人,不窥探、干涉他人隐私,宽容大度等。

(3) 尊重社会,强调"规则"。人的权利和义务最起码的体现是树立规则意识。社会是人与人发生关系的场所,人们为了更好地生活,需要制定和遵守共同的规则。遵守规则是尊重社会的底线,因为这是法制社会的基准。权利和责任意识是尊重社会的根本内容,没有不承担责任的权利,也没有无权利的责任。这就要求我们在增强学生权利意识的同时,强调遵守社会群体所认同的道德规范。"尊重社会"的教育内容是指遵守规则、维护权利、承担责任。

(4) 尊重自然,强调和谐。规范高中生道德教育中尊重教育的内容,还要把生态道德教育放到重要位置。将保护、爱护环境和学生自身文明修养结合起来,通过活动培养学生的环保意识,提高学生的文明素质,教育学生以一个开阔的"人"的胸襟来关注、保护和爱护环境,从我做起,从身边小事做起。

(5) 尊重知识,强调创造。创造并不是无中生有,创新能力的形成不仅需要有知识做支撑,还需要求实求真的科学态度和勇于探索的科学精神。在研究和实践中,侧重于培养学生的探求精神,呵护学生每一点带有想象力的火种,鼓励学生独立思考,引导学生自己发现问题、解决问题。

二、探索"尊重"的途径

尊重教育是道德教育的基础,道德教育从尊重开始,沟通了道德认知和道德行为,启发了学生内驱力,提升了个体需要的层次。尊重教育应从以下方面入手。

(1) 情感为先,强调体验。道德教育不是对学生的消极约束,而是人的自主实现,是人格的形成和完善。如果道德教育只要求学生"遵守",关心学生外在行为习惯的养成,而不注重学生内心的感受,就不能调动学生的参与热情。在道德教育中,只有调动学生饱满的参与热情,学生才能真正成为道德建设的主体;只有将认识水平的提高、情感态度的培养和行为习惯的养成有效地结合起来,才能增强德育的针对性和实效性。因为大而空的道理老师会说,学生也会说,但他们更缺乏的却是真切的体验。所以,尊重教育必须特别重视以情感作为中介,沟通道德认知和道德行为,促进知、情、意、行的统一,让学生在"体验"中思考,使学生在情感参与的过程中不断地、自主地实现人格提升。

(2)创设环境,促进发展。老师要根据学生的不同需要,营造一种适宜学生发展的环境和氛围,老师的任务就是搭设平台,使学生能在这个平台上充分展现。在现实中,单方面的说教、灌输已经引起学生的反感,学生不可能接受老师传授的全部知识,而老师本人的认识和知识面也不可能满足学生的全部需要,有些认识甚至会限制学生的发展。教育不是按固定的模子生产人的庞大机器,而应该促进人的潜能开发,使人更合理地健康发展。

(3)追求本真,提升层次。在尊重教育过程中,我们不以功利为诱惑,不用"评先进"、"加分"的方法诱导学生,而是始终追求教育的本真。因为如果让学生把做好事当做换取利益的一种手段,不管教育者主观意图怎样,那么在客观上实质等于鼓励学生追求功利。"尊重"教育研究的是人,因此要注重不断提升个体的需要层次。在现实生活中,有许多事情,我们不是不能做,而是没有去做。其根本点是"做是为自己",还是"做给人看";是"有利于事情做得更好",还是"为了表现"。

(4)重新评价,立足激励。成功的标准是什么？我们常常听到家长说:"孩子,怎么不给妈得个第一名!"其实,有人可能一辈子都得不了第一名。所谓成功,并非是终结性的,或达到某一固定目标,而是形成性的,进步就是成功。"尊重"教育在德育评价过程中应把立足点放在激励而不是鉴别上。以激励反馈为主,淡化鉴别、选拔过程。尊重教育更加看重每一个人都能在原有的基础上进步。这就需要启发学生的内驱力,引导学生从自己眼中找到自己。所以尊重教育不是和别人较劲,而是和自己较劲。一个人,有了自我发展的内驱力,才是幸福的,生命才有质量。

"尊重"教育,使教师重新认识了学生,学生重新认识了自我。请学生坐下来谈话、不从窥视孔中看人、不用"差生"一词、先向学生问好等做法,正是老师尊重学生的体现。而这点点滴滴折射出的却是一种全新的教育理念:学生是主体,教师的责任在于服务。"尊重"教育带来了教师与家长之间的互动。过去,教师不能正确对待家长,尤其是"后进生"的家长。教师总认为家长不负责任,不与老师配合。有的甚至把家长请到学校,将学生和其家长一起训斥。在实施"尊重"教育中,老师们认识到家长也是被尊重的对象,不再一味地埋怨家长,而是和他们共同探讨教育子女的方法,教师和家长形成的强大合力,最终将有利于孩子的健康成长。

总之,对于尊重教育的要求,是教育规律的回归,是以人为本思想的体现。本案例告诉我们,尊重学生的基本权利,保护她们的自尊心,是学校德育管理理念的提升,也是提高德育实效性的重要途径。

(易红郡供稿)

育人篇：学生培养相关案例

如何用关爱点燃学生心灵的火焰？

张老师所带的八年级一班来了一个天然卷发，穿着比较时尚的插班生。她上课不听讲，也不吵闹，很安静。下课，也从不正眼看人，总是独来独往，刚开始，张老师以为是因为环境比较陌生，可过了很长一段时间还是如此。

她名叫小A，原来家庭条件相当富裕，因为家庭变故，父亲车祸去世，母亲再婚，她只好投奔年迈的爷爷奶奶，从大城市的重点中学转来这座小城市比较偏僻的普通中学。突如其来的变故，使小A把自我封闭起来，成天一副对人对事不在乎的神态，刚开始的一段时间，张老师多次尝试接近她，进一步开导他，可她拒人于千里之外，对人充满戒备，总是低着头，不言不语，偶尔用点头摇头回应。

在以后的几个星期，张老师积极和她的家长联系，她妈妈说她以前学习成绩还不错，性格比较内向。张老师希望在班级活动中其他同学的热情能感染她，可是她好像不为所动，还是老样子，但她偶尔会瞧着张老师，眼神里分明有一种渴望，渴望中带着怯弱、戒备。张老师的心里闪过一个念头：我不能放弃，还有一丝希望。张老师从班上学生那里了解到小A的QQ号，尝试着和她聊聊，慢慢地，她觉得张老师很喜欢她这样的孩子，又真正理解她。在张老师和她谈心的过程中，张老师了解了她内心的真实状态，她讨厌自己的妈妈，也不愿意和爷爷、奶奶住在一起，这里的同学她也不喜欢。于是，张老师经常给她留言，例如"你是一个可爱的女孩，班上同学都喜欢你，不单单是因为你的漂亮，还有你的善良"。你的英语成绩不错，特别是口语，很让人羡慕。

放学后，张老师经常借故绕道，默默地走在她身边。一个周末，张老师把她叫到家吃了一顿午饭。考虑到她的自我封闭的性格，张老师把班上的另一个同学也叫上了。她首先是拒绝，然后吃惊地问："老师，你为什么叫我们去你家吃饭？"张老师找了一个借口，说是房间很乱，一些要紧的资料找不到,请她们帮忙,在张老师的再三要求下,她勉强同意了。他们边聊边吃,她吃得很开心,因为张老师事先了解了她的饮食习惯。之后,张老师又带她和另一个学生回家吃了一次饭。

班级活动中,张老师有意关注她,和她互动,慢慢地她的心扉打开了,开始信任张老师了,也开始信任其他同学了。

1. 作为老师,你善于做学生的玩伴吗?
2. 作为老师,你能做到对每一个学生都永不放弃吗?

教育是爱的事业。对于内向、自我封闭的学生,要多一点呵护、耐心。爱因斯坦说过:只有爱才是最好的老师,已远远超过责任感。

首先,教师应该以人为本,倾注师爱。尊重每一位学生,"以人为本",是对每一位教师的基本要求。教育是心灵的艺术。如果我们承认教育的对象是活生生的人,那么教育的过程便不仅仅是一种技巧的施展,而是充满了人情味的心灵交融。只有这样,老师才会产生热爱之情。爱是教育好学生的前提。本案例中的小A因为家庭,受到了伤害,加上对母爱的失望,于是把自我封闭起来了,但她又十分渴望爱,面对这样的学生,必须有足够的爱心、细心和耐心。敞开心扉,以关爱之心来触动学生的心弦。动之以情,晓之以理,用师爱去温暖学生,用情去感化学生。

其次,教师要做到细处关爱,亲近学生。爱,是教师职业道德的核心,一个班主任要做好本职工作,首先要做到爱学生。"感人心者,莫先乎情。"做到于细微处见真情,真诚地关心学生、热心地帮助学生。正如苏霍姆林斯基所说:如果每个儿童的喜悦和苦恼都敲打着你的心,引起你的思考、关心和担心,那你就勇敢地选择崇高的教师工作作为自己的职业吧,你在其中能找到创造的喜悦。笔者深信,爱是一种传递,当教师真诚地付出爱时,收获的必定是学生更多的爱!感受学生们的心灵之语,便是教师最快乐的一件事!

同时,教师要善于发现学生优点,激励成长。美国著名心理学家詹姆斯说过:人性中最深切的本质就是被人赏识的渴望。无论年龄大小、地位高低,人们都希望得到别人的认同和肯定,都不会拒绝别人的鼓励和赞扬,来自别人的鼓励或赞扬,都会令被表扬者产生愉悦的情绪体验,自觉朝着你引导的方向前进。教育不是灌输,而是点燃学生心灵的火焰。每个学生都有潜力,能否发挥他们的潜力关键就在于老师能否帮助他们树立起克服困难的信心和勇气。从闪光点着手,鼓励表扬学生,他必定迈出前进的步伐。真正自暴自弃的学生是没有的,只要我们老师,不抛弃学生,学生是不会自我抛弃的。现在,我清楚地意识到,"让孩子永远生活在希望之中",我相信它所起的巨大作用是不可抵挡的。

教师应该因材施教,循循善诱,"一把钥匙开一把锁"。班主任应该深入了解学生的行为、习惯、爱好,从而确定行之有效的对策,因材施教,正确引导。接触孩子的心灵世界是需要小心翼翼的艺术,就如同接触含苞待放的玫瑰花瓣上的晶莹露珠一样,需要世界上最细致的工匠。小 A 来自缺乏温暖的家庭,失去了应该享受的爱。因此,张老师就以爱心为媒,搭建师生心灵相通的桥梁,与她交朋友;用关爱唤起她的自信心、进取心,然后引导并激励她努力学习,从而使她成为品学兼优的学生。

(刘灿群供稿)

辩证看待："后进学生"亦可爱

  王老师曾经亲眼看到一位学生因为打架斗殴被警察押上警车,后来分班的时候这位同学被分到王老师班上来了。经过调查了解,这位学生的毛病还真多,他抽烟、喝酒、爬围墙、打架斗殴、脾气粗暴。一开始,王老师感觉头都大了,一直在思考,怎么突破这个"难点"。直到有一天,王老师听到班上两位同学议论某位理科老师:一个同学抱怨说,你看我们班多倒霉,换了个某某老师,年纪大,讲课没激情,上课一点意思都没有;另一个同学说,这个老师虽然讲话不幽默,但他讲课思路特别清晰,跟着这样的老师,我觉得也蛮有收获。王老师豁然开朗:是啊,毛病再多的学生,也应该有他的闪光点,何不从他的闪光点入手,再循序渐进地解决问题,那或许比一般的批评教育更起作用。实际上,那些喜欢打架斗殴的学生,往往比较讲"义气",于是王老师打算从这个方面入手。当这位学生又一次违纪时,他做好了充分的思想准备,准备接受学校的处理。但是,王老师保持平静,一声不吭,好像什么都不知道。直到班会课上,王老师才在讲台上痛心疾首地说,"咱们班因为有一位学生违纪,我在班主任会上被不点名批评了(其实压根没这事),并且因为这事,影响了我们班级的积分,我们这周拿不到流动红旗了"。说话的时候,王老师故意不看他,表现得很难过。当天,王老师瞅准一个机会,在学生不多的时候,找到了这位同学,对他说,"我知道你是个很有个性又很讲义气的人,我今天因为你挨批了,但我不怪你,我觉得任何人都可能犯错误,但是你能不能在和其他的朋友同学讲义气的时候,也和老师讲讲义气"。他很惊讶,觉得老师怎么会和他讲义气,有些不相信。王老师进一步说道:"我知道你心存疑虑,但是,无论一个人有多少毛病都有他的优点,你的优点就是讲义气,虽然你的义气还有待正确把握。"他这才相信王老师的话,问王老师,怎么才算和王老师讲了义气。王老师对他说:"你少违纪,老师便可以少受批评,这就是对我讲义气了;相反,如果你违纪的次数多了,老师的日子便不好过了。"然后王老师开玩笑地说:"老师的开心与否,你拥有最大的发言权,你能不能答应老师呢?"看见王老师如此诚恳,他倒有些不好意思起来,"老师,我知道我缺点很多,我也想改掉,可我就是改不了,没有决心,做不到"。由此看来,所谓的"后进生"与"优生"其实只有一步之遥,前与后、好与坏其实就在我们的一念之间,辩证地看待每一位学生,你会发现"后进生"其实很可爱。

思考题

1. 你认为本案例中的王老师的做法是否正确?为什么?
2. 试结合班主任专业化的相关理论,探讨作为一个班主任,该怎么对待班上的"后进生",怎样做一个称职的班主任?

案例分析

作为班主任,必须恰当地处理班级出现的各类问题,以此得到本班学生的广泛认可和支持,才能顺利开展工作。作为班主任,如何正确地对待班上不同层次的学生,如何取得学生的信任和赞同,如何提高班集体的凝聚力都是需要不断思考和学习的。在本案例中,王老师运用恰当的沟通技术和方法处理了学生问题,并且获得了比较显著的效果。

首先,我们需要认识班主任的地位和作用。

班主任岗位在学校教育中是非常重要、非常关键的岗位,在促进学校和学生发展方面有不可替代的作用,中小学班主任是中小学教师队伍的重要组成部分,是班级工作的组织者、班集体建设的指导者、中小学生健康成长的引导者,是中小学思想教育的骨干,是沟通家长和学校的桥梁,是实施素质教育的重要力量。班主任与学生接触最多,沟通便利,影响深刻,肩负着育人的重要职责。一个任课教师不合格,影响的是一门学科,而一个不合格的班主任就会影响一个班级学生的成长和发展,班主任对学生的发展起着关键性作用。

在本案例中,我们要讨论的就是班主任怎么管理好班级,应该采取何种方法和方式来对待班上的"后进生"。因此,我们要了解和掌握班主任的工作原则。①求实原则。要一分为二地看待学生,把每一位学生潜在能力都充分挖掘出来,通过这些"闪光点"唤醒他们的上进心和自信心,帮助学生解决认识的偏差,克服学习和成长中的困难。教师只有了解学生,工作才有针对性,作出的判断才符合学生的实际情况。②民主原则。教师应该深入到学生中去,通过对学生本人或知情者的调查访问,从各个侧面间接地了解学生,倾听学生的心声,把握第一手材料,从学生的角度看问题,这样才能构建和谐的师生关系,从而收到事半功倍的教育效果。③科学原则。要求教师从学生的思想认识上入手,抓住教育契机使学生的思想认识有一个质的飞跃,把学生的思想和行为引上正确的轨道。

在本案例中,王老师并没有因为自己亲眼目睹学生打架斗殴,以及知道学生有很多的陋习而对他全盘否定,而是设法贴近学生,发现学生身上的"闪光点",抓住教育契机,有针对性地解决学生的问题,充分实践了班主任应遵循的各项原则。后进生从表面上看缺乏进取心,并经常犯错,但实际上他们内心深处仍然希望和好学生一样,在同学与老师的心目中得到应有的地位。如果班主任不了解他们的这种心理状态,动不动就批评指责,他们往往会产生对抗情绪;如果深入地了解他们,就会像案例中的王老师一样,及时给予关怀和鼓励。如果班主任因为"晕轮效应"而一味地否定和批评,那就达不到预期的教育效果。所以,该班主任处理"后进生"违纪行为的方法是正确可取的、是有效的。

另外,本案例还可以从班主任专业化的角度来分析,班主任专业化的核心就是以人为本,班主任职业情感的核心是关爱学生。班主任岗位的专业性不是抽象的,而是具体的,是通过班主任管理和教育的实践反映和体现的。班主任专业化的实质是专业智慧和艺术。班主任岗位面对的是学生活生生的整个世界,涉及学生认识、心理、情感、行为等各个方面,班主任必须讲究专业智慧和艺术,要和学生零距离对话,多一些换位思考,多一些情感对接,探究和破解他们心灵的秘密。在本案例中,班主任把握住了教育时机,即在最佳的情景下送去信任和激励,恰当地运用了教育智慧,学生心服口服,获得了较好的教育效果。

对于"后进生",只有得到班主任的关心后,他们才会与班主任进行"真实的交往",由此而注意到班主任提出的各种要求或建议,并用以指导自己的实际行动。如果班主任想要管理好班级,就必须管理好后进生,真正做到尊重、关心他们,理解、体谅他们,信任、接纳他们,以关爱之情、公正之心去感染、感化他们。具体来说应做到以下几个方面。①悉心观察。在日常的学习和交往中,有目的、有计划地观察学生的言行举止,从而了解他们的所欲、所思、所为。②耐心倾听。对于"后进生",他们更希望班主任老师倾听自己的心声。耐心倾听不仅是教师对后进生的尊重和鼓励,更是师生之间友好交往的桥梁。③及时反馈。班主任根据后进生的各种表现,应给予及时反馈。反馈主要不在于简单的肯定或否定、表扬或批评、赞赏或惩罚,而在于激励和指导。④设身处地理解学生。班主任应尽可能地站在后进生的立场上感受他们的处境,体会他们的心情,由此理解他们的态度、情感和观念,分析他们如此表现的原因,预测他们在某些状态下的心理反应和行为方式,从而提供切实、有效的指导。

现代心理学的研究表明,人的智能是多元化的、有差异的。这就要求班主任坚持一分为二地、全面地看待学生,以及学生所出现的问题,反对片面性。要引导学生正确地分析看待自己的优点和不足,就像案例中的这位班主任,用正确的心态看待每一位学生,尤其是班上的"后进生",积极地发现学生身上的"闪光点",引导他们看到各自的长处和短处。

衡量一个班主任是否优秀、是否称职,不仅要看他培养了多少优秀的学生,还要看他"挽救"了多少"后进生"。"尺有所短,寸有所长",班级管理只有坚持辩证地看待每一位学生,才能保证每个层次的学生都得到全面的发展。

(李建生供稿)

寄宿学校的班主任应该像保姆吗?

案例

李老师是某寄宿小学四年级一班的班主任,年近半百,工作勤勤恳恳,以敬业爱岗、爱校如家深受领导的好评和同事的敬重。她在班级的管理上有自己引以为荣的一套方法,上至班干部,下及每一个学生,无论是学习、生活,课内、课外,内容、形式,她都制定了一套严格的管理办法,班干部每天都要向她全面汇报,每个学生也都被要求按照规定向她汇报每天的学习和生活情况,整个班集体看上去管理得井井有条,她的经验还在全校进行了推广。

可是,近些年,其他班越来越有活力,而李老师带的班却越来越死气沉沉,学生时有抱怨。有个学生周末回家,理了个新发型,返校后立刻遭到李老师的批评,还责怪该生没有及早报告。任课老师也不太情愿上李老师所带班级的课,因为李老师常常要插手他们的课堂教学、作业布置、课外活动等,而且当教学方式与班规有冲突,李老师则要按班规修改。李老师还希望别的老师也像她一样,对学生的生活和学习全都关心过问。这惹来年轻老师的抱怨:班主任难道是保姆吗,为什么要对学生的学习和生活大包大揽呢?

思考题

1. 你认为李老师的做法恰当吗?为什么?

2. 有人提出班主任"既要是保姆,温柔关爱;也要是警察,时常监督,严格要求学生",你是如何看待的?

3. 请结合新课程改革的理念,探讨班主任和学生、班主任和任课老师应该建立怎样的关系。

案例分析

学生是独立的个体,班主任应该充分尊重他们身心发展的个性需要,而不应该将管理简单化、格式化。在新课标课程改革提出以学生为中心,培养自主和创新人才的背景下,像李老师这样的班主任应该更新教育理念,更新班主任工作理念。理念的更新是新课程实施过程中班主任工作的前提。

一、树立以人为本的学生观,在班级管理中营造宽松的氛围,培养学生自主和创新的能力

教育的对象是人,学校教育的目的是促进学生的全面发展,这就决定了教育必须以人为本。因此,新课程改革提出了"以学生发展为本",这就要求教师把学生当做学习的主体来看,关注学生的全面发展,注重学生的差异,关切学生的情感,尊重学生的人格,切实落实"为了一切学生,为了学生一切,一切为了学生"的教育理念。作为班主任,应把学生看做一个个鲜活的生命体,开发其潜能,注重其发展,使其增值,最终成为社会之栋梁。这是新课程改革对班主任的要求,也是社会赋予班主任的使命。

二、在班级管理中树立"指导性"和"民主化"的观念

"在管理中出效率"、"在管理中出成绩"是近几年经常听到的班主任工作理念,似乎加强管理已成为各学校班主任工作的核心内容。诚然,在一个班集体中,要保障学生的健康成长,以及正常的教学秩序,加强管理确实是主要的方式,但更为核心的内容是管理的理念与方式,而非管理本身。传统的管理观念认为只要加强管理,严格控制学生,只要学生一心一意学习就行,在这种观念指导下,其主要做法必然是班主任被动地执行学校的规章制度,班主任缺乏工作的主动性,另一方面,学生被动地遵守学校、班主任制定的条条框框,学生亦缺乏自主与创新意识。试想学生在这种"被动"的管理状态中,怎么能够具备共同探究、自主创新的行为品质?因此,要保障学生的自主和创新的意识,关键在"管理"观念的更新。首先是管理主体的转变,即从"学校"或"班主任"转变为"学生",让学生自我管理,提高他们在管理中的主动性和自主性,更重要的是,使他们逐步懂得根据不同的班务与情况,不断创新、调整管理内容。其次是班主任角色的转变,即从"管理者"转变为"指导者",不过多干预班级管理。最后是管理模式的转变,即

从班主任的严格控制转变为班务公开,班务集体讨论决定,体现自由、平等、公平、公开的思想与原则。在管理中培养学生共同探究、自主创新的意识,即树立班级管理"民主化"的思想。

三、树立"开放性"和"社会化"的观念,创设良好的教育环境

教育是教育者、被教育者与环境(家庭、学校、社会等)三者之间的关系,忽视环境作用的教育过程是不全面的,这个理论已为我们所熟知。然而,传统的环境观念往往将家庭与学校环境和社会环境对立起来,其做法必然是各班主任在工作中逐步地将班级封闭起来,以为可以最大限度地消除社会的不良影响。但这种做法封闭的不仅仅是班级本身,其结果必然是加强对学生严格的控制,随之封闭的还有学生的思想和意识,最终必然导致学生自主意识和创新精神的缺失。因此,"环境"观念方面,班主任应树立"开放性"和"社会化"的观念,改变学生在教育过程中受到严格控制的局面。环境的开放有利于学生思想的开放,通过"开放性"环境观念的更新,使学生具备开放的思想,进而形成互相争鸣的意识;通过"社会化"环境观念的更新,使学生在班主任的引导与教育下,思想的发展能健康地与社会的发展接轨,一方面使学生的思想道德在对社会现象的理性判断中不断得到升华发展,另一方面也使学生在与社会接轨的同时逐步形成关注问题、解决问题的品质。而互相争鸣、关注问题是学生自主探究和创新精神养成的前提。

四、树立"平等性"和"多元化"的观念,建设丰富的班级文化

环境的创设和管理理念的转变,主要的目的和核心内容是营造新型的班级文化,通过班级文化的感染力潜移默化地达到教育的效果。传统的"文化"观念主要注重班级凝聚力的形成,但传统的做法往往是将凝聚力作为加强对学生严格控制的手段,导致班级文化的"集中化"和"单一化",其结果仍是严重制约学生的自主和创新意识。在新的形势下,单纯地强调凝聚力是片面的,是远远不够的。对于"班级凝聚力",表述为"班级共同的心理特征"更为科学与全面。而"共同的心理特征"有不同的类型之分,究竟班级应形成什么样的共同心理特征,即什么样的班级文化,是班主任工作改革的核心内容。结合新课标的教育理念,我们认为主要是"自主"、"合作"和"创新"。要怎样形成新型的班级文化呢?应该树立"平等性"和"多元化"的观念。在"平等性"方面,其一,"平等"孕育"自由",而自由则是"自主"意识的基础;其二,平等的氛围,有利于"师生和谐"、"生生和谐"的和谐班级的构建。在"多元化"方面,鼓励学生思想自由全面的发展,这有

利于学生"共同探究"和"创新意识"的养成。

五、处理好与任课老师的关系

班主任对全体学生施行教育,单凭自己"孤军奋战"是不行的,必须与任课老师密切合作,发挥教育群体对学生教育的"共振"作用。

在处理与任课教师的关系时,班主任要把握"三要":一要培养尊师风尚,树立任课教师威信;二要互通信息,及时弥补各任课教师对学生了解不足的缺陷,及时向任课教师提供准确的信息反馈,使各科教学都能有机结合起来,促进学生素质的全面和谐发展;三要虚心听取任课教师对班级工作的建议和意见。可以这样说,与任课老师关系融洽的班主任,强化任课教师威信的班主任,他的班级整体发展都会很好;相反则不然。

(黄青供稿)

教师应怎样倾听孩子的心声?

李欢是小学一年级的学生,特别活泼顽皮,几乎天天都有人到班主任老师那里告状:"老师,李欢把瓶里的水洒在黑板上啦","刘老师,你们班的李欢上课又从教室里跑出来了",等等。

入学不到一个月,李欢已经成了一年级的"名人",他用矿泉水瓶泼水、拿拖把擦黑板、用石头敲玻璃……他就像毫无束缚的野马,为所欲为。

李欢喜欢玩水,一下课,他便在水龙头旁用塑料瓶装满水,倒掉,再装,再倒。这般枯燥无味的游戏,他玩得津津有味。一次,刘老师没收了他的塑料瓶,他不知从什么地方又弄来一个塑料袋,又在水龙头旁饶有兴致玩起水来,见刘老师朝他走来,情急之下竟将一袋子水塞进裤兜里,水顺着腿流了下来。此时刘老师没有责怪他,只是微笑着牵他进了办公室,换上李欢的妈妈事先预备的一套衣服。第二天,刘老师又牵着李欢来到办公室。从抽屉里变戏法似一样掏出一个精致的杯子,说:"送给你,从明天起你别带水瓶了,用老师送你的杯子吧!刘老师允许你到办公室喝水"。一个星期过去了,李欢在慢慢改变。

有一次,刘老师在课堂上发现李欢不停地用身子拱旁边的同学,就走过去,摸了摸他的头,他便"温顺"地回到了自己的位置上。过了十分钟他却将大半个身子"侵占"了同桌的"领地"。刘老师恼怒地向台下走去,本想扯着他的胳膊往外拖,见李欢眼里满是倔强,猛然一惊,于是深呼了一口气弯下腰,轻声对李欢说,"坐在这儿不舒服吗?有事下课再跟刘老师说好吗"。看着他眼中的倔强在一点点融化,刘老师又说,"李欢,老师转身走到讲台时,你就会坐直了,对不对?"说完,刘老师微笑着向讲台走去,果然李欢笔直地坐在座位上。课后了解到原来是换了座位,凳子太高,李欢坐着不舒服。

"老师,快到草坪去!李欢和几个同学打架啦!"刘老师赶紧朝操场奔去。"发生什么事情了?"李欢低头不语,刘老师过去拍拍他的肩,说:"不想和老师聊聊这件事吗,说不定老师可以帮你"。李欢抬起头,迟疑地望着刘老师。刘老师双手扶着他的肩,轻声说,"你总得告诉老师发生什么事情了吧"。"谁叫他们欺负我们班的。"原来李欢在"打抱不平"。刘老师"恍然大悟",笑着对李欢说:"哦,他们真不应该!你懂得帮助同学,老师应该表扬你呀"。一听这话,李欢扬了扬头。刘老师关切地问:"还疼吗?走,老师带你去擦药。"擦完药,刘老师让李欢坐在椅子上,说,"要是你平常做错了事,爸爸妈妈会怎样"。"他们会打我,不过现在也跟我讲道理了。""噢,你觉得讲道理好,还是打人好呢?"李欢望着刘老师,低声地说:"讲道理好些"。刘老师笑着说:"李欢,下次遇到有人欺负我们班的同学,你觉得应该怎么办呢?"后来李欢和那几个打架的孩子握手言和,还按刘老师的要求同那几个同学羞涩地做兄弟式的拥抱。

一年过去了,经过努力,李欢各项测评都是优,刘老师对他说:"你真了不起!"李欢扯扯刘老师的衣角,喃喃地说,"老师,我只想悄悄地告诉你,我想谢谢你,我还想对大家说对不起"。

思考题

1. 你认为李欢是个怎样的孩子?
2. 请结合小学生的心理发展特点,探讨班主任应该如何教育"问题"学生?
3. 如果你是该班班主任,你应该怎么做?

案例分析

爱是现代教育的第一法则,爱是班主任育人的关键。班主任在小学生的成长中起着重要的教育作用,跟其他教师相比,更多地承担起"人类灵魂的工程师"的重担,是小学生成长的人生之师,肩负其早期人格形成和行为习惯培养的责任。托尔斯泰说过:如果教师只有对事业的爱,那么他是一个好教师;如果教师把对事业的爱和对学生的爱融为一体,他就是一个完美的教师。优秀的班主任往往能够用爱心为学生成长营造一个良好的个体环境和集体环境,在教育中渗透着爱,在爱中背负起责任。他们往往以充满关爱和责任的情感沟通和熏陶,使学生在爱的引导下,自觉走上合乎社会发展需要和社会规范的成长之路。

一、以爱动其心,以言导其行

刘老师不仅对学生充满爱,而且巧妙地用爱来开启学生健康的成长之路。要想让孩子乐意听从你的话,首先得善于倾听孩子的心声,了解他内心世界的真正想法。刘老师总是细心地观察学生,耐心倾听学生心中的真实想法。遇到事情,总是多听学生的想法,站在学生的角度思考问题,而不是只凭自己的判断下结论,这样,既避免了师生间的冲突,又能给孩子以恰当的引导和教育。

二、随时随地给学生帮助是对学生最有效的爱

小学生,尤其是低年级学生,他们的心理发展处在一个相对幼稚、依赖多于独立的阶段,内心充满着好奇。班主任要做他们的依靠,做他们的眼睛,做他们的脑子,更要做他们的导师。在学生出现问题时,要多理解,少责罚。对孩子的理解比责罚的教育意义更深远。

有一个故事,故事中的孩子脾气不好,于是,他问父亲怎么改。父亲说:"你每发一次脾气,就在院子的栅栏上钉一颗钉子。"过了几天,儿子告诉父亲,"我已经好几天没钉钉子了,这些天都没发脾气"。父亲很高兴,又告诉他:"如果一天不发脾气,那么就去拔掉一颗钉子。"过了些日子,儿子又来告诉父亲,"我把钉子拔完了,现在坏脾气改掉了"。父亲拉着他的手来到栅栏边说:"你看,虽然钉子被拔掉了,但是钉孔都留在上面。你要记住,你伤害了别人的情感是会在别人的心上留下伤痕的。"这就是"钉孔原理",它启示我们:批评要有方法,批评要有度。批评是班主任对学生进行思想品德教育常用的一种方法,学生在成长过程中的不良表现,特别是那些屡教不改的毛病,很容易激起班主任的气愤,批评自然随之而来,有时甚至言辞过激,怒不择言,那些话语就会像钉子一样钉在学生的记忆里,即便后来钉子拔了,伤痕却永远留在学生心里。

因此,班主任面对问题学生的各种问题时,一定要冷静,不仅要了解清楚问题的真实情况,更要了解问题的真实原因,尤其重要的是要具体分析当时学生的情绪和心理活动,并采取有针对性的、恰当的措施。

与其责罚,不如像刘老师一样,在理解的基础上,实实在在地帮助学生!李欢玩水,刘老师不是简单地没收他的水瓶,狠狠地训斥一番了事,而是帮他换上干净的衣服,又送杯子给他。正是刘老师的帮助温暖了李欢的心,这份爱的力量引导他回归到正常的行为轨道中。

三、尊重学生,是对学生最好的爱

心理学研究表明,人在内心深处都有一种渴望被别人尊重的愿望。教育家

爱默森说：教育成功的秘密在于尊重学生，谁掌握了这把钥匙，谁将获得教育上的巨大成功。

作为班主任只有走进学生的心灵深处，才能对学生进行有效的教育。尤其是对待捣蛋、调皮的学生，更要注意尊重他们，化解他们的逆反心理。儿童可塑性大，班主任对待他的方式方法势必影响他一生的成长和发展。本案例中，如果刘老师当着全班同学把李欢拖出教室，将严重挫伤他的自尊心和自信心，一方面会直接导致他和老师的对立反抗情绪，另一方面会让他感觉失落，影响他在同学心中的形象，使其产生焦虑、烦躁、抑郁等消极情绪，在和同学关系日益恶化中自我封闭，最终形成叛逆或玩世不恭的性格，将对他的成长产生非常大的负面影响。所以班主任针对李欢这样的学生的教育一定要以引导为主，强制为辅。尊重他们，也唤起他们内心的自尊、自重，激发他们通过自己的努力改正错误的勇气，才能真正帮助他们成长。

四、肢体语言是给孩子最温情的爱

教师的目光、动作、体态、手势都是很重要的沟通语言。有时这种语言所产生的效果会优于口头语言。教师一个温暖的眼神，会让学生信心百倍；但是一个无意的表情，也会让学生认为你不重视他，从而自信下降，怨愤顿生。本案例中，刘老师非常善于运用肢体语言跟李欢交流沟通，在肢体语言中传达出对李欢的爱护、信任、支持、期待等正面信息，并以肢体语言等形式，留给李欢思考的时间，起到了非常好的教育效果。

五、鼓励和期待，是给孩子最强有力的爱

学生最在乎老师对他的态度，而且这种态度也影响着他对教师的态度。班主任要多用鼓励性而非否定性的语言，帮助问题孩子逐步树立自信心。更重要的是处理问题的时候，要给孩子选择的机会，让他学会正确的抉择。

从本案例可以看到：刘老师是一个灵活型的班主任，性格开朗，思路开阔，思维活跃，反应敏捷、迅速，处理事物喜欢求新求异，生活中不拘小节，语言幽默风趣，言谈举止表情丰富，善于体态语的应用，与学生相处常以朋友的身份出现。

笔者相信刘老师们和李欢们的故事还将继续，顽皮孩子们的率性、捣蛋，经由刘老师们春风化雨，润物无声，育化为纯真、聪颖，他们共同分享成长的快乐时光。

（黄青供稿）

该如何关注沉迷于网络的学生？

小春是初中一年级的学生，学习成绩不错，最近，学校附近开起了网吧，他经常听到同学说网络游戏如何好玩、如何刺激，出于好奇，他也走进网吧玩起了网络游戏，不知不觉就被网络吸引了。最初，小春仅在周末上网，后来发展到只要有机会就会溜出学校去网吧，有时为了去玩游戏，他还会编各种理由欺瞒老师。迷上网络后，小春上课时满脑子都是游戏，不能集中注意力，作业完不成，成绩不断地下降，好几门功课都处在及格边缘，并且开始逃学了。老师发现该情况后就找了小春谈了几次话，禁止他再去网吧。

小春的父母也发现他染上了一些坏毛病，嘴里不再有实话，常变着法儿向家人骗钱，为了多搞到一些钱，他还从家里偷钱，小春的身体越来越瘦弱，经常感冒。后来，家长与老师交流后才知道自家的儿子经常去网吧玩游戏。小春父母在老师的建议下给小春制定了一些规定：放学后必须在二十分钟内回家，周末没有事情一律不准出门，即使出门也要家长陪同。在老师和父母的共同管制下，小春的学习成绩仍没有多大的起色，对老师和家长的话也爱理不理。

1. 你认为小春的老师和家长对其上网行为的教育是否正确？为什么？

2. 请你结合初中学生的心理发展特点，探讨老师和家长应如何对学生上网进行管理？

3. 教师如何对有"网瘾"的学生进行教育和治疗矫正？

案例分析

教师和家长在儿童的成长过程中起着重要的教育作用，家长是儿童成长的第一任老师，肩负着儿童早期人格形成和行为习惯培养的责任；教师是儿童在学校环境的重要影响者，是儿童系统接受科学教育、形成科学价值观和理想的重要指引者。教育真正要发挥其作用，关键在于教育中参与的各方的协同沟通和情感交流，教育者要根据儿童在不同年龄阶段的心理特点来进行指引和教育。下面根据中学生的心理发展特点来分析如何进行上网管理。

首先，我们要认识到外部环境的教育在儿童发展中的作用，充分意识到没有外部环境的教育，儿童的发展将会受到很大的影响，离开现实的条件进行教育，会使教育的功能大打折扣，因为人的心理与客观的现实密切联系，心理的内容实质是对客观环境的主观反映。因此，教育者要充分利用外部环境、创造新条件来进行教育。本案例中的教师和家长对初一学生在上网方面的教育采用的是一种阻隔的教育，将学生的教育与现实生活脱离开来进行，事实上这不是创造良好的条件进行教育，而是抛弃现有的条件。

其次，中学生的心理发展处在一个由幼稚走向成熟、由依赖走向独立的过渡阶段，是一个充满着困惑、冲突和矛盾的时期。中学生的身体发展速度快，生理上的成熟使得他们将自己当做成人来看待，向往用成人的行为、成人的思想来表现自己，但生活经验的缺乏、经济上的依赖使得他们没办法真正地像成人那样生活和学习，处处想自立却没办法自立。这种矛盾的心理使得他们对强加给他们的所有事情都带有叛逆或反抗心理，作为教育者如果还将他们当做幼小儿童来看待，认为他们什么都不成熟，都需要成人来替他们安排，就会引起他们的不满，也会促使他们产生抵触的情绪和行为。本案例中教师明令禁止的做法实际上是把教育之门给关上了，阻隔了师生之间的交流，认为教育者施加哪种措施就会产生相应的效果，这种不尊重学生独立性的做法会使教育效果适得其反。

最后，中学生的成长实际上是一个不断适应环境的过程，影响儿童的成长环境是由许多不同的环境组成的一个系统。本案例中对小春的教育涉及不同环境的协同和沟通问题，学校教师和学生父母间的经常联系和交流是有利于他们的成长的，但如果能将社会环境结合起来，那教育的影响将会是全方位的和有效的。对儿童有直接影响的是家庭和学校，其次是这两个环境的沟通和结合，再次是社区环境和父母所在单位等方面的环境，这些环境都对儿童的成长产生影响，因此,对儿童的上网教育需要各方力量的协同一致,需要不同的教育主体都熟悉儿童的心理发展特点,并据此展开上网的教育,不能视网络为洪水猛兽,而应对他们的上网行为进行监督和指导,让他们合理利用和开发这些高科技的资源。

教师如果面对有"网瘾"的学生那又该怎么办呢?首先要了解网络成瘾的表现,其次要具体分析每个学生成瘾的原因并采取有针对的矫正措施。

网络成瘾又叫做"互联网成瘾综合征",是指个体由于过度使用互联网而导致明显的社会、心理功能损害的一种现象。是由重复地使用网络所导致的一种慢性或周期性的着迷状态,并会产生难以抗拒的再度使用的欲望,对于上网所带来的快感会一直有心理与生理上的依赖,当网络成瘾者被剥夺上网行为之后会出现焦躁情绪行为,主要表现为:对网络有一种心理上的依赖感,不断增加上网时间;从上网行为中获得愉快和满足,下网后感觉失落,出现焦虑、烦躁、抑郁等消极情绪,在个人现实生活中则出现自闭,很少与他人交往,终日沉浸在迷幻、恍惚的状态中;以上网来逃避现实生活中的烦恼与情绪问题;不承认过度上网给自己的学习、生活造成了损害。

中学生网络成瘾现象非常普遍,已经影响到学生的学业和身心健康,并逐渐成为一个社会问题。中学生染上网瘾的原因既有其自身原因,也有外部社会的因素。①自身原因。心理医生发现,患有网瘾的中学生大多性格内向,不善于人际交往,希望得到别人的关注,但又十分孤独。他们对朋友和家庭情感冷淡,对很多事情没有兴趣,情绪低落,缺乏追求和抱负,希望得到他人接纳、认可,但是害怕被拒绝,自我封闭。在现实生活中他们常以"退避"、"自责"和"幻想"等不成熟的应付方式应付困难和挫折。②社会原因主要有学业压力、亲子交流不畅和网络监管不力等。社会的高速发展使外界对每个人提出的要求越来越高,竞争的压力在中学生身上体现得相当明显。升学、竞赛、考试等都给他们带来很大压力,紧迫意识、危机意识明显增强。在这些压力面前,他们需要缓解和释放,但是社会和家长、学校却只注重学生的学业成绩,没有帮助他们及时调整心态,化压力为动力,因此很多学生就借助网络来转移和释放压力。一些家长网络知识不丰富,技术素养很低,而他们的孩子却掌握了很多最新的互联网知识技术,这使得家长的权威在很多方面受到挑战,导致孩子与父母之间的代沟不断加深。思维活跃而又不满足于现状的中学生不得不向外界尤其是信息容量大的网络聚集。代沟进一步阻碍了中学生与家长之间的心理沟通、情感交流,因此,渴求理解和宣泄的中学生纷纷转向网络寻求情感上的支持。

教师针对网络成瘾现象的教育要以预防为主,治疗为辅。首先,树立科学的网络观,提高自身网络道德水平,如果每个上网者都能提高自身的网络道德水平,便可以营造一个健康、和谐的网络环境,这也是健康上网的关键。每一个中学生都应该有自我约束意识,只有意识增强了,才会自觉地维护网络秩序,遵守网络道德,同时,通过培养网络道德意识,也会增强自我防范能力,抵制负面信息的诱惑。其次,养成良好的上网习惯,上网前要有计划,明确上网的目的和上网的时间,避免无节制地上网。再次,提高自己的心理素质,积极参加各种实践活动。我们应积极参加各种社会实践活动,从虚拟的网络世界里跳出来,主动投身到真实社会和学习之外的环境中,提高自己的社会适应能力。同时,我们还要培养广泛的兴趣爱好、丰富自己的业余生活,比如,可以参加体育活动等来充实自己的生活,认识新的朋友。为以后踏入社会打好基础。

(刘志军供稿)

张老师的作业为何引起风波？

案例

徐老师是某校初二 A 班的班主任，兼数学老师，这一学期有不少老师向他反应：该班的学生经常迟交作业，上课不认真听讲，还在课堂上做起了其他学科的作业。对此他召开了一次班会，对学生说起这个问题，但是学生却向他倒起了苦水，"新来的语文任课教师张老师上课讲的内容太多，消化不了，而且课后又布置了很多作业，其他科目的作业也需要按时完成，所以弄得休息时间都没有了，几个学习成绩差的学生，根本无法按时交作业，所以在其上课的时候做其他学科的作业。"于是徐老师跟张老师交谈了几次，希望她能够根据同学们的情况来进行教学，可是张老师却这样认为："上课不认真听讲，下课不多做点，怎么能跟上来。"

于是学生的作业依然很多，其他科目的老师仍向他抱怨。徐老师没有办法，只能和张老师再次交谈，希望她能改进教学手段，以适应学生发展的要求和其他学科老师的教学要求。可张老师却这样说："其他班都能接受，怎么偏偏你们班就不行呢，我也是为了他们好啊。"最后徐老师说："别的班级怎样我不管，可是我的班你不应该为了让学生学好你所教的学科，占用学生这么多时间，而影响其他学科的教学。这可不行，下次你布置的作业，学生最后交。"

思考题

1. 你对班主任与任课教师之间的关系有何认识？
2. 结合相关理论，请谈谈作为班主任应当如何处理好与任课老师的关系？
3. 结合案例，请谈谈任课教师应如何协助班主任的工作？

案例分析

班主任是班级的领导者,班主任的首要职责是班级教育、教学的管理,是班级的管理者和组织者,对班级负有全责。班主任不仅要组织班级开展各种活动,管理教育学生的思想和纪律,而且要组织班级开展各种活动,管理好班级的教学工作。而搞好班级的教学管理,仅靠班主任一个人的力量是不够的,必须依靠全体任课教师的共同努力与合作。要形成一个以班主任为核心的教师群体;在一个班级中,核心是教师,而教师的核心是班主任。搞好班级工作的原动力来自于班主任。班主任在组织好学生的学习同时,要主动拿出一定的时间和精力与任课教师进行沟通、交流、协调,充分调动任课教师在教学上对班级的积极性、在思想上对学生的关心,形成合力。班主任要发挥组织作用,要把任课教师组合起来,了解他们的特点,发挥他们的长处,尊重他们的意见,使他们感到在本班上课非常愉快,愿意与班主任合作,愿意与学生交流。

该案例所体现的问题是,班主任应当如何处理好与任课教师的关系,使学生和老师都能获益。在该案例中,徐老师所遇到的问题是一个典型问题,在广大中小学教学中,有的任课老师只顾本学科教学,大量地占用学生的时间,而使得学生没有时间学习其他学科,累的还是学生,而且最终取得的成效不大。对于此种情况,我们可以从班主任与任课教师的关系这一角度来进行分析。

首先,班主任应该起到桥梁作用,沟通好学生与教师、教师与教师间的关系。

(1) 主动联系任课教师,相互建立信任。

班主任首先要尊重任课教师。在班级制度的制定、班干部的人选、学习方式的组织上,要尽量征求任课教师的意见,在各方意见的基础上,寻求最佳的方案。在交流过程中,班主任不仅可以巧妙地让任课教师了解班级情况,还可以了解任课教师的一些想法、做法,为更好的合作奠定基础。而且,通过班主任主动的交流,也让任课教师了解了作为班主任的处事态度、管理方法。

在本案例中,徐老师的确是找了张老师,可是都是问题出现之后才联系的,没有主动联系,以致出现其他老师主动找班主任反映问题这种情况。所以班主任应该主动找任课教师了解情况,解决问题,除此之外,也应主动协助任课教师处理教学中出现的问题。虽然任课教师的工作相对于班主任老师来说,可能要单纯些,不过教学中遇到的诸如个别学生不遵守课堂纪律的问题却也不在少数,虽然任课教师对于在自己课上和课内外发生的学生问题一般都能自主解决,但班主任应及时地调查了解,掌握第一手材料,协助任课老师解决这些难题。其实这些问题与班务工作中存在的问题有密切的联系,从一定意义上讲,协助任课老师解决了这些问题,班务工作就会跃上一个新的台阶。但更重要的是,班主任通过这些,与任课教师建立了信任。

(2) 建立定期会晤机制,增进任课老师对学生的了解。

班主任作为班集体的主要负责人,与学生和家长有着更多的接触,所以对学生有着更深刻的了解,因此为了使任课教师了解学生,班主任要主动地向任课教师介绍本班学生的情况和存在的问题,注意听取他们对学生的看法和意见,及时向任课教师反映学生的意见和要求等。这样,既是尊重任课教师,又能激发任课教师关心班级工作的热情,而班主任的主动,还能消除任课教师可能存在的在班级教学方面上的顾虑,从而达到互相配合、同舟共济,共同为班集体建设出力的目的。而且班主任多与任课老师交流,能了解掌握更多的信息,受到更多的启发,从而全面地了解每个学生的个性。

在本案例中,对于新来的张老师,徐老师并没有将班上的情况向她介绍,也没有与她进行深入的沟通,而只是就事论事,最后适得其反。其实,班主任与任课老师之间的交流方式有很多。一是特意找任课教师,如到任课教师的办公室,了解学生的阶段性的学习成绩,对学生的问题进行探讨或针对某一学生的该课学习情况进行专门探讨;二是有意找任课教师闲聊,如上班、下班路上,主动打招呼,以便拉近与任课教师的距离,并了解任课教师的一些教育理念和教育方法,以求更好地配合;三是同全体任课教师一月一聚,畅谈班级的管理思路及交流个别重点学生的不同教育教学方法,以便使任课教师之间互相了解,对学生的教育能够互通,形成教育合力。

(3) 合理解决任课教师与学生的矛盾。

当任课教师与学生之间发生矛盾时,班主任要立场明确、态度鲜明,稍有含糊就会误导学生,切忌简单从事,压服或纵容学生都会使师生关系紧张,而不利于教学正常进行。在这个问题上,对于学生所提的关于任课教师的意见要具体问题具体分析。对正确的意见,如属特殊性的问题,可让学生与任课教师个别交谈,取得共识,如属普遍性的问题,班主任要做好协调工作,通过各种途径妥善加以解决。对个别学生的意见,则需班主任做细致深入的思想工作,及时消除不必要的误会。班主任在日常行为教育中应教导学生充分尊重每一位任课教师。

在本案例中,张老师对于同学们的抱怨,并没有站在老师的角度上,对学生与任课教师之间的矛盾予以具体分析,而且没有就其他任课老师的意见对同学提出要求,只是着力于与张老师的意见交流。因此,当学生提出某个任课老师在教学中的不足时,班主任应当在维护任课老师应有威信的前提下,正确引导学生一分为二地评价任课教师,积极主动地宣传任课教师的优点和劳动成果,使学生对他们产生敬佩之情。同时,要通过合适的方式帮助任课老师改正缺点,以树立其在学生中的良好形象。否则,不仅达不到预期的教育效果,而且还会影响任课教师的工作情绪。如果班主任把这项工作做好了,任课教师便会与班主任心往一处想,劲儿往一处使,管理班级就更容易了。

其次,任课教师也要积极协助班主任的工作。

任课教师对于班主任提出的意见和建议,要宽容接纳,多与班主任交流,只有在交流中双方才能达成共识。

在本案例中,任课教师与班主任的矛盾的结点在于作业的布置上。各任课教师在教学中都希望学生重视自己的课程,在课后布置作业方面表现得尤为突出。对待这个问题应从两个方面考虑。首先,总的作业量保持平衡,在某天(或某段时间)内,当发现作业量太大时,应及时加以协调;其次,持续过多的作业量,会使学生因疲劳而对做作业产生反感,造成学习兴趣的下降,这是要尽量避免的。张老师的教学方法主要是学生多学多做,在班主任多次提出意见以后,张老师并未改变教学方法,没有认识到自己的错误,反而从其他方面找原因,这种态度是不妥当的。所以,作为一名任课教师,应该积极协助班主任的工作,从自身找原因,解决矛盾。

总之,通过本案例我们可以看到,班主任在处理与任课教师的关系时,是起着主导作用的。作为班主任,应当经常与任课老师联系,多与任课老师沟通,这样才能有效、合理地解决问题,才能处理好与任课教师的关系。另外,任课教师除了从事本职教学工作之外,也要积极协助班主任的管理工作,对其提出的意见认真考虑,只有如此,才能处理好和班主任,以及学生之间的关系。

(陈坤华 王南供稿)

班级活动妨碍学生学习吗?

案例

"学生的第一任务是学习,而且竞争这么激烈……"这是学生们说得最多的一句话,有些学生由于报了太多的辅导班,班级活动对他们来说就是"负担"。

"由于'应试教育'和'片面追求升学率'的影响,班级活动的开展没有得到充分重视。一些家长、学校领导和教师认为,活动与学习必将陷入非此即彼的矛盾之中。"读罢《班级管理新论》这本小册子上的这段话,当班主任多年的夏老师顺手写下"教育随笔":"就拿目前流行的'教学质量奖惩办法'来说吧,奖惩的依据是什么?答案是唯一的,那就是学生的考试成绩,头几名的领赏、升迁、荣誉满堂;末几名的罚款、落聘、名誉扫地。年复一年均如此,似乎这已成为'铁律',谁还敢去多开展班级活动?把学生培养成为考试机器才是硬道理!"似乎想把她心中蕴藏已久的大实话表述得更明白一些。

思考题

1. 你如何理解班级活动与学生学习之间的关系?
2. 如果你是一位老师,读罢《班级管理新论》中的那句话,会作何感想?
3. 你是否同意本案例中的夏老师心中蕴藏已久的"大实话"?为什么?

案例分析

班级活动是在班主任的指导下,有目的、有计划地为实现班级教育目标而举行的各种教育教学实践活动。班级活动是班集体形成的基础、健康发展的催化剂。从理论上讲,班集体的群体发展和班集体成员的个体发展是互为前提、互为条件、互为因果、相辅相成的。群体的发展只有通过个体的发展才能实现,个体的发展又必须依赖群体发展所提供的环境和条件。而群体的发展和个体的发展都是以活动为中介互相促进实现的。活动最有利于发挥个体的自主性、能动性和创造性。因为,人的活动是一个对象化地体现着作为主体的人的主观能动性的客观过程,是活动主体通过占有、改造活动对象实现自己的目的、意志和加强人自身本质力量的过程。在活动过程中,个体对活动客体、活动手段、活动方式的选择,对活动的目的、步骤和计划的确定,活动诸环节之间的调节,活动过程的控制等,无不需要个体自主性、能动性和创造性的参与。因而,活动是学生主体地位得到落实的重要保证。"教育学离开了活动问题,就不可能解决任何一项教育、教学、发展的任务。""没有学生的主体活动,不精心设计和科学组织各种教育活动,学生的发展就会落空,教育在人的发展中的主导作用就只能是一个良好的愿望。"由此可见,班级管理目标的实现和学科教学任务的完成,都必须借助于学生的活动才能成为可能。作为学生生活重要组成部分的班级活动,对于班集体建设及学生个体的学习和发展是非常重要的,其最大益处在于调整学生的心态,增强他们探索问题的好奇心、解决困难的信心等。

我国教育界讨论素质教育问题已经多年,虽然取得了不少共识,但是部分家长、教育管理者和教师因循守旧、固守陈规,或者明明知道素质教育的合理性和可行性,也承认进一步扎实深入有效地推进素质教育是21世纪教育发展的必然趋势和新基础教育课程改革的理想归宿,但迫于升学、考核等压力,嘴里虽然轰轰烈烈地喊素质教育,实际上却在扎扎实实地搞应试教育。在此背景下,班级活动,特别是班级课外活动的开展一直就有难度。如今,它则实实在在变成了一颗酸酸甜甜的糖!

平心而论,虽然案例中的夏老师从骨子里可能更加推崇"素质教育",但在现实的教育功利选择面前,恐怕她也不能不屈从于"应试教育"。否则,她也不会在《班级管理新论》的小册子上随笔批注"谁还敢去多开展班级活动","把学生培养成为考试机器才是硬道理"这类话!事实上,长期以来,由于受"应试教育"与"片面追求升学率"的影响,确实还有不少人认为:在学校教育教学过程中开展班级活动与提高教学质量是相矛盾的;甚至认为开展班级活动不仅浪费时间、浪费精力,而且影响学生的学习成绩。不过,有见识的部分教师表达了不同意见:"这年头,许多学校关起门来让学生读死书,除了特长生之外,大部分学生的班级课外活动常被取消,尤其是毕业班。学生们不参加体育活动,不唱歌,不读课外书……结果,学生从学校里出来,生活不能自理,不会动手解决实际问题,不会与人交往,没有健康的身体……怎么能成为真正的人才?"

班级活动妨碍了学习吗?看来,就班级管理领域而言,如何落实素质教育精神,如何正确看待和处理好活动与学习的关系,如何通过组织富有成效的班级活动来促进学生的学科学习进而促进学生的发展,值得负责任的教育者认真沉思!

显然,案例反映出部分家长、教育管理者和教师出现了根本的教育观念偏差,需要予以彻底矫治。

笔者认为,班级课外活动是课堂教学的必要补充,它弥补了课堂教学强调同步、强调统一、强调教师的主导作用而不利于因材施教、不利于学生主动性和创造性充分发挥等缺陷,是实施全面发展教育的重要途径,也是协调和整合学校、家庭和社会三方面的教育影响的重要手段。因而适当地组织开展班级活动不但不会妨碍学生的学习,反而能促进其发展。原因主要有以下几点。首先,班级活动能够促进学生全面发展。基础教育阶段,学生应该在德、智、体、美、劳等方面全面协调发展。而在应试教育的观念支配下,部分教师只注重在考试学科上狠下工夫,拿手好戏就是教会学生考试,甚至认为其他科目可有可无,如果有,也只是装装门面、应付检查罢了。这些主张及相应的做法,严重偏离素质教育的基本精神,妨碍了学生的全面发展。而班级活动的内容和形式是多种多样的,可以是知识性的,也可以是趣味性的;可以在室内进行,也可以在室外展开;可以是个人分散活动,也可以是小组合作……丰富多彩的班级活动的开展,可以激发学生的学习兴趣,挖掘学习潜力,发展智力、能力和创造才能,扩大知识领域;提高审美素养,陶冶情操,丰富精神生活;愉悦身心,增进健康。班级活动的益处如此之多,可以说,班级活动很好地弥补了应试教育的空白,我们又何乐而不为呢?其次,班级活动能够促进学生个性特长的发展。活泼好动、精力充沛的青少年学生,除了共同的知识需要之外,还有多方面的个性心理和文化需求。丰富多彩的班级活动,能够满足学生不同的需求,为具有不同特长和优势的学生创造施展才华的机会和条件。譬如,能歌善舞者可以在文学艺术活动中展示才华;体育特长生可以在运动场上大显身手;勤劳能干者可以在劳动大比武中显示良好技能;擅长组织策划者可在大型活动中脱颖而出。正是班级活动中种种成功的表现,使学生不仅获得美好的情感体验,而且使他们的天赋才能和爱好特长获得最充分的发挥。在学生全面发展的基础上促进个性特长发展,应该说是素质教育所追求的。每个学生的兴趣爱好不可能是相同的,教师通过组织开展班级活动,可以更好地因材施教,照顾到学生个体的兴趣爱好,发现并培育学生的特长,促进学生个性的发展。

综上所述,班级活动的适当开展不但不会影响学生的学习成绩,反而对学生的学习与发展大有益处。如果以上认识能够到位，将使班级活动向素质教育的要求迈出坚实的一步。紧接着的第二步，就是如何协调好方方面面的"矛盾"，采取切实有效的措施，在班级活动和学科学习活动中真正落实素质教育精神，促进学生的学习，实现其全面发展。

这里，我们必须看到这一事实：在中小学学校教育教学管理的实际工作中，教导处要求班主任尽可能花更多的时间和精力在学生的学科学习上；德育处则要求班主任尽可能多地有效开展班级活动以提高班级管理水平进而提升学生的综合素质。虽然说学生取得良好的学习成绩及提高综合素养，是作为整体的学校的"全部"责任，但是学校在考评部门工作成效时，关注的重点是分别对教导处在学科教学上的业绩和德育处在班级上的管理，特别是班级活动组织于学生思想道德教育上的业绩予以考评。当两个部门都着力提高自己部门的工作绩效时，可能原本融为一体的学生发展之智育目标与德育目标便被人为分开，实现目标的过程也可能由互动的过程转化为矛盾与冲突的过程。

协调"矛盾与冲突"的出路是有的。一般情况下，班主任同时又是学科教师，既受德育处的管理，自然要对德育处的工作目标负责，也要受教导处的管理，对所教学科负责。这样一来，班主任自然就成了班级管理、课外活动组织和学科教学的调和人。班主任作为调和人的作用在于：实现学科教学和班级管理工作，特别是班级课外活动的更好融合，使知识目标与德性目标达到共同发展的目的。在实践操作策略上，要将学科教学与班级课外活动有机地融合在一起，因而必须在学生的学习层面上，通过组织班级课外活动去激发学生的学习动机和学习兴趣，通过引导学生有更高层次的精神追求来强化学生的学科学习。譬如，班级开展"爱绿"、"护绿"环境保护活动时，如果只是让学生简单地打出旗帜、造出声势，上大街捡捡垃圾、除除杂草或者种种树、栽栽花，这样的班级活动就停留在比较肤浅的层面，成效十分有限，班级活动过后，学生可能印象不深，并没有多少真正的收获。同样是开展环境保护活动，经验丰富的班主任就会和学生共同设计班级活动方案，活动开展之前组织学生调查身边环境的变化，要求学生个人提出改善环境的办法，再逐次展开各项活动，最后总结体验与感受。在这个"折腾"的过程中，学生必然就会要联系到如生物、地理、写作、数理统计等一些学科知识来认识和解决问题。一方面，学生用平时学到的学科知识帮助了班级活动的有效开展，也由此形成和深化了环保意识，很可能还掌握了保护环境的方法；另一方面，寓学科知识于一体的班级活动的展开很可能反过来又培养和激发学生在学科学习方面的兴趣。

当然,要使班级活动与学科教学实现有机融合,共同致力于学生的学习与良好发展,由班主任一个人来负责是难以达成的,这就需要群体的力量,需要班主任与任课教师相互理解、精诚合作。完整的主体活动是由外部活动、内部活动、外部活动的内化、内部活动的外化所构成的。在传统的学科教学过程中,人们往往只重视学生主体的内部活动,一味强调教师讲学生听、学生动口动脑不动手;实用主义教育重视的是学生外部的经验活动;人本主义教育高扬的则是学生的情感、意志等非理性活动……这些在建构学生主体方面都是有片面性的,或顾此失彼,或固定一隅。我们认为,在素质教育精神指引的学科教学活动和班级课外活动中,每一种学习活动都不是万能的,它们各有侧重,也各有利弊。因此,我们决不能只局限于某一种或某几种班级学习活动,而应当设计、组织多种多样的学习活动:"接受性的学习活动"和"表达性的学习活动"的有机结合,"有形活动"和"无形活动"的有机结合,以实现对学生主体活动的全面建构,促进学生主体性的和谐发展。全面建构学生的主体活动,并不意味着也不可能在学科教学环节中囊括所有类型的学习活动,而是要求班主任和任课教师充分认识到各种学习活动方式的优点和缺点,灵活地选择最适宜的学习活动方式。除课堂教学中学生的主体活动之外,学校还应该安排学生开展丰富多彩的课外活动,如学科课外兴趣小组活动、课外书阅读活动、课外学生演讲活动、学生文娱体育比赛活动,等等。同时,还要支持和鼓励学生积极参加各种校外活动,如学生远足登山活动、家乡资源环境考察活动、家乡风土人情调查活动,等等,这些活动都体现出了趣味性、教育性、知识性。由于这些活动是学生自愿参加、自行决定的,因而更有助于学生扩大见识,增长才干,发挥特长,发展个性和培养学生的创造能力。

(曹俊军供稿)

班干部选拔中的民主：不过是暗渡陈仓之计？

当今，民主的观念已经渗透到各个角落，班级管理的民主化是班级建设的必然选择，因此对班干部的选拔如果还采取指定的做法就显得非常落后。在开学第一个星期，王老师就宣布：下周班会课将民主选拔班干部，有意参选的同学可于下周二放学前到原班长处领取报名表并报名，班干部将通过投票产生，但同时王老师还宣布此次班干部竞选不包括文体委员（实际上王老师已将这一职务暗定给班上的李明飞同学了）。同学们对此都很纳闷。转眼一周过去了，班会课上，激烈的竞选开始了，经过一番竞选演讲与投票后，除文体委员外，其他各班委都已产生。此时同学们都翘首以待文体委员这一职务如何安排。这时，王老师将李明飞叫到办公室帮忙修理椅子（当然这把椅子是王老师故意换来的坏椅子，目的是让他来修，这是王老师特意安排的，以避免当王老师宣布文体委员人选时，其他同学可能对他的攻击而使他的自信心再一次失去，在这一周里，王老师多次找他谈过心，好不容易使他的自信心有所恢复）。接着，王老师宣布，"我们班的文体委员是——李明飞同学"。大家都觉得这不可能，有点不可思议，于是说李明飞同学缺点的同学如数家珍般一一列举。等大家说完后，王老师问："还有吗？"此时，同学们你看我，我看你，似乎说完了。然后王老师让现任班长到办公室把李明飞叫来，等他坐下后，王老师对李明飞说，"李明飞，刚才其他班干部都选出来了，但在宣布文体委员人选时你不在场，现在我正式通知你，本学期我们班的文体委员就是你——李明飞"。此时李明飞脸已通红，低着头不说话。王老师接着说，刚才同学们提了许多意见，还有持不同意见的吗？话音刚落，有几位同学站起来列举了李明飞同学的许多优点。

当然，这些同学都是王老师事先找他们谈话，做好工作，并安排好何时站起来发表意见的。话一说开，全班同学又热闹起来了，开始你一言我一语地说着李明飞同学的优点。最后大家以热烈的掌声祝贺他的当选。这次选举后,李明飞确实改掉了许多缺点,进步很大。

1. 在民主选拔班干部中,你如何看待老师的引导行为?请评述本案例中班主任的行为。

2. 在班干部的民主选举中如何对学生进行民主教育?

3. 在民主选举班干部的活动中,也会出现不民主的现象,对此,老师在实际操作中,需要怎样的智慧?

班主任对班干部的选拔,是班主任的工作内容之一,每一学年或者每一学期初,这一项工作都要进行,那么,以何种方式来选拔,在选拔的过程中,班主任秉着一种什么样的理念呢?对这些,不同的老师都会有不同的做法,而对于各个老师的不同做法,恐怕也是仁者见仁,智者见智。这些都是正常的现象,因为这体现了老师对学生管理和班级建设的创造性思考。教育是独特的,教育是丰富的,教育是具有个别性的,因而教育是需要丰富的想象力的。在班主任选拔班干部的过程中,同样体现出教育者的独特个性。

从上面这个案例中,我们可以看到:班主任希望通过选举,让学生行使民主权利,决定自己的领导者;其次,希望通过自己的引导与控制,让有缺点的学生也能担当班干部,并逐渐改正缺点,不断进步。这反映出,第一,教师能够与时俱进,勇于让学生感受民主、实践民主、体验民主;第二,教师能充分考虑到学生的发展性,以及认识到教师的责任感。

我们认为,无论班主任在选拔班干部时持有何种理念,从教育的角度来说,选拔出来的班干部对班级进行管理,要达到两个方面的效果。一方面是提高整个班级的管理效率,建设一个良好的班集体,大家共同发展、共同成长。另一方面,就是要教育全体学生,包括正面的,比如民主观念、民主意识的教育,以及其他各个方面的教育,比如学会观察、学会思考、学会筛选、学会以发展性的眼光看待人等;也包括反面的,比如改掉不良习惯,扭转不良风气,等等。总之,班干部的选拔,无论是为了管理,还是为了教育,都是为了学生的成长,可谓殊途同归。

本案例中,这位班主任的理念或者说初衷应该是好的。首先,他能够意识到在民主意识不断增强的今天,应该充分发挥学生的积极主动性、能动性、创造性,让他们自愿报名,自己选举出自己的班干部,给学生一个自由民主的天地。其次,他让学生民主选举,并不是放任自流,而是让选举有控制、有引导地进行。比如,故意留出文体委员的职位,当公布文体委员人选时,让李同学去修椅子,而且暗地里做其他同学的工作。对文体委员一职位的选举是改自愿报名为老师引导下的民主推选。一般而言,自愿报名能给学生自我展示的机会,而民主推选也能让学生去发现他人的优点,认识到自身的差距。这是一种侧重自省的、向优的、促进内心觉悟的德育渗透方式。本案例中,班主任正是通过这种做法,促李明飞同学内省,达到教育他、改正他的缺点的目的。因此,本案例中,班主任的做法可谓是一种敢于突破常规的自愿报名的民主选举与有引导的民主推选方式相结合的创新之举。

从表面上看,班主任的这一理念,或者说其初衷是正确的,是无可厚非的。但是,往深处分析,我们会发现:第一,这种做法表面看来民主,其实却并不民主;第二,班主任希冀达到的教育目的,也只是现象的、浅层次的,没有达到真正教育的目的,因为教育的内涵是非常深远的。因此,班主任的初衷是否真正达成,还有待进一步分析。

为什么说并没有真正实现班主任一开始就宣称的民主呢?在案例中,所谓推举出的文体委员,实际上完全是老师的意志,至少可以说是老师一步一步引导学生达致其意图的。虽然学生的不成熟性和发展性,确实需要教师给予更多的引导。比如,帮助学生辨清各种关系的利害是非,观察和理解其他同学的各种行为,认清学生班干部的责任和义务,等等。在本案例中,学生表面上是在尝试民主选举这个过程,学生也的确有在参选,有在投票。但如果认为民主就是这么简单的两个维度,即参选和投票,那就是误解了民主的真实内涵。本案例中,对李同学的公平和尊重,对全班同学来说,却是不民主的,是以牺牲全体同学的利益为代价,而这样做的后果是,学生并没有领悟民主的真正内涵,当然也就没有真正行使其正当的民主权利,同学们对李同学的表决同意,只是走了民主的形式、民主的过场,而不是在真正行使民主权利。

这种徒有民主形式而无民主实质的选举活动,在表面上看来或在眼下看来,是取得了成功,达到了老师的目的。比如同学们最后都达成一致意见,同意选举李明飞同学为文体委员,遂了老师的心意,更难能可贵的是,李明飞同学也确实改掉了他的诸多毛病。但是往深层分析,从长远来看,却存在着隐患。首先,我们说学生的成长需要学习、需要体验,在一个民主的社会里,学生当然要学习成为一个有民主意识、能正确行使民主权利的合格公民。而如果在这个民主教育过程之中,学生没有真正民主的经历和体验(只是依照老师设计好了的"民主"),缺少实际民主活动的创造性,那么,使他未来的个人生活有意义、有理性、有智慧和有创造性的一个很重要的支撑点就丧失了。学生民主选拔班干部是他们在学生时代的一项实际的政治生活,这也是一个能真正激发学生创造性、激发智慧的重要的场所。而案例中老师的做法,可以说是剥夺了学生经历民主的机会,不利于他们的成长。其次,李明飞同学被老师和同学们推上了文体委员的位置,没有民主制度的保证和限制。我们可以设想,下次选举,如果李明飞同学没有当选,他的老毛病是不是又会重犯呢?可见,没有制度的调节和限制,教师感化学生的效果的长久性是值得怀疑的,它往往是苍白无力的。

民主不但是一种理念、一种意识、一种愿望,更需要有民主的程序,保证民主的制度。本案例中,老师仅仅将民主和公平保持在理念层面,而在实施中,却没有制度的调节和限制,对李同学的推举基本上是老师按一己之意图的设计,而如果真正实施民主,就需要有制度的保证。比如,选举前,老师在对学生做充分了解后,对这次选举就要设计一些规则,在这个过程中,需要老师跟学生一块,共同来探讨、协商。总之,这些规则的制定,应该是师生民主协商的结果,而不是老师一个人操控的,否则,民主就成了老师的专制。只有经过民主协商,形成规则,在选举中,尊重规则,依据规则才能真正保证民主。也只有这样,同学们才是真正参与了民主这个过程,真正在尝试民主,在实践民主。这是符合"在做中学"、"在活动中成长"理念的。民主选举班干部,还需要老师精心设计和慎重考虑:能干什么,不能干什么,该干什么,不该干什么,这不是简单的少数服从多数。但是本案例中的老师显然还没有认识到这一点,他有民主的意识,有这个愿望,而且付出了艰巨的努力做这个事,但还是没有经验,或者说对民主的真实内涵缺乏理解。这样的话,学生就不能接受真正的民主教育,就有可能妨碍其健康成长。因此,在民主选举班干部成为大势所趋的情形下,如何科学设计班干部民主选举制度,引导学生认识民主的真正含义、正确行使民主权利,还是一个值得深入研究的课题。我们要努力探索通过各种形式和途径,促进学生的成长,打造民主社会需要的合格公民。

(李霞供稿)

"管不了"的学生：何以"造就"又如何"挽救"？

从外校高二年级转学来的小江同学，在插班时就遇到了麻烦：据几位有"经验"的班主任调查了解，小江原来那个学校是教师"管不了"的学生，插班时这几个班主任说啥也不要。学校领导很是着急，经过学校研究，决定将小江分到第一次当班主任的罗老师班里。遇事爱钻研，一心扑在工作上的罗老师虽然也有些担心，但还是愉快地接受了。

为了弄清"管不了"的原因，班主任罗老师有针对性地制定了转化策略，专门走访了小江之前的班主任，了解到一些情况，"这个学生从来就不能完成家庭作业，在课堂上爱做小动作，晚上偷偷地溜出去上网，有时还影响别人，学习成绩差得没法说，而且不服从老师管理，甚至与老师顶嘴，故意气老师"。小江似乎对之前的班主任也耿耿于怀，对父母意见也很深。小江说，小时候父母忙，压根不管自己，晚上很晚才回家（小江的父亲为一个高职学校的后勤工作人员，母亲是个体户），没人管，总爱玩，玩时间长了，有时连晚饭也不吃就睡觉，根本没想到要完成家庭作业。第二天检查作业时，老师就让没完成作业的学生到教室外完成，而老师又讲新内容。就这样，不但原来的作业做不好，也没机会学新知识，学习越来越差。学习差，上课听不懂，就做小动作，有时还影响别人，经常受批评，被罚站。有时想和老师说一说自己的真实想法，但看到从不正视自己的老师，到嘴边的话又咽了回去，最后，真的就成了"管不了"的学生。小江既道出了"管不了"的原因，也表现了自己的真诚。从小江的诉说中罗老师看到了希望。

入校后的小江，不仅诚实，还爱劳动，做事认真、细致。罗老师任命她和另外一个同学一起担任班上纪律委员，小江负责分管自习课的纪律。受到"重用"的小江不负众望，而且自己的缺点也得到了改正。但由于小江基础太差，明显跟不上学习进度，上课听不懂，偶尔还做小动作。小江虽然知道自己不对,但已经形成习惯,很难改掉。罗老师多次找小江谈话,并征求了任课教师的意见,最后果断决定降低对小江的学习要求。只要掌握最基本的知识,尽量独立完成作业即可,其他加深、加宽的练习可以不做,但必须坚持课前预习。当然,开始的难度可想而知,但小江逐渐从预习中尝到了甜头,积极性、主动性大大提高,能够积极主动地举手回答教师提问,学习成绩也有所提高。进入高三,小江仿佛换了个人,守纪律、肯学习,虽然成绩没能有新的突破,但对学习充满信心,并且私下多次对同学说:"我最佩服罗老师!我要好好学习。"

1. 所谓"管不了"的学生是怎么被"造就"的?
2. 在几位有"经验"的班主任拒绝接受小江后,学校领导经过研究将他放到第一次当班主任的罗老师班上,这种考虑是否具有一定的合理性?为什么?
3. 罗老师成功"挽救"了一名"管不了"的学生,她的育人之道表现在哪些方面?

所谓"管不了"的学生,其背后通常都有较为复杂的成因。除了学生自身的遗传特质、个体能动性的大小及所处的家庭和周围环境影响外,更多是来自其先前所受到的教育,小江同学即是如此。罗老师在其他有"经验"的老师拒绝小江同学后,摒弃陈见,真诚平等地与小江同学交流,了解她之前的学习情况,并从中看到了希望,投入了时间和精力,最后成功"挽救"了这位被许多老师认为"管不了"的学生。事实上,罗老师的成功之道并不是什么高招。

其一,宽容、尊重学生是教育的前提。心理学研究表明,人人都有追求完美、受人尊重和得到信任的需要。人被惩罚时,总会有一种自尊受损的心理压力,会出现摆脱惩罚、对抗惩罚的行为。初中阶段的小江,仅仅因为完不成家庭作业,就被无情地推到教室外,且形成恶性循环,以致成了有名的"管不了"学生,实乃其自尊心受到极端的伤害。被推到教室外的是小江,推卸责任的却是老师。面对这样的学生,罗老师却能保持一颗宽容之心,从尊重学生人格入手,从点滴小事入手,发现其优点,创造适宜发展平台,使学生体会到来自教师的爱,体会到取得成功的幸福。尊重学生,就是要尊重学生人格的独立性,就是要确实承认学生走向成人、走向完善的发展总趋势,而不能有意无意地贬低或抹杀学生的现有能力和将来的能力。尊重学生,就是要尊重学生发展的阶段性,不能以牺牲学生的成长乐趣来满足我们教育工作者的奢望。尊重学生,就是要尊重学生的可教育性,要以发展的心态,看待学生的失误,帮助他们弥补失误,促进他们健康成长,其关键是找准突破口。表面看,小江上课爱做小动作,如果仅仅是批评、指正,只会一时有效,久而久之,师生都会失去耐心和信心。小江在初中阶段的遭遇就充分说明了这一点,而罗老师却看透了"爱做小动作"背后的深层问题,从尊重关心入手,从帮助寻找学习方法入手,激起小江学习的兴趣,促使小江在课堂上逐步从"无事干"向"有事干"转变。由此看来,当学生被尊重的需要遇到教师的真诚关怀和理解时,就会产生积极的效果;反之,就会变得缺乏理性、固执、叛逆,走到我们希望的反面。

其二,鼓励、信任是学生发展的动力。中学生处于身心发展最快的阶段,学生发展的可塑性,决定了其行为的不确定性;学生个性的丰富性,决定了学生表现的多样性。"说你行,你就行,不行也行",这句话用在别的方面可能会有片面性,但却可用在教育学生上。面对诚实而又爱动的小江,罗老师仅仅给了她一个"支点"——分管班级纪律,却使她感到莫大的荣幸,因为这是老师对她的信任!这促使小江下决心干好这件事,何况她也有干好这件事的能力。面对来自老师的表扬和同学们的钦佩,小江真的认为自己是个成功者。就这样,不断鼓励她,给予其良好、正面的刺激,不断引导她去体会成功的感觉,她就会向着人们所期望的目标攀登。恨铁不成钢、简单粗暴只能与初衷背道而驰。因此,面对有差异的学生,只能施行有差异的教育,促进其实现有差异的发展。实际上,"每个人都有不同的智力倾向和智力倾向的组合。由于天赋和后天的教育环境不同,其所表现出的智力才能是不相同的,都有自己的优势和不足"。大量案例也告诉我们,某个方面的"后进生"恰恰就是另一个方面的"优等生"。理想的教育应该是"不求个个升学,但求个个成功、个个成材"。教师职业的价值就在于能正确地判断每个学生智力才能的不同特征及其发展潜质,让学生在教师的信任和期待中,发现自己、肯定自己,找到发展的方向。只有让信任的"阳光"普照学生心灵,给学生的发展注入永不枯竭的、绿色环保的"太阳能",才能为学生成功、成材提供永恒的动力。

其三,真诚的沟通是成功的润滑剂。多一点沟通,就会少一点摩擦。著名教育改革家魏书生说过:心灵的大门不容易叩开,可是一旦叩开了,走入学生的心灵世界,就会发现那是一个广阔而迷人的新天地,许多百思不得其解的教育难题都会在那里找到答案。之前的小江,得到的多是否定,师生之间的不平等使得她连申辩的机会都没有,到嘴边的话常常又咽了回去,何谈沟通! 良好的沟通要求教师首先抛弃师道尊严的传统意识,弯下腰去做学生的朋友。要对学生的言行仔细观察,冷静思考,寻找沟通的话题,创设沟通的平台,让学生袒露心灵。假如教师多一点倾听,少一点训斥;多一点关爱,少一点惩罚,类似小江这样的学生也不会成为"典型"。实际上,"没有不可教育的学生,只有不善教育的教师"。教育重在师生间的相互信赖,信赖取决于民主平等的沟通。事实上,当学生在教师面前随意展现喜怒哀乐的时候,当学生主动和教师说悄悄话的时候,教育就真的成功了。教师最重要的责任和任务就是要引导学生看到自己潜在的、尚未发展起来的长处和优点,进而更加自信。

(冯青来　罗叶青供稿)

育人篇：学生培养相关案例

班级管理工作中的博弈：举重若轻还是举轻若重？

陈老师刚刚应聘到一所改制初中任教，不仅承担了初一年级两个班的语文教学工作，还担任其中一个班的班主任，负责管理班上的60多名学生，班级管理中的各项事务让她异常繁忙。

前几天发生的两件事情，更使她有焦头烂额之感。一是地理老师向他反映，上课时发现班上有位学生在课桌上用圆珠笔涂鸦，内容为动画人物的打斗情景，画面空白处写着"打倒学生会"。二是有位学生在两个英语作业本上的批阅者一栏未按要求写上任课老师的名字，而是随意写了自己一时兴起想到的英文句子或单词，其中有句"people or animal, this is a question?"另一作业本上写了"random"一词。英语老师感觉学生有骂她之嫌。陈老师非常生气，感觉事态严重，立即找两位学生到办公室来谈话，严厉批评，并责令学生向当事老师诚恳道歉。两位学生进行了道歉，并且各自对自己的行为进行了解释。前者是因为当天班上有学生因为未按规定佩带校牌，被门口执勤的学生会干部拦住并记录下来，结果班级被扣分。后者是因为英语老师曾经在上课时当众言语过激地批评过该学生，学生心中有些抵触情绪，在英语作业本的批阅者一栏中就一时兴起模仿看到过的《哈姆雷特》中的经典台词写下了上面的句子。对批阅者一栏中的"random"的解释则是因为这两个本子是听写本，由学生互相批改，因此人员"随机"的。在学生接受了批评并保证了下次不会再犯同样的错误后，当事老师接受了学生的道歉并原谅了他们的行为。

但是，陈老师感觉第一位学生使用"打倒学生会"这样的语言，潜意识中反映出了存在的暴力倾向，而第二位学生道歉时表情不严肃、态度不诚恳，认识问题还不够深刻，接下来又给学生家长打电话要求家长到校进一步处理问题。可让小陈老师始料不及的是，这两位家长在电话中听说事情原委之后,都认为没有什么大不了,只不过是小孩子的淘气和幼稚而已,同时声称工作繁忙走不开,让陈老师自行解决问题。家长的这种态度让陈老师非常恼火,她认为,自己工作尽职,对学生负责,却得不到家长的理解和支持,就将怒气转移到学生身上,要求学生每天课间去办公室罚站,这无疑让学生非常反感,最终导致师生关系一度十分紧张。这一切使陈老师情绪低落,一时产生了职业倦怠感。

思考题

1. 如果你是陈老师,会不会为班级管理中的各种事务而困扰?

2. 对这两起发生在任课教师与学生之间的事,陈老师是否应该与任课教师和学生先做更多的沟通再考虑请家长?当家长与自己的意见不一致时,陈老师应该如何进行下一步工作以化解僵局?

3. 陈老师应如何改进自己的班级管理思路以提升班级管理成效,进而消解职业倦怠感?

案例分析

"举重若轻"是形容人深谋远虑,胆魄过人,面对困难、险境从容不迫,应对自如,有泰山崩于前而色不变之气概;"举轻若重"多用来指人虑事周全,严谨细致,工作中善于见微知著,常于细微之处见功夫、平凡之中现惊奇。举重若轻与举轻若重,可以说是两种截然不同的办事风格,也是相辅相成的两种工作方法。作为班主任,在日常班级事务管理中,面对不同的问题需要同时具备这两种工作思路。常言道,人生没有承受不了的重,只有承受不了的轻。这句话颇有哲理,不仅值得我们反思各自的人生哲学,更对我们在工作中的情感态度具有启示意义,班主任的班级管理智慧和艺术亦如此。班级日常事务管理,需要班主任在举重若轻还是举轻若重之间根据具体情形进行博弈,以取得最大成效,从而在班级管理过程中能够体会到驾轻就熟的成就感。

首先是对班级管理中的各种日常事务的态度。何谓事务性工作?如果所谓的事务性工作看似形式烦琐但却与学生身心的合理发展和健康成长关系密切,或是与我们的教学工作直接相关甚至不可或缺,那么,作为班主任,在日常的管理工作中应该力求在举重若轻与举轻若重的两种思路之间找到一种动态的平衡。如本案例中的陈老师,当自己感觉到日常的班级事务管理已经有些难以应付甚至不堪其重时,就要拿出举重若轻的气魄,对那些并非完全必要的事务性工作进行集中或精简。同时,作为一位身兼班级管理与教学的教育工作者,需要学习运用一些管理学的相关理论作为决策依据,展现出全盘筹划事务的意识和能力,合理分配精力和时间,在日常班级管理工作中要善于抓主要矛盾,解决核心问题,并且有所控制、形式多样地放权、分权给学生,力争让每个学生个体融入班级事务的管理中,形成具有凝聚力的班集体,使每个学生在良好班风的熏陶中能够在学习中逐渐学会自律,健康成长。相应地,在处理那些对良好班风形成及学生品德养成具有关键影响的事务或事件时,需保持举轻若重的警醒态度,事无巨细,尽可能把工作做到滴水不漏,不留遗憾。有些看起来因事务性工作繁多而导致的压力过大,很大程度上是可以通过个人工作方法的改进和管理能力的提高而得到有效的或显著的改观的。

　　其次是对班级学生在校期间发生的各种突发事件的态度。何谓突发事件?如果所谓的突发事件是指没有预期的意外事件,那么,按教育人类学的观点来看,这些突发事件实属正常。试想,一个人的成长过程怎么可能是一帆风顺?何况是对正处于心理活动剧烈、逆反心理最强的所谓"狂风暴雨"时期的初中阶段的学生而言。如果在他们的成长过程中没有遭遇几件偶然的、在教育者眼中所谓的"突发事件",倒显得不太合理了。因此,在遇到上述案例中的类似事件时,作为管理者的老师一定要保持镇定,厘清事件的来龙去脉,从而透过现象分析本质。上述案例中的陈老师只看到学生涂鸦"打倒学生会"的漫画这一现象,而没有深入了解学生这样做是出于对班级荣誉的热爱,未经对初中阶段学生的心理活动方式及情绪波动状况作更深入的分析就简单下结论,认为学生有暴力倾向,未免过于仓促武断;在英语老师反映情况后,也没有对事情发生的前因后果作更进一步的了解,也不太熟悉《哈姆雷特》中的经典台词及"random"的含义,就认定学生这种行为对老师大为不敬,甚至污辱了老师人格,是一种道德缺陷,无疑有将事态主观放大,小题大做的负面倾向。这一方面给学生造成很大的心理压力,压抑了学生的个性发展和关心集体表现自我的热情,不利于学生长远的身心健康发展;另一方面,也将自己陷入本可以避免的因事态扩大而带来的烦恼和困扰。在类似这种从本质上看实为学生成长过程中的必然事件的突发意外事件面前,作为教育管理者,应该尽可能将问题解决在始发层面,以举重若轻的气魄,"轻描淡写"地帮助学生平稳地渡过险滩急流,继续向前。如上述案例中的两件事情都是任课教师与学生之间发生的事情,作为班主任,应该与任课教师多沟通,在任课教师与学生之间进行调和,让学生自己向任课教师解释并取得谅解以化解任课教师的不满,这样做不仅解决了问题,同时也锻炼了学生解释问题、勇于面对问题并承担责任的能力。应该说,在教学过程中,每一位老师都有义务和权利对学生进行育人的工作,这两件事情,班主任出于对学生的全面管理和关心了解,可以知情并协助处理,但最好不要直接插手全权包办。因此,在班级管理过程中处理这样的学生问题时,采取举轻若重还是举重若轻的工作态度很大程度上决定了结果的好坏乃至教育的成败。

最后是当家长对自己的管理方式不予以理解时的态度。事实证明,本案例中陈老师因为不满意学生承认错误的态度而要求学生家长到校的决定,也是不成熟的考虑,结果是自己陷入进退两难的局面,与学生的关系也更为紧张,极大影响到自己的工作情绪,而产生职业倦怠感。随着社会发展及人们受教育程度的提高,对教育问题也越来越有自己的见解,不再像过去那样对学校教育一味认同,不少家长对教师的指令唯命是从。随着与教育相关的各种问题的不断显现,有些家长对学校教育中忽视学生的个性特点和发展需要的填鸭式教育和原来集权制度下形成的高压式教育颇有微词。此外,在当前社会发展阶段,中国家长大多还需要为生活劳累,自身工作也不轻松,少有专职或全职家长。那么,如果家长认为学生的问题不是由家长教育或家庭影响导致的,也就对学校老师只要一有事就请家长的工作作风有些排斥。因此,身为教师也应对家长的处境和心情予以理解,没有必要学生一出现问题即要求家长到校受训。在某种意义上,当前社会对教师的要求比以往更高,教师在渐渐成为热门职业的同时,也慢慢变成一块"烫手的山芋",教师的压力也越来越大,已经和医护人员一样成为职业倦怠症的高发群体。所谓"职业倦怠症",是一种由工作引发的心理枯竭现象,是职业人群在工作的压力之下所体验到的身心俱疲、能量被耗尽的感觉。教师的职业倦怠症的表现就是,工作低迷,对学生越来越没耐心,看学生不顺眼甚至无故体罚学生。职业倦怠感的产生,一方面与工作压力超过了个人的承受限度有关,还有可能是与人的性格有关。如有些凡事追求完美的人因为情绪急躁、进取心强而长期处于紧张的状态中,就容易产生身心的倦怠,如果再加上外界环境的突发影响,产生职业倦怠症就难以避免。本案例中的陈老师正是如此,本来两件事情都已得到比较圆满的处理,但她过于追求完美而苛求尚处于成长过程中的不成熟的学生,并且将家长牵扯进来,结果使自己的工作陷入被动,严重影响情绪。因此,教师需要在专业发展中注重自己专业思想和意识的更新,要对自己的职业角色正确定位并不断提升,与时俱进,要视学生为具有主体性的个人,视家长为自己教育管理中的合作伙伴,并学会在关键时刻适当巧妙地运用这种合力而不是随意滥用。

不难发现,在有些老师身上,我们很难发现职业倦怠的现象,职业倦怠症甚至可能永远不会出现在她们身上。这是因为这些老师在工作中注重思考并善于反思,工作方法得当并且思路清晰,总是处于主动积极的状态,对自己的工作能够胜任并能从自己的工作成效中得到很大的精神满足,享受成就感。因此,即便在工作中碰到困难和新挑战,也能积极面对、寻找解决问题的方法,消除困惑,走出困境。

可以说,举重若轻是一种人生态度,也是一种工作能力的体现,那么,举轻若重就更是一种人生智慧和一种艺术。教师只有真正地理解了它们的含义,并能灵活运用,才能更好地愉悦地教书育人。

(冯青来供稿)

初中学生的管理：岂能简单粗暴了事？

案例

小李2009年毕业于湖南师范大学汉语言文学专业，被某中学聘为初一语文教师兼班主任。学期初，李老师工作认真负责，富有激情，处处能以优秀老师的标准严格要求自己，真可谓"身正为范，学高为师"。久而久之，工作的琐碎与繁杂，使小李在班级管理中对不顺自己意的学生小则请家长、写检讨、处分，大则使用武力、动手动脚，甚至有一次把一个调皮男生打伤，送进了医院，幸好家长通情达理，在学校承担了医药费后了事。

思考题

1. 在对初中学生进行管理的过程中，武力能解决问题吗？
2. 结合当代初中学生管理理论，谈谈怎样做好班主任工作，提高班级管理效益。
3. 如果你是小李，如何做好今后的班级管理工作？

案例分析

初中班级管理是初中学校管理的重要组成部分，它对实现初中学校教育目标，完成育人任务，起着极其重要作用。初中生正处于一个世界观、人生观、价值观初步形成的特殊年龄阶段，性格的可塑性特别强。有一个好的引路者，将利于正确的世界观的形成，养成良好的工作学习习惯。班主任要从为学生着想出发，关心学生，而不是打着"为学生好"的旗号来管制学生、为难学生，扼杀他们某方面的天性。不要总把"叫家长来"、"写检讨"、"处分"作为武器。班主任在班级管理与班集体建设中，扮演的角色仅仅是幕后的导演，而不是舞台上的演员，更不是主要演员。班主任是沟通学校与学生、家庭、社会的桥梁,是班级的主要管理者,在班级管理中起着极其重要的作用。作为初中班主任,只有深入地了解我们的教育对象(初中生),才能更好地开导、教育他们,帮助他们健康成长。初中生正处于从少年期到青年期的发展阶段,是从幼稚走向成熟的一个过渡时期,其生理和心理处于急剧变化的状态,心理特点很不稳定,具有简单幼稚和半成熟的特点,处于生理和心理发展高峰,自尊心迅速增强,他们要求得到教师的尊重、同学的敬佩,他们知识水平有限,判断能力不强,对自己的评价缺乏全面性和客观性,同时他们的成人感增强,他们不仅想与同龄人交往,也想与成年人交往,对于他们希望与教师、父母平等相处的心理现状,我们既不能采取"唯我独尊"的压制方法,也不能过分地相信他们的独立能力,而应加以正确的指导。

一、给学生适度的自由空间

现在的孩子,在家里父母"望子成龙,望女成凤"心切,对他们要求严格,在学校老师时刻高度关注他们的成绩和纪律,对他们管制严格,在这样的环境中,学生的心理承受能力会有所削弱。进入初中以后,他们开始迫切地要求独立,将父母曾给予的生活上的关照及情感上的爱抚视为获得独立的障碍,将教师及社会其他成员的指导和教诲也看成是对自身发展的束缚,开始产生逆反心理。这就需要我们班主任给学生适度的自由空间。对于那些成绩、品行稍差的学生,如果要求过高、管制过严,那么,我们天天可以看到他们的错误,他们也会天天受到批评,长此以往,他们就会厌学,甚至与老师、同学为敌。我们要及时发现他们的优点,给他们锻炼的机会,让他们在为班上做事的同时,发现自己其实能做很多力所能及的事,心态就会变得积极乐观起来。当他们犯较小的错误时,班主任可以先记账,不马上批评他们,给他们改正的机会,当他们犯较大错误时,找他们单独谈话,指出他们以前犯的错误,让他们知道班主任对他们是了解的,之所以之前没批评他们,是尊重他们,渴望他们进步。

二、尊重学生的人格

当代教育家爱默生说过:教育成功的秘密在于尊重学生。教师对学生的最高奖励莫过于尊重、肯定和信任他们。初中时期是青少年生理、心理发展变化的高峰期,是人生中最富于变化的、最不稳定的时期。学生此时尚未完全形成很强的自我意识,非常在乎他人,尤其是教师对他们的看法。因此,教师的态度极为重要,如果教师不尊重学生,对学生的缺点与不足缺乏耐心,不分场合地挖苦嘲讽,乃至打骂体罚,都会使学生受到极大的心理伤害,甚至导致他们自尊心与自信心的完全崩溃。苏格拉底说过,人有了人格的自尊,必不甘堕为禽兽,而品格也必然提高。所以,保护、尊重学生的人格和自尊心,是我们每个教师都必须谨记的。

三、理解学生的需要

在社会日益发展、物质生活日益丰富的今天,学生的需要是丰富多彩的,有正当的、健康的需要,也有不正当的、不健康的需要。学生的种种需要如同一股洪流,堵是堵不住的,也不应当堵,但如果放任自流,就会泛滥成灾,如果善于疏导,情感可以滋润心田。因此,教师应把握时代的特征,主动消除因代沟而产生的理解偏差,应站在学生的角度来研究初中生的各种需要,想方设法因势利导,适当满足学生的需要,特别是他们不正当的影响健康的需要应加以控制,积极引导,让他们感到教师理解他们,从而理解教师,服从管理,以利于实现教育目的。最令班主任头痛的就是早恋问题,班主任更应本着理解学生的原则,积极引导,谨慎处理。笔者就有一个女学生,初一学习稳定,成绩尚佳。但到了初二上学期,上课心不在焉,作业马马虎虎,成绩急剧下降。经过了解,她和外班一个男生交往过密,陷入情感的泥潭中难以自拔,问题的症结找到了,接下去的事情就好办了,一个周末的下午,笔者把她叫到办公室,直截了当地说:"首先祝贺你长大了。我不认为对异性同学有好感是不光彩的;相反,这证明你正在走向成熟。"在谈话过程中,我以真诚打消了她的顾虑,她慢慢地打开了她的心扉,谈话在愉快的气氛中结束。最后我对她说:"对异性有好感是正常的,但不能任其发展,不该开花的时候开花,不该结果的时候结果,是违反自然规律的。希望你把这份感情珍藏起来,把所有的时间和精力投入到学习中去,用知识来充实自己。"这以后,这位同学上课专心了,成绩也渐渐提高了。

四、以师爱激励学生进步

师爱是一种发自教师内心的对学生关心、爱护、尊重、信任、期待及尽责的美好情感。学生感觉到这种爱以后,便会激发出积极向上的热情。但是国家相关机构对我国中小学师生关系的调查显示:48.99%的教师"很爱"学生,而感受到这份"爱"的学生仅有5.61%。导致这种巨大反差的原因大概有两点:一是学生的感受能力差;二是教师爱的方式不恰当。我们过多地偏爱那些"尖子生",对学生也爱得过于严厉了,爱之深,责之切啊!笔者认为,班主任不妨来个"严"而不

"厉",古语说"严师出高徒",但严厉往往意味着教师态度的强硬、武断,甚至偏执、粗暴,严厉会使学生对教师敬而畏之,敬而远之。久而久之,依赖性、神经质、敌意这些不良心理会在这种重压下产生。因此,教师对学生的态度应该是严格的,而不是严厉的。同时,何不来点"反向偏爱"呢?教师应给那些不太优秀,但更需关爱的学生倾注更多的爱。在师生感情沟通、交融的前提下,培养学生良好的行为习惯和学习习惯,形成健康、向上的班风,并在初一入学(定位阶段)、初二下学期(成型阶段)和初三下学期(冲刺阶段)这几个关键阶段加强管理,这样,一个好的班集体就会展现在我们的面前。

五、管理反思

在初中班级管理中,班主任老师还有重课堂活动管理、轻课外活动管理的缺点,也容易受旧思想观念的影响,对当前初中生心理特点的认识还不够,还需要学习和运用以教育学、心理学和管理学理论为指导的科学管理方法。

总之,学校管理是一项复杂的课题,从教师到学生,从德育到教学,从课程到课堂,从安全到文明,事无巨细,错综复杂。从学校发展看管理,管理的关键在落实,正如人们所说的"管理是金"。当代教育家魏书生先生说过:简单的管理是最有效的管理,把每一件简单的事都做好就是不简单。班级学生管理是一项既复杂又重要的工作,甚至是一门艺术。这门艺术能否炉火纯青,运用自如,就看我们怎样去探索,去发现,去总结了。只要我们以爱心对待每一位学生,就一定会得到收获。

(杨世伟 刘基远供稿)

教师如何调节学生之间的紧张关系?

临近毕业了,王老师一直祈求能够将学生稳稳当当、平平安安地送入高一级学校。却没想到,就在距离中考还有半个月的时间里,班上居然又发生了一件事情:女学生静的椅子被人扔到了窗户外阳台上。靠近教室的阳台,并不是真正的阳台,充其量是楼层入口突出的遮雨盖而已。教室的窗户是用铁条焊制的,铁条与铁条之间有较大的缝隙,椅子是被人侧着扔出去的,掉在阳台上无法疏通的废水里。

当静告诉王老师这件事情的时候,王老师很生气。静指着坐在她前面的那位男同学说:"老师,就是他扔的。"这位同学叫军,平日里爱讲话,却又讨厌同样爱讲话的静。王老师叫军去把椅子捡回来。军满脸怒容道:"不是我,谁看见了?"

王老师知道这位学生的性格,平日里班上不少热闹事都有他的份,自己却装好人。

因为还未调查,没有确凿证据,所以王老师让他坐下,然后对全班同学训话:"对于这位扔椅子的同学,我心里有数。但是我还是想告诉大家,临近毕业,班上又在进行综合素质考评,希望这位同学能够及时自我反省,主动地在下午放学之前将椅子捡回来。或许,这位同学并不知道这样做会有什么后果,我可以告诉大家,如果他不把老师给的机会当做机会,我会把他的所有劣迹一一记进档案里,到时候别说升学,就连参军、找工作,凡是用得着档案的地方,都能够看到他的种种不良行为。同时,我还特别奉劝这位同学,不要以为你做的事情无人知晓,当面问你,推说不知道,或者说自己压根儿没做过,但事实永远只有一个。你也应该清楚我的脾气,如果我给了你机会,你改正了就算了;如果要我进行调查,那就不是这么简单的事情了,最起码也得上报学生处,全校通报。而且,我可以肯定,这个是男同学所为。"

育人篇：学生培养相关案例

训话之后，自习课上，王老师打算对平日里比较顽皮的学生进行调查，但并没有叫军。正当王老师调查到第三个同学时，军出来了，说："老师，别问了，是我。"

在和他的交谈中王老师得知，他是因为看到同学都在为中考努力，自己倍感压力，再加上与静那天又有些小摩擦，所以一时冲动。王老师批评了他，他也承认了错误，并表示下课后就把椅子抬回来。

虽然这件事情告一段落，但是王老师的心情却并未因此而感到轻松，因为班上的此类潜质生并非一两个，而且他们已经形成了一个非正式的团体。班上其他同学为中考而努力，这是好事情，但对于这些并未打算认真读书的同学来说，却倍加煎熬。

王老师该如何稳定他们的情绪，使他们狂躁的心能够安静下来，从而使问题真正解决呢？

1. 如何将学生的外部表现与学生的内在心理状态结合起来分析问题？
2. 如何有效缓解学生之间的矛盾？尤其是如何在毕业前夕很好地缓解成绩较差学生的焦躁情绪呢？

案例分析

任何外部的行为都根源于内部的心理状态。教师如果在日常的教学活动中，对于学生问题的解决只限于表面，则可能治标不治本，这个问题解决了，另一个类似的问题又会出现。但这并不意味着，教师看到学生的外部表现，马上就可以揣摩到学生的内心。这需要有一个过程，而在这个过程之中，标要先治，暂时的处理有利于缓解矛盾。同时也要通过留心观察、长期跟踪来获得对学生更多的认识。在这样的反思性处理的过程中，处理的事情越多，对于这个学生的理解也就越深入，处理事情的方式也就更灵活。

本案例中，老师对学生军的处理方式比较好。不找关键人物，而是先找周围人物——了解情况，避免产生偏见和误解。还有一个好处就是，先"打草"，"打草"的目的在于"惊蛇"。让"蛇"受惊自己出来，主动承认错误，这是比主动让他承认错误更有效的方式。但这只是暂时的处理,更为关键的是中考迫近使得潜质生受到的外在压力越来越大。平时班级的学习气氛没有那么浓厚,潜质生的压力会小些,甚至几乎感觉不到。但随着中考临近,周围同学学习的气氛越来越紧张,潜质生的压力也就越来越大。根据心理学的知识,压力也是一种能量,当它积蓄到一定程度的时候,就需要寻找突破口。平时的小矛盾,到了这个时候就会变得尖锐起来,因为任何小矛盾都有可能成为压力宣泄的导火线。

所以教师处理这类因考前压力而引发的事件时,要遵循以倡导学生转移压力、健康宣泄为主,同时以灵活及时地处理事件为辅的原则。先灵活处理好事情,然后侧重在班上进行考前心理辅导。这才是标本兼治的方法。

转移学生压力的办法主要有以下几种。第一,可以让学生选择自己感兴趣的活动进行自我调节。如在紧张的学习之余,可以一起唱歌,进行一些体育锻炼,等等。第二,要倡导学生将压力转化为动力,促进自己的进步。第三,可以让学生选择不会伤害他人的宣泄方式,如通过到空旷地带大喊宣泄压力等。

(肖祥彪 蒋阳波供稿)

育人篇:学生培养相关案例

教师的尊重:对学生意味着什么?

  下课铃响了,初二(三)班的班主任李老师正坐在办公桌旁批改试卷,突然,"哐当"一声,办公室门被推开了,只见教生物的贾老师气冲冲地径直走到她办公桌前,非常激动地说:"你们班是无药可救了,连一个女生都这么猖狂……"随后,班上女生星星也涨红着脸,眼里噙满泪水,走进了办公室。李老师看着怒气冲冲的贾老师和满脸委屈的星星,第一反应便是把贾老师劝到里面办公室消消气,然后分别了解情况。

  贾老师说:"快要下课时,我听见下面有说话的声音,一看,原来又是星星和同桌的男生,我提醒她认真听课,她竟然顶嘴说她没有说话,这还得了,小小年纪就敢当众和老师顶嘴。于是,我批评了她几句,她竟然说我不懂得尊重学生,不讲道理。"

  星星说:"快下课的时候,老师突然指着我,叫我不要和同桌讲话,这堂课我听得很认真,真的没有说话,可以叫我周围的所有同学来作证。我跟贾老师解释,结果被她说成顶嘴,还说我要赖,特别是说我喜欢跟男孩子讲话,犯贱。"说到这,星星终于忍不住哭了。

思考题

1. 你认为在这堂课中,贾老师的处理方式是否正确吗?为什么?
2. 请结合相关理论,探讨老师为什么要尊重学生?又该如何尊重学生?
3. 如果你是班主任李老师,在这种情况下,如何妥善处理此事?

  尊重泛指尊重人的尊严、基本权利和责任、价值,以及在自己发展中的主体

地位等,是人的高层次的心理需要;在教育体系中的尊重,可以理解为尊重教育规律,尊重人才成长规律,尊重学生人格和人性,尊重教育者的劳动成果等。综前所述,尊重就是把人所赋有的权利和责任还给人自身。受人尊重是每个人都能感受到的幸福,但是,这种幸福是建立在对他人的尊重之上。在实际的师生关系中,由于受师道尊严等心理的影响,或者说为了满足个人的心理而树立的虚荣心,很多老师把"学生尊重老师"当做天经地义的,却往往忽略了对学生的尊重,尊重成了单方面的强制要求,因而产生一系列不良的失衡效应。

在本案例中,贾老师为了树立自己的威信,在课堂上当众指名批评学生,且言辞较为尖锐,结果不但未能达到预期效果,反倒引起学生星星的不满,以致造成难堪的局面,难以收场。下面,结合心理学及新课标中的相关理念对此进行分析。

首先,我们需要明确师生之间最恰当的关系是什么。现代教育要求以人为本,其中,培养学生健康健全的人格,已成为时代的呼唤。新课程认为学生是发展的人,是具有独立意义的人,作为一个有思想的独立个体,教师应尊重其人格,使之快乐地学习、健康地成长。因此,新课程的推进要致力于建立充分体现着尊重、民主和发展精神的新型师生伦理关系。换句话说,从素质教育的角度看,前提是把学生视为一个大写的人,以与人为善的态度去处理学生的过失,使其即使受罚也心甘情愿,甚至获得更强烈的尊严感。本案例中的贾老师在处理该事情时,有以下两点值得商榷。第一,当学生对老师批评的内容提出异议时,应该尊重事实,用事实说话,不要把自己的主观意志强加于人。即使真是学生有错,也应选择恰当的时机,不宜在课堂上、教室里过多纠缠此事。第二,教育学生时,应保持冷静的心态,注意保护对方的自尊心,否则容易抹杀教师与学生之间原有的感情,得不偿失。同时,作为教师,在批评教育学生时,应注意教育语言的表达。我们经常能听到诸如此类的话语"你给我闭嘴","你是怎么搞的"等,美国教育专家托马斯·戈登说:这种以"你"字开头的口吻,无异于用手指指着学生的鼻尖,会使他们感到没有被关爱。如果教师把"你"变换成"我",如"我似乎听到是你在说话,请先认真听课,好吗?"在这充满尊重的话语里,学生自然会去思考自己的行为举止,去端正自己的学习态度。尊重学生人格,体现在生活的每个细节中,让学生充分沐浴教师的关爱,在被尊重的港湾里自愿修正自己的行为举止。当然更不可恶语伤人,特别是针对女生,"贱"之类的字眼千万不可出现。

其次,学生出现问题状况时,教师可与其进行沟通,解开其心结,而不是提前下一个定论,从而按该定式思维行事。如果学生不是心悦诚服地接受教育,不管最终获得的表面形式多么完美,也只是治标不治本,该次教育就只能以失败告终。学生的情感、价值观、感受和大人本来就相差甚远,我们不能违背客观规律强求学生和成年人一样。而我们常犯的错误主要包括:希望孩子按自己的思路成长,往往只凭我们想象的情况去教育孩子。一旦孩子的行为出乎自己的意料,或者没有按我们自己的要求去做,我们就可能对孩子不满意,甚至批评或采用其他方法来惩罚孩子。这样,很难使师生关系融洽,也很难进行师生情感的交流和师生心灵的沟通,对培养孩子健康的心理素质极为不利,对孩子健全人格的养成危害极大。教师尊重学生,不是一个方法问题,而是教育思想、教育观念问题,我们必须用心去感悟。

那么,怎样做才叫尊重学生?本案例中的班主任李老师,作为旁观的第三人,在处理该事时的方式方法有可借鉴之处。当听到贾老师抱怨"无药可救"时,李老师肯定也会怒火中烧,这毕竟是其对班主任工作的严重否定。但是,李老师能马上稳住情绪,以冷静、客观的态度来处理此事。接着,把当事人分开进行单独询问,给各自心理一个缓冲期,以免造成面对面时情绪上的失控,防止事态加重升级。在全面了解事情真相后,李老师能站在中立位置,诚恳地进行解说和劝导,慢慢平息双方相互之间的对立情绪,不带偏见地查找自己身上存在的问题,从而心无芥蒂地取得真正和解。作为教育工作者,我们的责任是采取积极的办法,及时发现并对学生表示真诚的认可。如果教师能以尊敬的态度对待学生,即使在一个非常情况下,也不会失去学生对自己的尊敬,反而更能受到学生的敬重,更容易被学生认可及尊重。

通过本案例我们可以看到,教师尊重学生,会使学生们的自尊心得到保护,自信心得到鼓励,这样做,才能够调动学生的积极性和主动性,使学生们懂得自爱,懂得做人的尊严。

(周险峰　王娜莎供稿)

头发之重重于生命？

案例

湖南株洲市某初中的教室里,班主任手拿一把剪刀,检查全体同学的头发。该校规定:无论男生、女生,均不得染发、烫发、留过长头发或剪奇异发型。可是,这位老师检查时,却发现仍然有一女生头发过长,老师十分生气,因为此前学校已经多次强调此事,该生仍然置若罔闻,于是准备用剪刀强行给学生剪发,不料该生死活不肯,竟威胁老师说,你敢剪我的头发,我就从窗户跳下去!班主任不为所动,执意剪发,结果该学生真的从三楼窗户跳下去了!虽未摔死,但双腿骨折,很可能落下终身残疾。

思考题

1. 学校有关德育管理部门,是否深入学生群体之中,调查了解学生为什么喜欢染发、烫发或留长头发或剪奇异发型?
2. 本案例中的教师用剪刀给学生强制性剪发,你认为方法是否恰当?
3. 教育管理部门到底有没有权力干涉学生决定自己发型的自主权?

案例分析

首先,这一悲剧的发生,学生本人也有责任,就算班主任要剪自己的头发,她也完全用不着去跳楼。现在有些学生的心理太过脆弱,有一点点挫折,就承受不了,哭天喊地,寻死觅活。

其次,它也反映了许多家长、学校的教育存在严重问题,他们往往只重视学习,忽视心理健康教育,这已经是社会的普遍问题了。如果从一个全新角度来谈,看问题的角度不同,结论往往大相径庭。这所学校,在这一事件中,究竟扮演了一个什么样的角色?学校的德育管理是否有令人深思、令人怀疑的地方?

育人篇:学生培养相关案例

学校为了教育学生遵守学校规定,使自己的行为符合《中学生日常行为规范》,应当采取一些恰当的方法,如学生座谈、问卷调查等,了解学生的最新思想动态,把握学生的思想脉搏,以便"对症下药",解决学生存在的一些问题。可是,这所学校显然没有这样去做,而是不管三七二十一,学生自己不剪,老师亲自动手!全然不顾学生的感受,以致酿成悲剧。

笔者认为,学生的这种喜欢赶时髦、求另类的做法,显然有多方面的原因,如众多影、视、歌明星就喜欢拿自己的头发做文章,好像要"发不惊人誓不休",而中学生中的"粉丝"可以说是不计其数,于是盲目追星,争相仿效。这并非什么中国特色,全世界都是这样。还有社会的大环境影响,许多成年人,包括某些学生的父母,甚至极个别的教师也喜欢追求所谓的另类,对学生产生了消极的影响。不过,我认为,最根本的原因还是学生的审美意识、审美观念的低下或错位,这就需要教师多教育学生,多从正面引导学生,让学生懂得什么是真正的善恶美丑。例如,我们可以引导学生去读一读法国著名作家雨果的《巴黎圣母院》,让学生懂得什么是善、什么是恶;引导学生欣赏文艺复兴时期拉斐尔的油画、米开朗琪罗的雕塑,让学生懂得什么才是真正的美。假如学生具备了一定的审美意识和素养,他就不会在这个错综复杂的社会里"找不着北",盲目地去追随别人了。

德育是教育者培养受教育者品德的活动,其方法有很多,如说理教育、榜样示范、陶冶教育、品德评价等,都被教育实践证明是行之有效的好方法,可老师用剪刀给学生强制性地剪发,迫使学生使自己的行为符合学校的有关规定,笔者实在不敢苟同。这种强迫式、命令式的做法,传递给学生的是一种霸道、蛮横、不讲理的信息,践踏的是班级民主,侮辱的是学生的人格,损害的是教师形象,败坏的是师生关系!耳濡目染,学生以后也可能用这种态度对待他人。我国社会大众的民主观念仍然相对薄弱,原因固然很多,但与学校的这种教育恐怕不无关系。

其实,学生选择什么样的发型,完全是自己的私事,学生应有选择自己所喜爱的发型的权利,学生的这一选择,对社会、集体和他人都没有任何危害,为什么我们连学生这点可怜的权利也要剥夺呢?你也许说学生留的发型很难看,女生的头发像个"鸡窝",男生的头发像个"刺猬",可这只是你的看法,学生自己觉得很好看,很酷,很有型,自我感觉良好,我们为什么不能宽容一些呢?我们为什么非要把自己的审美观强加给学生,非得让学生剪千篇一律的发型呢?我们今天一再强调要尊重学生的个性、发展学生的个性,可我们连学生外在的头发的个性都不能容忍,还谈什么内在思想的个性、灵魂的个性?西方有位名人曾说:衡量一个社会民主、进步的程度,不是看它能在多大限度内约束公民,恰恰相反,是看它能在多大限度内容许公民！在日益崇尚个性、自由的21世纪,学校的这种做法实在与时代主旨相违背！也许有人会说,这是《中学生日常行为规范》的规定,学生必须遵守,但是,规定也有合理、不合理之分,不合理的规定必须废除！即使是原来合理的规定,随着时代的变迁,它的内在合理性也可能逐渐丧失,也得进行修改或废除。退一步说,就算学校有权干涉学生的发型,也没有权手拿剪刀去剪学生的头发。

管中窥豹,以小见大,发生在株洲的这起学生跳楼事件,的确可以透视出我国中学德育管理工作中的许多问题,也正是这些问题的长期存在,才使得我们的德育管理工作成效不大、任重道远。

（翦伟供稿）

课堂冲突引发网络舆论该怎样解决?

案例

某初中上午第四节体育课上,学生小李在排队时与学生小王打闹,被体育老师看见,体育老师喝令他们二人出列,小李极不情愿,说:"你让我出列我就出列啊!"体育老师十分生气,大声说:"你如果不服管教,就不要上课了。"小李说,"不上就不上",拔腿就跑了。年轻的体育老师冲上前去一把抓住他,抬起脚把小李踹到地上,并说了一句"我不信就制不住你"。此事发生后,小李的家长找到了学校,非常生气,说小李身上多处软组织挫伤,最重要的是那一脚踹在了脊椎上,如果力量再大一点会出现生命危险。后来,学校出面安抚家长和学生,教育处罚了体育老师,平息了风波。

可是风波没有真的平息,当天晚上在该校百度贴吧上出现了一个帖子,发帖人声称是小李的同学,把整个事情添油加醋地描述了一遍,并对当事老师进行了猛烈抨击,说老师危害了学生生命安全,其间还出现了"老师好贱"、"不要脸"等极其不雅的字眼。而后马上有人回帖附和,跟着骂起了老师。

当事老师得知后背负了很大压力,觉得当教师得不到应有的尊敬,对自己的职业也完全丧失了信心。

思考题

1. 如果你是当事老师,看到网上这样的帖子会怎么做?
2. 师生关系的障碍究竟是什么?探讨该如何避免这样的结果?
3. 如果你是学校领导,在这种情况下要如何做?

作为一名教师,心智要比未成年人成熟,在教育学生的同时更要懂得关爱学生。年轻的教师容易冲动,因此尤其要明白这一点。青年教师容易在课堂上与学生发生冲突,有时被学生气得发抖,一时控制不住,体罚事件也就发生了。在这种时候,老师往往把"孺子不可教也"挂在嘴边,认为就是学生的错,是学生素质低,不尊敬老师,只知道还嘴顶撞,没有纪律意识,甚至把这些归结于是家长没有教好,或是这个学生以前的老师没有教好,等等。其实埃利斯的"情绪 ABC 理论"可以让你认清事情并不是这样。

在情绪 ABC 理论中,A 表示诱发性事件,B 表示个体针对此诱发性事件产生的一些信念,即对这件事的一些看法、解释,C 表示自己产生的情绪和行为的结果。通常人们会认为诱发事件 A 直接导致了人的情绪和行为结果 C,发生了什么事就引起什么情绪体验。所以老是去找 A 的麻烦,然而,有时同样一件事,对不同的人,会引起不同的情绪体验。同样是考试,两个人不及格。一个人无所谓,而另一个人却伤心欲绝,为什么?就是诱发事件 A 与情绪、行为结果 C 之间还有个对诱发事件 A 的看法、解释的 B 在作怪。一个人可能认为:这次考试只是试一试,考不及格也没关系,下次可以再来。另一个人却可能说:我精心准备了那么长时间,竟然没及格,是不是我太笨了,我还有什么用啊,人家会怎么评价我。于是不同的 B 带来的 C 大相径庭。情绪 ABC 理论的创始者埃利斯认为:正是由于我们常有的一些不合理的信念才使我们产生情绪困扰。如果这些不合理的信念长期存在,还会引起情绪障碍。

在当前的教育环境下,教师所面临的人际交往和德育实践方面的压力是非常大的,有时要面临形形色色的课堂冲突,有的甚至远远超出了知识分子的承受范围,要消化吸收清除不良情绪不是那么容易的。据 WHO 估计,世界上 20%~30%的人有不同程度的行为异常。而我国一个进行中小学生心理健康教育研究的课题组 2000 年发布的调查结果显示,有 51.23%的教师存在心理问题,其中 32.18%的教师属于轻度心理障碍,16.56%的教师存在中度心理障碍,2.49%的教师已经构成心理疾病。

从调查数据来看,教师群的强迫症状、人际敏感、忧郁化及偏执倾向都比一般人群高,具体表现为一些教师有时无法控制自己的想法、与人交往不自在、容易猜疑等。从性别来看,女教师的焦虑倾向高于男教师,而男教师的职业稳定性低于女教师。从年龄来看,中老年教师的强迫症状和躯体化倾向比较明显,而青年教师的心理问题主要表现在人际敏感、偏执等方面。北京市对500余名中小学教师的调查显示,近60%的教师觉得在工作中烦恼多于欢乐,70%的教师有时忍不住要生气发火。教师中较普遍地存在着烦躁、忧郁等不良情绪。

把握自己的情绪,做好情绪管理,是正确发挥自己的影响力的前提。运用埃利斯的合理情绪疗法,能较好地控制自己的情绪,保持心理健康。保持有规律的生活会使你每天头脑清醒,心情舒畅。每天下班前整理好办公桌,定期清理抽屉中的文件和物品都是必要的;适时适量的运动必不可少,每天至少从事一种体育活动,时间不少于半小时;努力寻找工作乐趣、乐观应对一切,事实上使你疲劳的原因很少是工作过量,大部分时候我们的疲劳并不是因为工作,而是因为忧虑、紧张或不快的情绪。

所以,根据情绪ABC理论,在发生课堂冲突的时候,老师首先要摆正自己的B(个体针对此诱发性事件产生的一些信念,即对这件事的一些看法、解释),不妨这样去想:学生对老师表现出不尊敬,除了他的确是有点调皮或者叛逆以外,也许是我还没有让他意识到老师对他的尊重和爱护,因为毕竟尊重是相互的。或者可以这样想,学生这样不遵守课堂纪律,没有集体意识,是因为缺乏这方面的教育和引导,他现在表现出来了,正好是一个对他进行教育引导的契机,也是我作为教育工作者发挥作用的时刻。摆正了B,课堂上绝对就不会出现大的冲突了,也不可能有因为老师觉得没有了师道尊严丢了"面子",而出现恶性体罚的事件了,更不会出现网上恶意攻击的帖子了。

现在的互联网让我们处于一个信息高速运转的社会中,而且在网络上,言论是相当自由开放的。像这个案例,如果是放在以前,可能就在学校和家长之间小范围地解决了,但是在网络上一发帖子引起社会的关注和评论后,就变成了对教师师德的质疑,并且直接影响当事老师的声誉。所以作为当事老师,感到有很大压力是正常的,但不要有对教师职业灰心的想法,应该吸取教训,正确面对。首先还是要调整心态,平复心情,然后把自己的全部热情投入到教育事业中去,相信有了这一次的人生历练和感悟,当事老师一定会改正缺点,不断完善自己,成为一名人人爱戴的好老师。

作为一名学校领导,要有区分这是建设性的冲突还是破坏性的冲突的能力。建设性的冲突对组织起着促进和发展的作用,而破坏性的冲突则阻碍着组织的前进和发展,应该尽可能把一切冲突和矛盾的破坏性降到最低。很明显,这对师生的冲突造成了学校声誉受损,因而是破坏性的冲突。对于这类冲突,学校领导者在向双方了解情况的基础上,首先应对教师和学生进行批评和教育,其次促进双方进行沟通和调解,最后让双方握手言和。例如,可以召开师生座谈会,让学生和老师有更近一步的沟通,在与学生沟通的基础上达到让学生进步成长的目标。可以和当事老师谈一谈他的想法,在指出他的问题的同时进行开导,端正他的心态,告诉他每一个磨炼都是一次成长。至于网上的帖子,可以以官方名义发帖,告知网友们真实的事情经过,并公布学校的处理办法;同时可以呼吁社会多一些理解,避免网上抱着不良心态的人的恶意中伤。

(张建新　田野供稿)

为教篇：
学科教学相关案例

WEIJIAOPIAN
XUEKEJIAOXUEXIANGGUANANLI

高中信息技术课程应如何正确定位?

案 例

张老师是教育技术专业毕业的一名年轻教师,大学毕业后被分配到湖南省某重点高中工作。他教授的课程主要是高中信息技术。在一次教学中,由于上课时间和学校临时组织的一次活动冲突,正常的信息技术教学时间被占用,事后也没有接到有关补课的通知。而在平时,其他的同事尤其是主课(英语、语文、数学)教师在思想上也不是很重视这门课程,他们认为,"高中信息技术"不是高考课程,没有必要太重视。不少学校领导认为,信息技术课程是用来装点学校门面的,价值不大。

在实际工作中张老师发现,受传统应试教育的影响,学生家长和主课老师只看重学生需要参加中高考的科目的成绩,认为在学校只要学好主课就行了,等到上大学再学信息技术也来得及,很多主课老师常常占用信息技术上课的时间,他们认为,学生应该多花时间和精力在主课上,高考取得好成绩才是最重要的,学校也对此"睁一只眼闭一只眼",信息技术课成了部分老师的第二课堂,不是被挤占就是被抢占。张老师把这个问题反映给领导,领导反倒要他顾全大局。信息技术成为一门"弃之可惜,食之无味"的课,处于尴尬的境地。

思考题

1. 你认为主课挤占信息技术课教学时间是否妥当?为什么?

2. 请结合教育管理相关理论,探讨在当前应试教育环境下,信息技术课程处于尴尬处境的原因,同时思考一下未来信息技术课程应该如何定位?

3. 在国家加强创新教育的大背景下,信息技术课程应该如何设计才能激发学生兴趣,全面提高学生的综合素质?

案例分析

传统学科观念中常把中学所开设的文化课分为主课和副课,所谓主课是指中考、高考的考试科目,副课是指中考、高考的非考试科目。信息技术课程在许多地区只作考察要求,对排名、升学的影响微乎其微,多数学生对信息技术课程抱着可学可不学的态度。

在本案例中,高中信息技术课程处境尴尬。为什么高中信息技术课程会处于这样的尴尬境地?原因有三:一是学生对信息技术课程的忽视态度是应试教育大环境造成的,主要因素在于中考、高考考试设置;二是除个别学生外,大部分中学生对信息技术课程持一种不重视的态度,其中课业负担过重是重要原因之一;三是信息技术课程老师讲课的水平高低也是重要影响因素,由于课程本身不像主课那样受学生、学校和家长的关注,信息技术课程是否受同学欢迎,很大程度上取决于任课教师的讲课是否有魅力。

首先,我们应该认识到素质教育最根本的要求是让学生在德、智、体、美、劳等方面全面发展。本案例中,很多学生家长及主课老师的传统观念已经落队,应当让他们认识到信息技术课程对培养学生素质的必要性,提高对信息技术课程的重视度。学校也不能只将信息技术课作为一个应付上层领导的摆设,对主课老师占用信息技术课的现象"睁一只眼,闭一只眼",而应切实落实该课程。同时,对信息技术的任课教师也要有正确的认识,他们并不是为学校里的老师维修电脑、打印机的"打杂工",他们也需要充分的时间与精力去备课,也要花心思在提高教学质量上。信息技术课程目前虽然只是一门副课,但它也有其开设的理由,也有着它的重要性和必要性,并不是一门可以被忽视的课程。提高学生信息技术的素养在当今的信息时代是尤为重要的,所以作为教师应平衡好它与主课之间的关系,使得学生在学习主课之余也能轻松愉快地学好副课,全面提高学生素质。

作为信息技术课教师,要提高信息技术课程的地位,首先需要提高个人魅力,增强课堂感染力。信息技术学科的特殊性,使得其在教学过程中操作技能的训练比重较大。同时,随着科技的进步,许多信息技术更趋于"平民化",如 mp3、电子词典等,除了课堂教学中学生会碰到与信息技术有关的问题,在平时的生活与学习中也会有。因此,老师可以在课堂上多联系实际谈一些与同学们的日常生活与学习生活相关的信息技术,在课堂外可教学生一些电子产品的维护和升级方面的知识,这样老师将会赢得许多"粉丝",同时他们也会在课堂上帮你营造一个和谐、愉快的课堂氛围。自从有了人类,便有了信息技术,因此信息技术其实也隐含着深厚的信息文化,在教学设计中可以根据教学内容加入一些人文历史方面的知识,体现信息与信息技术的魅力。同时,教学必须符合学生的天性及发展的规律,这是首要的、最高的规律。回归生活,让课堂与生活紧密相连这是新课程教学的基本特征。在课堂上运用适合的方法激发学生的学习兴趣,并且让他们学以致用是维持课堂纪律最长久、最有效的方法。

在目前应试教育的大背景下,在未来大学招生政策中,信息技术课程需要纳入考试范围。未来的新课改高考方案会将信息技术列为必考课程。考虑到目前的职称计算机考试中机试已经比较成熟,信息技术的考试可以考虑分为笔试和机试,共同进行。信息技术考试方式应着眼于鼓励学生创新,全面考查学生获取信息、运用信息的能力。

在21世纪,信息的获取、传输、处理和应用能力是人们最基本的能力和文化水平的标志。本案例的核心在于实现信息技术课程的正确定位与设计。信息技术课程设置应考虑学生心智发展水平和不同年龄阶段的知识经验和情感需求。信息技术课程应定位于培养学生利用信息技术进行学习的能力和探索、创新精神。高中阶段信息技术课程的教学目标是使学生具有较强的信息意识,进一步了解信息技术的发展及其对社会的影响,学会信息获取、传输、处理、应用的基本方法,自觉依法进行与信息有关的活动。

总而言之,信息技术课程在未来应着眼于培养学生对信息技术的兴趣和意识,让学生了解和掌握信息技术基本知识和技能,了解信息技术的发展及其应用对人类日常生活和科学技术的深刻影响。通过信息技术课程使学生具有获取信息、传输信息、处理信息和应用信息的能力,教育学生正确认识和理解与信息技术相关的文化、伦理和社会等问题,负责任地使用信息技术;培养学生良好的信息素养,把信息技术作为支持终身学习和合作学习的手段,为适应信息社会的学习、工作和生活打下必要的基础。在教学过程应该要注意培养学生利用信息技术对其他课程进行学习和探究的能力。努力创造条件,积极利用信息技术开展各类学科教学,注重培养学生的创新精神和实践能力。

教育的核心就是育人,其次才是知识的传承与创新。作为信息技术教师不仅要关注学生学会了多少,更重要的是他们发展了什么。在信息技术教学中,教师不仅应该注重学生是否掌握了软件操作,而且应该注重学生的思维和思路。同时,把激发学生的兴趣作为教育的主线。

作为信息技术的任课教师,需要科学地设计信息技术课程,提高学生兴趣。中学信息技术教育一方面要对学生进行计算机基本结构和计算机语言方面的教育,以使他们了解计算机的工作系统,为将来学习计算机专业知识打好基础;另一方面,应着重对学生进行计算机操作和应用方面的教育,把计算机看做一个辅助工具,掌握使用这一工具的方法和要领,侧重于如何使用计算机这个"工具",以便将来进入大学或工作岗位时,对那时的学习环境和工作环境、学习方式和工作方式有一个超前的基础教育。

信息技术教师应该结合信息技术课的特点,积极开展教学研究,努力探索适合信息技术课教学的模式。针对信息技术课开放性和实践性强的特点,教学中应充分发挥学生的主体意识,让他们自主探索、自主学习、自主构建自己的信息技术知识技能体系。教师要努力成为信息技术教学过程的组织者、指导者、知识意义建构的帮助者、促进者,而不是主动施教的知识灌输者,培养他们可持续性学习的习惯和能力。

放眼未来,以计算机技术为代表的信息技术将在人们的未来生活中扮演十分重要和不可缺少的角色。基于以上目标,信息技术课程应该向学生传授信息技术的知识和技能,并把各种新型的电子计算机、视听设备、卫星网络、电传设备等信息技术产品互相结合起来,提高教育效率,实现教育理想。

(林盾供稿)

如何面对信息技术教育课堂存在的问题?

案 例

小张老师为某高中信息技术课程教师,今天是第一次上课,备课充分的他非常自信地走进了教室,然而课后小张老师却是沮丧地走出教室,因为最初精心设计的课程内容并没有完成,课堂管理不到位阻碍着教学的顺利进行。上课前,有人喊机器坏了,有人不断地在狭小的走道中穿行,有人不断地敲击键盘、点击鼠标,机房中的击键声、讨论声……不绝于耳;上课时,有的同学在不停地讲话,有的同学则从一个位置跳到另一个,有的同学还不停地剥着瓜子,有的就不停地玩弄着手中的鼠标;小张老师不得不停止授课来制止各种行为。当要学生操练时,学生变得很"规矩",课堂异常"安静",同学们"全神贯注"地盯着电脑,玩着自己喜欢的游戏,偶尔来几个庆祝动作;也有同学听着自己偶像的歌曲,偶尔哼上两句;还有的观赏着电影或电视剧;更有的干脆就跟好友聊起 QQ 来。下课,同学们也异常地希望老师"拖堂",他们还念念不忘刚才上网的"痛快"经历,强行关机成为让学生准时离开的唯一措施。整堂课下来,小张老师觉得学生都有自己忙碌的事情,可就是没人好好听课。

思考题

1. 小张老师的信息技术教育课堂面临着哪些问题?
2. 根据课堂管理理论,请给小张老师提出建议。

相对于语、数、外等学科,信息技术教育在课程实施空间、课程教学内容、课

程实施方式等方面都存在很大的区别,在信息技术课上,中学生面对广阔的网络世界,课堂中充满了各种诱惑,如游戏、音乐、聊天等,这些更容易吸引学生的注意力。信息技术课往往成为学生缓解学习压力的"休闲课",其课堂管理异常艰难也在情理之中。在本案例中,小张老师从课堂开始到结束都面临管理问题,由于忙于课堂管理而耽误了教学实施,致使教学内容未能按期完成。如何有效地化解学生课堂问题行为甚至将其转换为学习动力?我们将采用课堂管理相关理论来帮助小张老师有效开展信息技术教育课堂管理。

课堂问题行为是指学生违反课堂规则,妨碍及干扰课堂活动正常进行或影响教学效率的行为。小张老师的课堂教学未能有效完成,主要是因为对信息技术教育课堂面临的多样的问题行为认识不到位,缺乏足够的心理准备。这些问题行为有以下几方面。

(1) 课程态度带来的问题行为。信息技术教育已得到普遍的认同,却并没有得到应有的重视,在中学特别是在高中,非高考科目都成了弱势学科,信息技术学科也不例外地置于了副课行列,很多学校将其视为素质教育的重要课程,实际却没有给予重视。有的学校领导根本不重视这门课程的教学效果,正如一些信息技术教师戏称"这门课是公开课的缺门"。信息技术课尽管是作为高中课程学分课,但并没有如其他课程一样的严格的会考,其学分获得也非常容易,有些学科老师特别是班主任在管理时便承诺给予学生学分,当然前提是认真学习高考科目。副课的待遇并不会得到学生的重视,反而是一种轻视态度,将信息技术课视为玩电脑、上网等文化课后放松身心的娱乐课,从根本上缺乏认真的学习态度。

(2) 教学环境带来的问题行为。与其他学科相比,信息技术的授课大部分课时是在计算机房进行,与教室相比,计算机房中干扰因素更多,环境更为复杂,纪律问题也更多。机房中一般密密麻麻地摆放着大量计算机,与静态的课桌相比,计算机会产生大量噪音,学生在操作过程中易发生各种难以预料的故障,影响课程教学的正常进行。

(3) 学习活动中的问题行为。信息技术课程是一门实践性强的课程,其教学需要学生进行更多的操作训练,但由于学生操作能力参差不齐、起点不统一,水平高的很快完成任务,水平低的学生做不出来,只能"观赏"着优秀生的作品。

(4) 教师课堂管理的问题行为。机房中,有教师专用机,教师上课时大部分时间眼睛都是盯着屏幕的,这使得教学秩序的维护异常困难。据了解,在其他学科上学习认真的同学,在信息技术课堂也容易出现各种问题行为,如上课时做小动作、讲话等,更有学生甚至不带书,或带上的是其他学科的书,利用信息技术课来学习其他课程。

本案例中的小张老师花费上课时间来处理问题行为,从而影响了教学内容的进度,这种处理方式显得有些不妥。课堂管理是信息技术任课教师面临的艰难的挑战。教师应善于分析信息技术教育课堂问题,保持好良好的教学心态。信息技术学科教师应积极探讨应对的措施,预防与处理学生信息技术教育课堂中的问题行为,从而保障教学的有效实施。这些应对措施主要包括以下方面。

(1) 课堂问题行为预防。

课堂规则是课堂中学生必须遵守的行为规范,它告诉学生在课堂上应该做什么,不应该做什么,什么是好的行为,什么是不好的行为。因此,在第一堂课上,制定课堂规则应成为预防课堂问题行为的重要环节,特别是对于新老师而言。对学习的环境与学生的行为进行预设,将教师期望的学生行为描述为特定的规则,用规则来预防学生课堂问题行为的发生,为问题行为安装第一道"过滤器"。本案例中的小张老师忽视了课堂规则的管理作用。

课堂规则的制定与执行。在课堂规则制定程序上必须发扬民主,征求广大学生的意见,在大多学生认可的基础上制定出课堂规则;规则应尽量明确、具体,让学生明确该做什么,不该做什么;规则制定应结合课堂的实际情况,如强调机房这一特殊环境可能带来的一些问题行为。课堂规则可预防学生发生问题行为,因此规则执行必须是在开学头几天就开始,让学生理解规则、学会规则,从而规范自己的行为,直到形成一种习惯;规则的执行必须要长久,教师和学生都要尽可能严格地按规则行动。在课堂教学过程中,教师依据规则对学生行为实施监控,及时处理违反规则的行为,把问题行为的发生几率降到最低。

课前认真准备。首先应调试教学相关的设备,学校教学设施完整与否教师是无法改变的,但我们可以使这些设备处于良好状态,为教学的正常进行创造良好的前提。如在上课前检查一下计算机是否有问题,使机器的性能充分发挥。其二是教师一定要重视备课,做到"万事俱备,只欠东风"。一方面授课内容要能吸引学生的注意力;另一方面,优化教学过程,强调学生的参与,充分调动学生积极性。

(2) 课堂问题行为调控。

对于已发生的课堂问题行为,教师必须进行适当的调控,以制止问题行为。

第一,对问题行为进行准确归因。处理问题行为时,不能盲目地都认为是学生的错,教师应准确地归因,针对不同原因,采取适当的处理策略。如由于学的学习起点不一样,优秀的学生不愿意听已经学会的知识而忙于打游戏,此时教师就应该分析学习对象,设置的教学目标和采用的教学方式要兼顾不同层次的学生。再如,学生对学科的不重视,不愿意认真听课,此时教师重在转变学生的观念,激发学生的兴趣。

第二,以"信息技术"来管理课堂。除了借鉴其他学科老师课堂管理的经验外,信息技术任课教师应该充分利用自身的技术来实现对问题行为的管理。例如,针对一些爱玩游戏的学生,教师可以采取监控进程等方式对其进行管理。

通过本案例我们可以看到,课堂管理是信息技术课堂教学实施过程中至关重要的环节。因此,教师应制定合适的课堂规则,提高自身对课堂问题的调控能力,通过有效的课堂管理来提高信息技术课堂教学的效率。

(王贤文供稿)

信息技术之于教学的价值何在?

小张和老李是高中一年级历史教研组的同事。小张是大学刚刚毕业走上工作岗位不久的年轻教师。老李是一名有二十多年教龄的老教师。小张掌握了不少信息技术的技能和知识,能够熟练地使用多媒体软件制作出漂亮的教学课件,熟悉各种常用的网络工具。老李刚刚学会使用计算机,只会使用PPT制作简单的教学课件,初步了解网络的使用。

下面的两个故事就发生在他们身上。

故事一:小张和老李所在的高中开展信息技术与课程整合,给历史教研组提供了使用计算机房进行教学的机会。小张和老李对于教学中是否允许学生使用网络产生了意见分歧。

小张认为学生没有必要使用网络,因为学生会不受控制地使用网络做其他的事情,如用QQ聊与学习无关的事,浏览与学习无关的网页。教学中可以利用计算机将教学内容呈现出来,可以使用图片、视频、音频、动画等多媒体,达到传统教学媒体无法达到的教学效果。至于计算机网络的使用,教师可以充分利用网络搜集资料,充实教学内容,增强教学效果。学生使用网络有不少副作用,没有必要让他们使用网络。老李则认为有必要让学生使用网络,因为网络上有许多资料,可以给学生设置问题,让他们自己通过网络查找资料,教学效果比单纯听老师讲解会好许多。

他们的观点孰是孰非呢?

故事二:在同事们眼中,小张是计算机技术的高手,而老李则是个初学者。哪个同事的计算机出问题了都会想到找小张解决。因此,开展信息技术与课程整合的时候,大家都认为小张的教学效果一定会很好。一个月后,教研组对全年级历史课进行了一次测验,小张所带的班级不出所料地获得了全年级第一。又过了一个月,教研组又开展了一次全年级测验,出人意料的是,获得全年级第一的班级居然是老李所带的班。同事们都很纳闷,纷纷询问老李用什么法子提高了教学效果。老李颇带神秘地说:"山人自有妙计!"

原来,第一次测验后,老李下了苦工夫,通过各种渠道搜集了不少信息技术与课程整合的书籍和资料,学习了不少利用信息技术进行教学的理论知识和实践案例。随后,他对自己所带班级的特点进行了分析,在教学的时候结合教学内容,分别采用了不同的信息化教学模式开展教学。例如,在学习"鸦片战争"这一课的时候,他采用探究式教学模式,给学生设置问题"英国人为什么要把鸦片销售到中国来","在林则徐虎门销烟后,英国为什么要发动战争","《南京条约》的签署对中国造成了什么样的影响","在现代国际社会中,是否还存在帝国主义对落后国家的侵略,这种侵略一定表现为战争吗,你能举出一些例子来吗",让学生到网上寻找答案,并结合实际情况展开讨论。一方面让学生主动思考问题,自己动手搜集资料寻找答案,提高了学生的信息素养;另一方面,结合历史讨论现实中的问题,让学生学会从历史的角度分析问题,提高学生明辨是非的能力,也激发了学生的学习兴趣。经过多次的摸索,老李对于运用信息技术进行教学越来越得心应手了,渐渐地,他所带的班级中,同学们的思想越来越活跃,对历史课的兴趣也越来越浓,历史成绩越来越好。而小张使用信息技术进行教学的方式则比较简单。课堂上,他使用PPT课件进行讲授式教学,学生的计算机受到教师的计算机的控制,学生通过自己的计算机观看小张的课件,听小张的讲授。

了解了两人课堂上使用信息技术的不同方式后,同事们都不禁陷入了沉思……

思考题

1. 在教学中,信息技术的作用除了信息呈现还有哪些?
2. 信息技术环境下的教学与传统课堂教学的根本区别是什么?
3. 信息技术掌握得好就意味着使用信息技术进行教学的效果好吗?哪些因素会影响信息技术的教学效果?

案例分析

对于信息技术在教育中的作用,学术界有三种观点:传媒观、工具观和环境观。传媒观将教学过程看做信息传递的过程,信息技术在其中的作用是改变传统信息传播的过程。信息技术除了可以向传统媒体传播文字、图片、图形之外,还可以传播视频、音频、动画,可实现人机交互和远程的人与人之间的交流和协作,并且实现同时同地、异时异地、同时异地、异时同地等多种形式的教学。工具观下的信息技术被看做学生学习的工具,如效能工具、交流协作工具、研究工具、问题解决/决策工具等,学生使用信息技术工具进行信息加工和知识构建。环境观认为信息技术可以起到拟人和拟物的作用,为学习者构建学习的环境,学生在其中的学习是一种体验式的学习,有别于传统教学的接受式学习。

在我国的基础教育中,信息技术在教育中的应用现状也体现了这几种观点。小张的教学方式体现的就是传媒观。他应用信息技术进行教学的时候,将信息技术作为传播信息的手段,计算机和网络是传播工具,教学课件和教师的讲解是传播的内容。老李的教学方式则体现了工具观的思想,将信息技术看做学生学习的工具,采用信息化教学模式开展教学。教师在教学中不再是知识的传播者,而是学习环境的构建者、学习活动的设计者和指导者,学生在学习中也不再是被动接受知识者,而是学习的主体,通过各种方式实现知识的建构,体现的是建构主义强调的以学生为中心的思想,而信息技术则提供了技术上的保障。

故事二中,同事们认为小张的课应该比老李的课效果更好,体现出目前我国中小学基础教育中对于信息技术在教学中的作用认识不足,仍然停留在传媒观的阶段,没有认识到信息技术能够发挥更大的作用。在教学思想上,局限于传统的讲授式教学模式,对于建构主义等现代教学思想和理念缺乏认识。

信息技术应用到教育中也存在不利影响,处理不当会给教学带来负面效应。例如,故事一中提到的网络使用问题,小张认为教学中没有必要允许学生使用网络,因为很难控制学生利用网络从事与学习无关的活动,如浏览与学习无关的网页、打游戏等。小张的顾虑虽有一定道理,但因这些顾虑而不使用网络的做法无异于因噎废食。关键问题是如何有效控制和杜绝学生的这些行为。一方面,将学生兴趣转移到学习上来是根本性的解决措施;另一方面,改变一味采用课堂讲授式的教学模式,根据教学内容和教学目标采用灵活多样的信息化教学模式,教师作为学习的指导者与学生应该有更多的交流互动的机会,对学生的非学习行为能够有效监控和引导,一定程度上也能够消除网络使用中的不利影响。本案例中,老李采用了灵活多样的信息化教学模式,在学生的学习兴趣提高的同时,教师有更多的机会对学生进行指导,有效杜绝了学生在课堂上的非学习行为。

有观点认为,信息化教育指全面深入地运用现代化信息技术来促进教育改革和教育发展的一种全新的教育形态,它是建构主义理论与先进的技术(如多媒体技术、网络技术、人工智能技术)相结合的产物,它具有教材多媒体化、资源全球化、教学个性化、学习自主化、活动合作化、治理自动化、环境虚拟化等显著特征。也有观点认为,信息化教学模式是根据现代化教学环境中信息的传递方式和学生对知识信息加工的心理过程,充分利用现代教育技术手段,调动尽可能多的教学媒体、信息资源,构建一个良好的学习环境,在教师的组织和指导下,充分发挥学生的主动性、积极性、创造性,使学生能够真正成为知识信息的主动建构者,达到良好的教学效果。

关于信息化教学模式的种类和应用,《信息化教学模式》一书中总结了十种模式:基于资源的主题教学模式;基于项目的教学模式;基于问题的教学模式;WebQuest教学模式;基于网络协作学习的教学模式;基于案例学习的教学模式;情境化教学模式;基于概念地图的教学模式;基于电子文档的教学模式;基于多元智能的个性化教学模式等。这些模式可根据具体的教学内容和教学目标有选择性地使用。

信息化教学模式强调以学生为中心,学生在教师创设的情境中,通过协作会话等方式实现知识的意义建构,并能够解决实际的问题,从而实现学习的目的。与传统的课堂教学不同,信息化教学模式中教学过程四要素(教师、学生、教学内容、教学媒体)的关系发生了根本性的变化。

教师:由知识的传授者、灌输者转变为学生学习的指导者和帮助者,学习环境的设计者和创建者。

学生:由外部刺激的被动接受者转变为信息加工的主体、知识意义的建构者,信息所携带的知识不再是教师传授的内容,而是学生主动建构意义的对象(客体)。

教学内容:对教学内容的掌握由讲解说明、讲解进程转变为通过情景创设、问题探究、协商学习等实现意义建构的过程。

教学媒体:由作为教师讲解的演示工具转变为学生主动学习、协作探索、意义建构、问题解决的认知工具,构成学生学习环境中重要的一部分。

(张伟平供稿)

高中英语课上的小组合作讨论如何展开?

一、背景介绍

近年来随着新课改的深入而越来越被推崇的 Cooperative Learning(小组合作学习),体现了新课改的理念,有利于提高高中学生的英语口语水平,调动了学生的积极性,高中英语课程标准中也反复强调了小组合作的重要性。在这样的背景下,上好一堂小组讨论课就显得尤为重要。

英语老师所选的是新教材高一 Unit 7 Cultural Relics 中的 Speaking Task 部分,通过学习,要让学生对我国的文化遗产以及如何对其进行保护有更深刻的了解。它不是一节公开课,所以师生的互动活动在比较真实的氛围中展开。上课的前两三分钟,英语老师利用多媒体播放了几个国家文化遗产的视频片段,有埃及的金字塔、我国的长城、兵马俑和泰国的泰姬陵。随着画面的变化,学生的面部表情也各不相同,好多学生陶醉在优美的画面中。看得出来,课前的精心准备,使得导入卓有成效。有了这个铺垫,接下来展开的问答也比较顺利。课堂转入另一个环节,是老师事先设置的 Discussion(小组讨论)。

二、课堂

1. 提出话题

China is a country with a long history. So tens of thousands of cultural relics can be seen everywhere. Perhaps it is not possible or necessary to save all of them. For example, Beijing is famous for its hutongs, traditional houses and yards. Some people say that only the best ones should be saved. Others disagree. Now let's have a discussion in group of four about the question: What do you think about Chinese cultural relics?

2. 展开讨论

老师的话一结束,同学们就开始了"热烈"的讨论,但是说的是中文,在列举中国的文化遗产。为了不打扰他们,英语老师有意识地倾听:他们的话题转到外国的文化遗产了。另一组,有两位同学在用英语交流着,一位在自己翻看后面的词汇表,忙着查单词,另一位则空坐着,不知道要干什么。还有一组同学,两女生相互交谈着,两男生各做各的事。环顾整个教室,讲台上的老师一脸笑容地期待接下来的"百家讲坛"。

3. 遭遇尴尬

T:Time is up. Thanks for your discussion. I'm sure you've good ideas. Let's share your wonderful ideas.

(下面一片寂静,老师选了英语成绩较好的一组)

S:(停顿了一会)I think Chinese cultural relics are very good, and we should protect them.

老师出这个讨论题目的初衷,是让学生讨论中国是否应该保护所有的文化遗产及如何保护她们。接下来老师又选了两组同学来做 Report,非常遗憾地是有一组的同学没人愿意站起来回答,另一组的同学站起来说:"I agree with her."有些同学忍不住笑了。接下来的课堂气氛沉闷,尽管老师笑容依旧,但是学生的反应已经证明这个设计失败了。

4. 改变方法

接下来的一节课中,老师改变了教学方法,在展示了几个不同国家文化遗产的视频片段后,老师开始了与同学的互动。

T:"Do you think China should save all of its cultural relics?"

S:Yes.

T:Why we should save all of them? What should we do to save them?

小组讨论开始,结果与前一节课很不一样,学生从保护文化遗产的原因开始讨论,然后到保护文化遗产的措施。组里的四个同学各有分工,从不同方面谈了自己的看法,老师把同学们的讨论展示在黑板上,成绩稍稍差的同学也能大概猜出英语的意思。总地来说,本节课进行得很顺利。

课堂上老师也常布置一些讨论,有意识地把分组讨论的合作学习引入课堂,但是因为学生基础差,往往只流于形式,一带而过。成绩好的同学争先发言,而那些成绩较差的同学只能做个陪衬,课堂气氛沉闷,结果也就不言而喻。老师们经常思考:新课程会不会让学生两极分化更严重?在课堂上要不要再进行分组讨论?小组合作学习有效吗?有没有更好的提高合作学习的办法?教师们针对同一教学内容在不同班级设置了不同难度的问题,让学生独立思考,让每个学生都在小组里把自己的想法说出来,让其他人倾听、补充,再讨论,这样每个人都有思考的机会和时间。但是分组时,我们往往忽略了要兼顾学生的个别差异,以及了解学生的英语基础和学习能力。另外,关于讨论的话题,在教学中教师能否很好地根据教材内容和学生的实际情况进行选择和设计,依旧是个值得注意的问题。

1. 在高一英语课堂上,应该如何营造良好的学习氛围,调动学生的积极性?
2. 在课堂教学过程中如何引导和帮助学生进行合作探讨以提高学习成效?

在新课改开始以后,课堂上学生的主体性的发挥越来越受到重视,勇于实践的教师们采用各种各样的教学组织形式来活跃课堂。Discussion这种方法频繁呈现于课堂,使得教学模式不再单一,课堂气氛不再沉闷。可以说伴随着Discussion而来的自由讨论在一定程度上也体现了课改的精神和效果。然而,形式化的、低效的讨论(如第一堂课)也有很多。面对两堂课出现的不同效果,课后教师们进行了深刻的分析,对小组讨论课有了一些看法和认识。

1. 认识

学生方面的原因:其一,学生的配合不到位,教师布置了一个话题由学生讨论,结果学生谈些无关紧要的东西;其二,学生的合作不主动,有些学生只顾自己思考,没有真正地参与讨论和合作,使讨论流于形式;其三,学生的参与度不均衡,小组讨论确实增加了学生参与的机会,但是小组内不可避免地出现能力强的学生控制小组的局面;其四,角色的落实不到位,对话题进行分工合作时,有些小组成员很少采取轮换制。

教师方面的原因:其一,活动分组时,教师没能兼顾学生的个别差异,也没能了解学生的英语基础和学习能力;其二,关于讨论的话题,在教学中教师不能很好地根据教材内容和学生的实际情况进行选择和设计,使话题缺少关联性原则、可操作性原则和趣味性原则。

2. 建议

采用小组合作方式进行学习的确改变了中学英语传统教学模式,充分体现了学生在教学过程中的主体性地位。同时,学生在此过程中形成了合作意识,在增强与人交往的技能的基础上,提高了英语语言运用能力与表达能力。为了让小组活动能真正有效地实施,英语教师应该注意以下四点。

(1) 控制小组讨论的焦点。

出现案例中第一堂课的现象,是因为老师设计的讨论话题模棱两可,话题设计的范围太大,以至于学生不知道如何讨论,所以,讨论的话题应尽可能具体一点,让每个学生都有话可讲,避免出现无话可说的现象。当小组讨论时,教师应该到同学们中观察是不是每个人都在按布置的话题发言,特别是要让那些成绩较差的同学多发言,尤其不能偏离话题的焦点,让他们多参与讨论,调动他们的学习积极性,激发他们的学习欲望。

(2) 把握任务的难度。

如果活动任务较难,小组活动会出现冷场或混乱的现象,学生会不自觉地用中文交流。因此,我们在设计任务时,应根据学生的认知水平及语言能力进行难易编排,设计问题时,应充分考虑到学生的英语实际水平,避免问题偏难,一般从以理解为主的活动过渡到可控制的表达活动,最后进行具有真实意义的交际活动,当然,问题也不能太简单,以免失去讨论的意义,不能真正地提高学生的英语语用能力、用英语进行恰当交流的能力、用英语获取信息和处理信息的能力,以及用英语进行思维的能力。同时,也要注意任务的连贯性,即一连串活动形成一个序列,因为后面部分任务的顺利完成要以前面部分任务的完成为基础。

(3) 设计与学生生活相关的任务。

教师要把语言学习与学生的生活经验相结合。教师可以让学生通过采访、社会调查等方式进行小组合作,了解学生的生活经历和感兴趣的话题,有利于设计相关的任务,只有这样,学生才可能产生真实的体验,英语综合应用能力才可能得到提高。

(4) 充分利用黑板,让所有学生参与。

一个班学生的能力和知识水平参差不齐,如果光靠听,英语水平低的学生可能会因听不懂而放弃。所以老师一边要记录下同学们的发言,一边要观察"后进生"的表情变化,从而让绝大多数学生参与课堂。

本案例中,教师们深刻地感受到了小组活动容易流于形式,所以教师应根据教学任务来组织、优化教学中的小组活动,正确理解小组讨论的内涵,确实提高学生的英语交际能力。总之,在新课改中,要不断地反思自己的教学行为,多思考自己的教学是在"引导"还是在直接"给予"？是否真正做到以学生为主体？教学中的合作学习是否有成效？要让学生学会提问,让教师和学生共同成长。

(曾友良供稿)

文言文教学中，如何引导学生古为今用？

一、《孙权劝学》教学片段

师：学了这篇课文，你受到什么启发？

生1：士别三日，当刮目相待。我们不能用老眼光看问题，而应该用发展的眼光看问题。

师：不错，你是从鲁肃的角度来谈启发。

生2：我是从吕蒙的角度受到的启发——活到老学到老。

生3：只要有心学习，什么时候都不算晚。

师：吕蒙在孙权的指导之下看了些什么书，竟然让鲁肃"大惊"？

生4："见往事"，了解历史。

师：这就启发我们——读史可以明智。

师：从孙权读书这件事，我们可以受到什么启发？

生5：时间是可以挤出来的。

生6：良师益友对自己的成长至关重要。

生7：当领导，就要像孙权这样关心下属的成长，鼓励下属学习，而不要像方仲永的父亲那样鼠目寸光。

师：真不错，你能联系《伤仲永》来理解文本。我相信你将来肯定是孙权这样高瞻远瞩的好领导。

师：大家不妨比较一下吕蒙和方仲永的遭遇，能受到什么启发？

生8：后天学习非常重要。

师：能具体阐释一下吗？

生8：方父"不使学"，仲永"不受之人"，因此天资聪颖的仲永最终"泯然众人"；吕蒙因为后天学习而让鲁肃刮目相待，可见后天学习的重要性。

师：非常不错！所以，尽管同学们都非常聪明，但还是要重视后天学习。

请大家再读一读孙权劝学的话语,体会一下孙权是如何劝学的?

学生读后,小组讨论,得出结论:孙权从吕蒙读书的必要性、方法和目的、现身说法(可能性)三个方面来劝说吕蒙。

师:从孙权劝学成功,我们不仅可以学到孙权的为官之道,还能学到语言交际的什么技巧?应该如何去说服别人?

生9:我们要劝说别人时,可以从事情的必要性、可能性两个方面来进行劝说。

师:你真聪明!同学们记住了——下次要游说你爸妈的时候,一定要先讲必要性、再讲可能性,保证你马到成功!(全班大笑)

二、《马说》教学片段

师:作者认为,自己是个人才,只是缺少伯乐的发现。在封建社会,如果没有善于发现人才、使用人才的伯乐,人才确实容易被埋没。如果你怀才不遇,你会学下列哪位古人?说出原因。(出示幻灯片)

A. 韩愈　　　　怀才不遇写文章
B. 苏秦　　　　悬梁刺股发愤成材
C. 韩信　　　　另寻明主创大业
D. 陶渊明　　　归隐田园其乐悠悠

师:选择 A 的同学请举手。(1人举手)

师:选择 B 的呢?(5人举手)

师:选择 C 的呢?(无人举手)

师:选择 D 的?(大部分学生举手)

师:请说说选择的理由。

生1:我觉得读书、写文章,是情感宣泄的一种方式,所以,我选择韩愈的做法。

生2:既然没有人赏识我,就证明我还不够优秀,所以,我选择B,我要继续刻苦努力,多学本领。

生3:没有遇上伯乐,我也不会苦闷,我觉得像陶渊明那样过着田园生活也挺悠闲的。

师:看来,同学们大多数都喜欢恬静的田园生活。

师:下面,我们同学也来尝试当一回伯乐吧。(出示幻灯片)

课堂写作训练——我来当伯乐:请你展现自己作为伯乐的独特眼光,去发现班里某个同学(也可以是自己)不为人所注意的特长或者优点,用100字左右来发表自己的看法。

赵婉群同学范文：

黄焯明同学是我的同桌,平时大家都觉得他是一个调皮好动的同学,所以想当然会认为他很粗心吧！但是谁都没有想到,在开学初,班主任让他一个人负责收取全班同学的所有科目的资料费,他竟然能够做到井井有条、账目清楚、分文不差！从中我们看到了他的认真负责,以这样的工作态度和工作能力,我们相信他将来一定是一个很好的员工！

学生练笔五分钟后,开始交流。（两名发言的学生都是当同学的伯乐）

师：有没有自己给自己当伯乐的？（无人应答）

师：同学们能看到同伴的优点,很好。我希望同学们也能看到自己的优点,更加自信。

（选自中学语文教学资源网）

1. 你对上述两个案例中的文言文教学如何评价？
2. 文言文教学中,如何引导学生古为今用？

在文言文学习过程中,如何让学生不再囿于字词句的生硬翻译,而是真正体会到文言文的魅力所在？如何让学生将文言文的精髓古为今用？案例中的两个教学片段给了我们很好的启示。

一、提倡个性品读

新课标要求：逐步培养学生探究性阅读和创造性阅读的能力,提倡多角度的、有创意的阅读,利用阅读期待、阅读反思和批判等环节,拓展思维空间,提高阅读质量。另外,还指出：阅读是学生的个性化行为,不应以教师的分析来代替学生的阅读实践；应让学生在主动积极的思维和情感活动中,加深理解和体验,有所感悟和思考,受到情感熏陶,获得思想启迪,享受审美乐趣；要珍视学生独特的感受、体验和理解。在案例的第一个教学片断中,教师引导学生从鲁肃、吕蒙、孙权三个人的角度来谈启发,拓宽了学生的思维。

二、加强文本链接

在本案例的第一个教学片断中,教师引导学生将《孙权劝学》和《伤仲永》联系起来,让学生进一步体会到后天学习的重要性,从而激励学生努力学习。

三、注重课外延伸

在本案例的第二个教学片断中,教师引了韩愈、苏秦、韩信、陶渊明的例子,既拓宽了学生的视野,又指导了学生树立正确的人生观。美中不足的是,教师在引导方面稍显欠缺,大多数学生选择了"避世",教师没有能够及时地进行有效引导。韩愈的选择可以说是一种情绪的宣泄,苏秦的选择确实是愈挫愈勇的积极的人生态度。从个人的生活来讲,陶渊明避世的生活态度无可厚非,但从社会进步的角度来讲,还是应该选择积极的人生态度,勇于面对现实。另外,教师不妨增设两个开放性的问题。如当今社会需要什么样的人才?(或在当今社会,千里马如何才能不被埋没?)怎样才能做到多出人才、人尽其才?

四、联系学生实际

在解读文本的同时,教师引导学生联系实际来思考问题,能够加深学生的情感体验。

在本案例的第一个教学片断中,教师引导学生谈启发,不仅从人物的性格入手,还注意引导学生关注文本的写法。学生通过本节课的学习,不仅掌握了文章的主旨,还学会了语言交际的技巧,其乐陶陶也。

在本案例的第二个教学片断中,教师设计了课堂写作训练,旨在引导学生学会欣赏别人、欣赏自己,巧妙地进行了人文熏陶。遗憾的是,或许是有很多老师坐在后面听课的缘故,或许是这个班的孩子都不够自信的缘故,尽管老师一再提醒"可以当自己的伯乐",但还是没有学生敢站起来说说自己的优点。建议老师不妨这样设计:两个大组的同学当别人的伯乐,另外两个大组的同学当自己的伯乐。

(吴广平供稿)

如何将语言知识教学和语言能力培养融合于阅读教学中?

《愚公移山》课堂教学片断

师:上一课(注:指正式上课前用20分钟时间让学生自读课文)同学们自读了《愚公移山》,我检查了一下,同学们学习得很好,老师非常满意! 现在我们先一起来把文章朗读一遍,好吗?

(学生齐声朗读全文。读毕,有学生提出"亡"字错读了"wáng",教师让同学们共同订正。)

师:下面请同学们提提看,在自读中有什么问题。

生:"河曲智叟"的"曲"是什么意思?

师:谁会解释这个"曲"字?都不会?那就请大家查字典。

生:(读字典)曲,就是"弯曲的地方"。

师:嗯,这个解释选对了。后面还举了什么词做例子?

生:河曲。

师:对。河曲就是黄河弯曲的地方。你们看,有些问题一查字典就解决了。还有别的问题吗?

生:第一段里的"本在冀州之南,河阳之北",为什么这里用个"本"字?

师:嗯,这个问题提得好。谁能帮助这位同学解决这个问题?

生:因为太行、王屋二山后来搬走了,不在这个地方。

师:说得真好! 这个"本"字是跟后文相呼应的。这个问题提得好,解决得更好,说明同学们读文章时能够联系上下文。

生:"残年余力"是什么意思?

师:噢,残年余力,谁能解释这四个字?

生:"残年余力"是说老人力气不多了。

师:好,意思讲对了! 这个"残"字,我们来明确一下它的含义,好吗? 请查字典。

生:(看字典回答)残,就是"剩余的"。

师:"残"跟"余"在这里意思是一样吗?

生:(齐声)一样!

师:一样,对了!愚公快九十岁了,余下的日子不多了,剩下的力气也有限。再请大家说说看,"以残年余力"这个"以"怎么讲?

生:用,因。

师:这样解释,在这里适用吗?

生:这里解释"凭"好。

师:对,解释"凭"好。"以"作"凭"讲,文章里还有别的例子吗?

生:愚公妻子讲的"以君之力",这个"以"字用法一样。

师:对!还有没有问题了?

生:"出入之迂也",这个"之"字是什么意思?

师:噢,这个"之"的用法可能没有学到过,大概都不知道吧?

生:"之"是结构助词。

师:讲得很好!"之"是结构助词,不过这个结构助词用法有点特别,你们看,如果要翻译这个句子,这个"之"字要不要翻译出来?

生:(齐声)不要!

师:那怎么译呢?

生:出出进进都要绕远路。

师:讲得对!你们看前面还有没有同样用法的"之"字?

生:"北山之塞"的"之",用法一样。

师:找对了!同学们还有别的问题吗?(稍顿)没有问题了?很好,说明大家都懂了。你们看,许多问题大家一起来思考,不是都解决了吗?这说明同学们经过自己的努力是能读懂这样的文章的。

(本案例选编自语文教育网 www.yuwen.com.cn)

思考题

1. 案例中是如何将语言知识教学与阅读教学结合起来的?
2. 案例中是如何在语言知识教学中进行语言能力培养的?
3. 语言知识教学的"随文教学"方法要注意些什么?

案例分析

本案例中的语文教师将语言知识教学与阅读教学紧密地结合在一起。结合的表现之一是将语言知识教学建立在学生阅读的基础上,其中又有两个方面:一是在阅读中发现学生语言知识上的问题,如"亡"字的读音;二是在阅读基础上让学生提出语言知识方面的问题,如"曲"、"残年余力"是什么意思,"出入之迂也"的"之"字意义不明确等。结合的表现之二是紧密结合文本内容教授语言知识。如"曲"的意思就结合了文本中的"河曲智叟"及字典中的"河曲"例子,得出"黄河弯曲的地方"这一切合文本的解释;又如"残年余力"的解说语"愚公快九十岁了,余下的日子不多了,剩下的力气也有限"使学生进一步理解了这一词语在文本中的具体含义。

在本案例中,老师始终将语文知识教学与语言能力的培养紧密地结合在一起,在语言知识教学中注意了学生三个方面的语言能力的培养。一是学生自己解决语言知识学习上的问题的主动意识和动手能力。案例中就"曲"、"残年余力"要求学生自己查阅字典;对"本"的解释,老师不直接回答,而是先让学生自己思考回答,都是在有意识地培养这一能力。二是培养学生通过准确把握字词的含义进而准确把握文本意义的阅读理解能力。如对"本"字的解说既指出了"跟后文相呼应的"的作用,又适时地表扬和鼓励学生"这个问题提得好,解决得更好,说明同学们能够思前顾后地读文章了";又如对"以"的理解,注意要学生判断和选择最符合文本的义项"凭"来,这些都可以看出其培养阅读能力的用意非常突出。三是学生举一反三,把知识学活的能力。如通过"以残年余力"中的"以"找出与文本中用法一样的"以君之力"中的"以"、通过"出入之迂也"中的"之"找出与文本中用法一样的"北山之塞"中的"之",这就是在培养将知识学活的能力。这种培养能力的思想还表体现在一以贯之的"鼓励"的教学意识上,除上面提到的不失时机的鼓励外,还重重地体现在这一小节的归结语之中:"你们看,许多问题大家一起来思考,不是都解决了吗?这说明同学们经过自己的努力是能读懂这样的文章的",这无疑对培养学生的能力起到推动作用。

随文教学法,也称随文学习法,是人们在中小学语言教学中所倡导的教学方法,这种方法主要强调的是在课文阅读教学中去有机渗透和结合语言知识教学和语言能力培养。这种方法既是人们在教学实践中发明和创造的行之有效的教学方法,也是新课标所倡导和肯定的方法。《语文课程标准(实验稿)》在"教学建议"中就针对语法和修辞知识的学习指出:"在阅读教学中,为了帮助理解课文,可以引导学生随文学习必要的语法和修辞知识……"上述案例在如何进行语言知识的"随文教学"上给我们不少的启示,我们应该注意以下几个方面。

(1) 紧密结合课文,随文适时发现和提出一些语言知识学习中的问题,讲求针对性。这些问题要求结合学生学习的实际,不能滞后也不要超前,与学生当时的学习目标和要求相吻合;要从学生的语文阅读材料和阅读活动中选取实例,不要脱离课文提抽象的问题。

(2) 应当结合课文语言环境,从阅读理解角度随文教学语言知识,讲求落实性。通过讲解这些语言知识来帮助理解课文中的语言难点和体会它们在课文中的表达效果。要特别注重对课文中的重要词句在特定语境下表达的意义和所起的作用的理解。

(3) 注意讲解语言规律,使语言知识的学习在随文中动态化,以提高学生正确理解和运用语言的能力,讲求目标性。把传授知识和提高能力结合起来,重点落在能力的提高上。使学生通过学习能够举一反三、由此及彼,让学生感到学了有用,从而自主地学习和应用。

(4) 注意采取集中学习与随文学习相结合的办法,讲求基础性。在随文教学之前或其中应当教给学生适当的语言基本知识,使他们了解语言知识的一些基本的概念。可以进行几次相对集中但不必是全面深入的介绍和学习,使学生了解最基本的概念,为以后的"随文学习"打下基础。同时在搞好随文学习的基础上,适时梳理相关的语言知识要点,对单元课文和全册课本的语言知识作出阶段性归纳,使学生逐步形成相应的知识概念。

(5) 注意运用一些切实可行的教学方法进行语言教学,讲求方法性。教学中的许多方法,如联系上下文、调换词语、增添词语、添加修饰成分、比较词语等方法都可以使用,使随文教学语言知识的方法丰富多样,提高学生的学习兴趣,同时也起到既教知识,又教学习方法的作用。

总之,采用"随文学习"来进行语言知识教学,是加强基础知识教学的重要环节,是保证工具性与人文性和谐统一的关键。"随文学习"要"随"好,就必须加强对新课标的学习,加强教师自身文化的积淀,提高个性化教学能力,提高"随文学习"的教学效果,给学生打下坚实的语文基础。

(谢奇勇供稿)

语文教学如何将语言学习与人文教育融合统一?

当叶老师手捧一盆怒放的三角梅走进教室时,学生都感到眼前一亮,不禁鼓起掌来,课堂顿时热闹了。的确,在冬日里难得一见开得如此灿烂的鲜花,况且老师葫芦里装的是啥药呢?叶老师对学生的反应未置可否,转身在黑板上写下一行字:美是到处有的,对于我们的眼睛不是缺少美,而是缺少发现。(罗丹语)

课堂一下子安静下来,学生们若有所思。

生:我们生活在大自然中,大自然的美可以是无处不在,尤其是我们祖国的山河,更是美得令人陶醉。

生:美不一定是通过肉眼去看的,有时是用心来领悟的。眼前这一丛鲜花,让我们感受到了洋溢的诗情和盎然的生机。

师:是的,当我们思想的河流跳跃出美妙无比的浪花,我们感情的波澜也随之起伏飘荡。朱自清先生的散文《春》中所描绘的景物就充盈着跃动的活力和生命的灵气。今天,我们将继续学习《春》,感知作者是怎样用心灵去感受春天的景物,将自己的情感倾注其中的。

(多媒体屏幕出示《春》的五幅画面:春草图、春花图、春风图、春雨图、迎春图。)

师:朱自清先生清新优美的语言引领我们欣赏了大地回春的动人景象。请同学们选取你所喜爱的画面内容,在朗读中追寻作者的思路,感受作者的情感脉搏,一起走进春天的世界。哪个小组有信心读得最好?请举手。

(四个学习小组各自朗读了春风图、春花图、春草图及迎春图。)

师:谁来点评呢?

生:第1小组读"卖弄"一词时语调不准,文中这个词语是贬词褒用,表达作者对"鸟儿"的喜爱之情。

生:这几个小组对文章抒发的情感把握得很好,略觉遗憾是第2小组在朗读春草图时,"偷偷地"没有轻读。只有轻读,才能表现不经意间,春草已悄然而出的情景。

师:听得还真细心,你能不能范读一下呢?

(学生范读,全班鼓掌。)

生:这几个小组都能体会作者的意境、风格,读出对春天由衷的赞美。听着他们的朗读,我们好像置身于春天的世界,到处鸟语花香。感谢这四个小组的精彩朗读。

师:我也代表同学感谢你的精彩点评。《春》这篇文章文质兼美,字字珠玑,你在朗读中觉得哪个句子写得最好?

(屏幕出示问题。问题一:找出你认为写得好的语句,读一读,想一想,说一说。问题二:你觉得春天还像什么?仔细思考,聪明的你一定还能用别的比喻来赞美春天。)

(学生进行自主、合作、探究学习,以小组为单位进行讨论交流,每组推举一人在全班讨论中发言。)

生:经过我们小组的精心挑选,我们认为"'吹面不寒杨柳风',不错的,像母亲的手抚摸着你"这句写得最好。抚摸是一种温暖,是一种幸福,是一种慈爱。春风本无形,作者笔下的春风却是有情有感。

师:精心挑选,果然不同凡响。

生:"盼望着,盼望着,东风来了,春天的脚步近了。"我们觉得这句写得最好,作者用反复、拟人的修辞手法表现其期待春天的心情是多么殷切。说心里话,在寒冬季节谁不盼望着春天的到来呢?

师:(点头)作者引发了读者情感上的共鸣。

生:"树叶儿绿得发亮,小草也青得逼你的眼",这是侧面写春雨,与"随风潜入夜,润物细无声"写法相同。

师:说得很好,这是侧面写春雨的润物之功。"随风潜入夜,润物细无声"出自杜甫《春夜喜雨》,谁能背诵?

(全班齐背《春夜喜雨》。)

师:朱自清先生将自己的感情融于景物描写之中,在他的笔下,所有的景物——那小草、那春花、那春雨,无不充满着灵气,以至于也撩拨起我们的喜爱之情。聪明的你们,还能想出别的比喻来赞美春天吗?

生:春天像神笔马良,勾勒出五彩缤纷的世界。

生:春天像火炉,驱散了严寒,送来了温暖。

生:春天像一道方程式,它的解属于奋斗者。

生:春天像一首曲调优美的歌,唱出了大自然的鸟语花香。

生:春天像指南针,为孜孜不倦、努力向上的人指明了方向。

师:(竖起大拇指)同学们对春天的设喻,可和课文的三个比喻句相媲美。接下来,就让我们带着对春天的赞誉之情,来欣赏一首曲子。

(老师播放音乐《春江花月夜》,学生闭目倾听感悟。)

师:在悠扬宛转的音乐声中,我们思绪翻飞,浮想联翩。学完这篇课文,同学们定会有所感受,一起来谈谈,好吗?

生:《春》一文开头写盼春,以"脚步近了"始,以"领着我们上前去"终,起于拟人,也终于拟人,结构上非常完美。

生:作者是用心灵来感受春天的景物,将自己的情感倾注其中,表现出作者向往春天、热爱生活、充满希望的真情实感。

生:"一年之计在于春,一日之计在于晨",我还可以补充一句"一生之计在于少年"。

生:作者像是一位丹青高手,通过细致观察,用含情的画笔描绘了春天的各种景物,赋予各种景物以鲜明的感情色彩。

生:我不这样认为,作者并没有把春天的特点都写出来。春雨一下就是"三两天",我们都是好玩的孩子,淅淅沥沥的春雨带来了很多不便;路滑又多雾,容易造成交通事故。

(这不同的"声音"犹如石块投入平静的水面,荡出了一圈圈涟漪。有不少同学纷纷"声援"。)

师:有一千个读者,就有一千个哈姆雷特,出现不同的理解是正常的,况且这位同学说的也不无道理,很有创见。我提议以热烈的掌声向他表示鼓励。

(全班鼓掌。)

师:(小结)春天带给人万千遐想,充溢着蓬勃生机,但"春归如过翼,一去无迹",春天也是难以持久的,生命也是短暂的,"及时当勉励,岁月不待人",让我们珍惜青春年华,让理想在奋斗中闪光。愿春天般的心情伴随着我们成长!

(选自《人民教育》编辑部编著《新课程优秀教学设计与案例》,海南出版社2003年版,略有修改)

思考题

1. 《春》的教学案例是如何体现语文教学特性的？
2. 《春》的教学案例中语言学习和人文教育是如何融合统一的？

案例分析

《春》是一篇语言精美的写景名篇，学习这篇散文的优美语言无疑是教学的重点之一。分析语言往往离不开对选词、句式和修辞的分析，因此，教师在这篇课文的教学中就可以围绕着选词、句式和修辞来设计知识点或能力点，并按照这些知识点或能力点对学生进行训练，从而完成这篇课文的语言学习。从纯工具论的角度来看，这样的设计是非常科学的。但是这样的理性分析往往让这篇课文索然无味，从而使学生的语文学习收效甚微。过去在语文教学中，类似的肢解课文、烦琐分析、刻板操练的教法是普遍存在的，这实际上是既扼杀了人文性，也扭曲了工具性。

这个教学案例同样注意了从选词、句式和修辞来学习语言，可以说是一种人文性和工具性相统一的学习。教师充分发挥了课文熏陶感染的作用，让学生充分地诵读，"在朗读中追寻作者的思路，感受作者的情感脉搏，一起走进春天的世界"。在与作者、与文本的对话中，学生们通过自己的体验，从文字中感受春草图、春花图、春风图、春雨图、迎春图的画面之美，又从这些画面中感受到语言之美。在教学过程中，教师既指点学生，又不牵引学生，就像在游山玩水中，让游客从从容容地自己观赏，而不是让游客匆匆忙忙地跟着导游走马观花。因此学生自己就会发现美，"卖弄"、"偷偷地"这些词语，恐怕没有哪一位教师会在备课中考虑它们在本文中的用法，学生却读出了它们在文中的准确、传神的不同寻常的意义。对于写得好的句子的寻找分析，学生也是仁智互见，从他们认为美的地方找到了美，既品味了语言，又受到了熏陶感染。在充分感受美鉴赏美的基础上，教师又激发学生创造美的能力："朱自清先生将自己的感情融于景物描写之中，在他的笔下，所有的景物——那小草、那春花、那春雨，无不充满着灵气，也撩拨起我们的喜爱之情。聪明的你们，还想出别的比喻来赞美春天吗？"使学生创造美的能力得到了充分的体现和肯定。教师还非常重视引导对课文的整体感悟，通过让学生谈对文章的整体感受使学生对文章有了新的理解。教师的小结也是充满了激情和哲理,没有思想政治教育的说教味。

在整个课堂教学中,学生在语言感悟中探究人文内涵。通过感悟,体会语言背后的意境和人文意蕴。老师特别重视学生的诵读,让学生在诵读中体会人文意蕴;良好的诵读不仅能帮助学生理解课文,而且再现了作品的形象,使学生与作者、与文本产生情感的共鸣。教师还特别关注语文课堂的人文交流,教师与学生不再是教训与被教训、灌输与被灌输的关系,而是平等的对话关系,充满爱心的交流关系。在这种关系中,学生作为有独立主体、人格尊严的人,积极参与到教学活动中,在与教师的相互尊重、合作、信任中全面发展自己,获得成就感与生命的价值体验,并感受到人格的自主和尊严。

这是以人为本的教育,把学生作为一个完整的人,通过对话,使学生充分感受到尊重,使学生学会自尊、自信、善于合作、乐于助人、独立自主、坚忍不拔,这正是一种工具性和人文性统一的教育。

(李山林供稿)

语文课堂教学中,学生的语文经验是怎样生成的?

《神奇的鸟岛》教学片断

北京某小学杨娜老师教《神奇的鸟岛》时,在课的最后环节,让学生用自己喜欢的方式表达对鸟岛的赞叹之情。

有的小组编了一副对联。上联是"这多那多不如鸟岛自由多",下联是"这少那少不如鸟岛忧愁少",横批是"神奇的鸟岛"。

有的小组写了诗。如"鸟岛好,风景旧曾谙;天地湖里遍是鸟,颜色缤纷如画卷,能不忆鸟岛?"

又如"鸟岛景色晴方好,飞鸟水鸟色亦奇;欲把鸟岛比西子,鸟儿生活总相宜。"

有的小组为录像画面进行配音朗诵,有的小组写了一段评书,上台表演,等等。

(选自《人民教育》编辑部著《新课程优秀教学设计与案例》,海南出版社。)

《关雎》教学片断

生:老师,诗中为什么要反复地出现"荇菜"一词啊?它根本就和诗歌没什么直接联系啊?

师:是啊,我也觉得有点儿玄妙。来,发挥你们的想象力,探究一下这其中到底有什么玄妙?(学生兴趣盎然,讨论非常热烈)

生:我想,一定是那个青年非常思念心中的女子,可是又找不到借口去看她。于是,就以采荇菜做掩护,醉翁之意不在酒耶!(众笑)

师:哦!你觉得采荇菜的是那青年。其他同学还有什么别的看法?

生:我觉得采荇菜的是那姑娘好一些。自古浣纱、采菱的都是女的,姑娘采荇菜,多美的画面啊,而且极有生活气息。

生：就是，劳动中的姑娘会更美。

生：其实谁采都不重要，我认为那青年一定在想：我是荇菜就好了，我可以随意采之，以慰相思之情。（众笑）

生：（激动地站起来）不！应该是这样的，那青年想"我是荇菜就好了，我多么希望被心爱的姑娘'左右采之'啊"！（众热烈鼓掌）

生：还有个时间问题呢！从"左右流之"到"左右芼之"，这是一段不短的时间呢，这说明青年想念姑娘很久了。

生：也有可能是青年初见姑娘，姑娘在采荇菜，所以荇菜就成了姑娘的化身，它是爱情的见证。所以诗人句句不离这荇菜。

（选自李山林编著《语文课程与教学案例教程》，湖南师范大学出版社）

1. 在《神奇的鸟岛》和《关雎》两个教学片断中，学生得到的语文学习经验是什么？

2. 学生的语文经验在语文教学中应处于什么地位？

在《神奇的鸟岛》和《关雎》两个教学片断中，学生的语文经验是显而易见的。有对课文内容的个体理解，如《关雎》的课堂教学中对"荇菜"一词在诗中意蕴的讨论；有对语文知识，如对联、词、诗、评书的运用；有形式的模仿，也有内容的创造。尤其是《神奇的鸟岛》教学中的那副对联，可以说是学生语文经验的优秀代表，它包含语文理解、语文运用、语文创造等多方面的内涵，既有对课文"神奇的鸟岛"的"自由"意蕴的心领神会，又有对"对联"这种语文形式的正确恰当的运用，更为可贵的是，对联作者借对鸟岛的赞叹表达了自己作为儿童对自由的向往。

从上面的案例中，我们可以总结一下学生的语文经验应有的具体内涵。

第一，学生的语文经验不仅仅是语文知识的吸收，也不只是课文内容的理解，更重要的还有语文的运用和语文的创造。

第二，外在的语文课程（包括国家计划和教师理解的语文课程）必须与学生内在的语文体验结合才能变成学生的语文经验,只有课程客体与学生主体遇合才会出现学生经验的语文课程。也就是说,并不是所有进入课堂的语文课程最终都会变为学生的语文经验,只有与学生体验相遇或者说被学生经验("经验"此处名词作动词,下一处同)到了的那部分语文课程才可成为学生经验的语文课程。如果一堂课只有教师的讲授和学生的接受,没有学生的参与体验,也就没有学生的语文经验可言,在这堂课中,学生经验的语文课程也不会发生,有的只是外在于学生与学生无关的、计划的、教师的语文课程。

第三,学生经验的语文课程必须有一个显性的形式载体为其表征,不然它就是一个不可捉摸缺乏现实意义和实践价值的抽象物。这个形式载体就是学生的语文表现活动,如在《神奇的鸟岛》教学中,就采用了学生对语文的运用形式(朗诵、写作、表演等)作为载体使学生的语文经验变成看得见的显性的具有评价意义的学习结果(不再是那种一节课下来不知学生收获了什么的隐性的、模糊的语文课程实施形态)。一堂语文课,如果没有学生的语文表现活动,那它的教学效果是不具评价意义且值得怀疑的。因为只有语文表现活动才能使学生内在的语文经验("经验"一词兼具动词名词意义)成为外显的现实形态,成为可以看得见的具有评价意义的东西。学生通过语文表现活动,一方面将国家计划与教师提供的语文课程"据为己有",内化为自己的语文经验。另一方面,又通过语文表现活动将内化的语文经验表现出来成为外显的现实形态,提供给教育评价。可见学生的语文表现活动是语文课程实施的核心,是学生经验的语文课程得以存在的必要的甚至是充分的条件。关于这一点,我们从上述案例中可以明白地看到:如果没有学生的朗诵、写作、表演等语文表现活动,也就没有学生经验的语文课程可言;反之,正是有了这些活动,学生经验的语文课程才得以成立。

学生的语文表现活动的形式是多种多样的,朗读、朗诵、复述、讲述、作业、作文、辩论、表演等,凡属语文行为活动的方式都属于"语文表现"的范畴。因为"活动"对学生经验的语文课程如此之需要,所以,相对来说,在语文"活动课程"中学生获得语文经验的机会要多,学生经验的语文课程内容也要丰富一些。而在语文"课堂课程"中如不注意学生的活动设计,就会减少甚至取消学生的语文经验,使学生经验的语文课程很难产生。因此,语文"课堂课程"必须渗透"活动课程"的理念,教师在对学科教材处理时,要用设计"活动方案"的办法来处理,使学科课程活动化、增加学生获得语文经验的机会,尽量多地使语文客观课程成为学生经验的语文课程。

(李山林供稿)

如何利用多媒体技术打造商务英语网络教学平台？

案例

2009学年，某电大在教学模式改革中选取中央广播电视大学"开放教育试点与人才培养模式改革"项目中本科英语专业（商务方向）为改革的参照标准，并以株洲教学点的学习者为研究对象，进行了网络教学模式的大胆革新。该项目由中央广播电视大学与对外经贸大学联合组织实施，自1999年秋季在全国首次招生以来，教学过程一直结合定期面授与包括网络在内的多媒体教学，至今组织模式渐趋成熟。该专业的课程设置中，商务英语类别的课程占总学分的1/3，其余为基础课程。除了专业的考量外，在研究对象的选取上还考虑了以下两点：①学习者能非常便捷地使用网络；②对网络教学平台在心理上业已高度适应和认可。该电大在教学实践中开始探索：以构建主义理论为依据的项目教学法，在培养学习者用英语和网络进行各种交际合作、运用信息构建新知识的能力中发挥了很好的作用，其满足了语言发展所需的心理机制与外部环境相互作用的基本条件，即社会交际的需要。基于此，该电大尝试将英语教学案例分析的各项任务均融于所设计的各个项目中，让学员在参与项目过程中自然地开展案例分析。此实施过程借助了中央广播电视大学开放教学平台。

思考题

1. 你认为以构建主义理论为依据的项目教学法的基本要求是什么？
2. 请结合商务英语教学实践，谈谈如何运用多媒体技术打造商务英语的网络教学平台？其实际操作流程是怎样的？
3. 结合教学实际，谈谈实施网络教学平台后商务英语的教学效果如何？

案例分析

一、项目设计紧扣两条基本原则

第一条原则:项目与课程内容及教学的基本要求高度相关,但在知识与技能要求上有所延拓,且所设计任务比教材中的任务更具挑战性。

第二条原则:案例的素材真实可信,语言地道。

在这两条原则下,笔者设计了基于网络的"分析与辩论"(简称"讨论")和"反思性写作"两个项目,贯穿整个课程教学。前者主要是对所给的案例(一篇或几篇素材新颖、情景真实的阅读材料,有时是一段录音)发表自己的见解(包括对语言点的理解与对案例所含主旨内容的看法等),或对其他同学的观点进行辩驳。在充分讨论后,学生的注意力被引导至本案例与教材内容存在的联系性上——要求学生结合教材的理论讲解对本案例进一步剖析,于课后规定时间内以较为正式的小论文形式将成果递交到网上。指导教师在讨论期间穿针引线,适时给予肯定与鼓励并提供一些必要帮助。案例分析结束后,指导教师及时总结讨论,对学生的理解或看法予以反馈,对递交的文章进行评阅。

另外,课程考核方式也关系项目实施的成败。如课程考核的权重偏向于语言的掌握而忽视商务理念的内化,考核的效度自然就受损;如果仅注重期末考试而忽略平时表现,那信度将受损,过程学习的积极性也不可避免地将降低。因此,要建立配套的形成性考核体系与符合教学要求的能力量表。为了鼓励参与,在项目实施前,指导教师就强调两个项目是课程学习的重要部分,并让学生明确课程的评估方式和各级能力量表,特别指出,网络教学平台上的表现如同课堂表现,与终结性考核同等重要。学期结束时,学生所有的上传帖子(包括讨论与小论文)汇总到 e-portfolio(学生电子档案袋),根据其中内容所体现的精力投入与递交材料的质量确定项目成绩并计入课程总成绩。

二、实践的结果评价

对连续两届学习者进行的调查研究表明,在课程结束后学习者都觉得自己受益于所参与的项目,学习者主要在以下方面得益。

(1)案例教学提供了一个形象化的语言使用情景,加深了学习者对抽象理论的理解。

(2) 网络平台不光可以发表自己的观点,而且可以方便地浏览其他同学的帖子及指导教师对帖子的评价。

(3) 绝大多数同学认为,自己对写作的恐惧感降低;近半同学认为,自己的写作水平大有提高。

(4) 由于学习者都是在职人员,案例分析时学习者通常自然地比照自身的工作情景,学以致用,所学知识能很好地指导工作。

项目实践中,学习者也有抱怨,尤其在初期。比如有些同学大量上传帖子而造成问题焦点不集中,另有些同学上传的帖子质量不高使学习层次高的同学觉得自己不能得到一些启发等。

三、对案例使用的体会

案例在教学过程中大致有两类功能:一是说明或例证某一理论,二是实现理论与实践的结合。相应地,对案例使用的方式分为"讲授法"与"讨论法"。实施项目过程中,笔者还体会到对难易程度不一致的案例处理方式也应该不同。简单的初级教学案例,人物个性鲜明,角色分工明确,情景逼真,对某个具体问题的说明一般都作充分的铺垫,便于学生联系所学内容,激活抽象的理论知识,方便学生更好地将教材与现实联系起来,此类案例在教学中只作简单分析即可。由于初级案例一般不能对各知识点进行整合,所以中、高级案例就成为进一步的选择,此类案例本身的语言与情景复杂,可设计的任务角度多。可见,项目教学中多形式案例的使用同时也兼顾了读、写、听、译各种技能的操练,丰富了教学内容和方式。

四、应注意的问题

1. 案例准备

基于案例分析的商务英语教学的理念建立起来后,接下来的首要问题是寻找与教材内容匹配并能激发学生互动的案例,同时,还要保证所设计的任务具有一定的挑战性。案例必须以事实为依据,并包含一个或数个待解决的问题,否则,无益于激发学生学习动机和发掘学生思维潜能,指导教师平时要有积累案例的意识。近几年,很多高校的出版社陆续推出了一些商务案例集,在教学中教师可以斟酌选用。

2. 教师角色

基于网络的案例教学有利于情景语境的导入,同时,对指导教师也提出了新的要求。网络主持人对教师而言是个全新角色。提供素材、引导讨论、评估表现、总结案例等一连串任务要求老师在教学过程中扮演资源供给者、协调员、组织者、引导者及评估者的角色,而这些角色的成功与否将很大程度上决定教学过程是否流畅,最终影响教学质量。另外,指导教师在商务实务方面的知识要不断加强与更新,以便更好地应用于教学。

3. 与其他教法的关系

基于网络的案例教学法之所以在商务英语教学中得以应用并能取得较理想的效果,主要有两方面原因:一方面是因为案例分析使得理论与实践距离缩短了;另一方面,网络平台的应用使得评估更为便捷和科学,也省去了课堂中烦琐的枝节,面授时主要辅导学生进行口语训练及教材理论的学习。需要指出,这并不意味着该教法将逐渐取代其他的教法。比如,对基本概念与专业的商务理论知识的学习,讲授恐怕还是必要的。一句话,只有与交际教学法及传统的语法-翻译教法等结合使用,使各教法相辅相成,取长补短,才能把商务英语的教学效果推向极致。

总之,商务英语教学模式的调整不仅是教学活动或教学手段的转变,而且是教学理念的转变,是实现以教师为中心、单纯传授语言知识和技能的模式,转向以学生为中心,既传授一般的语言知识与技能,还注重培养语言运用能力和自主学习能力的教学模式转变。在此过程中,一项重要的任务就是要让学生感受商务实践的氛围,使学生有锻炼其商务思维的机会。

(涂壁洪供稿)

如何展开高中物理选修课的教与学?

2009年8月中旬笔者出席在内蒙古师范大学召开的全国高等物理教育学会理事会议,在会议期间笔者听了一堂别开生面的高中物理选修示范教学课——《假如我生活在月球上》。

课前李老师将学生分成了五组,分别对月球上的体育、环境、通信、医学、能源五个方面进行了探究。学生经历了上网查资料、总结归纳资料等过程,然后再汇报、讨论。其课堂实录如下。(经视频录像资料整理)

1. 导课

教师:同学们,在高一地理课上我们学习了月球的一些基础知识,还记得月球上的特点吗?

学生:月球上人的重力只是地球上重力的六分之一,昼夜温差很大,白天温度可达127 ℃,夜晚则降到—183 ℃。

教师:回答得很好。还有哪些特点,谁来补充?

学生:月球上没有磁场,没有大气层,也没有水,自转周期和公转周期相等。

教师:同学们回答得都非常好! 下面请同学们根据月球上的特点,结合物理知识及课前的自主探究,以"假如我生活在月球上"为题畅想一下。要求有一定理论根据。

2. 汇报研讨互动

一阵沉思之后,同学们开始发言。

学生A:我是一个体育迷。我首先想到了月球上的体育。因为月球上人的重力只是地球上的重力的六分之一,所以那里是更改世界纪录的好地方。人们在地球上遥不可及的梦想,在那里却可以轻松实现。如,现在男子跳高的世界纪录不过是2.45 m,在月球上即使我穿着厚厚的宇航服,也能轻松打破男子跳高的世界纪录。又如,现在男子跳远的纪录是8.95 m,但在月球上,由于没有空气阻力,重力又很小,所以轻轻向前一跳,新的跳远记录就会诞生。(同学A还通

过多媒体展示了一些图片)

学生 A 的发言立刻引起了许多同学的兴趣,同学们展开了激烈的讨论。有一位同学说:我不完全同意学生 A 的说法。我认为 100 m 赛跑在月球上会比地球上还慢,因为月球上重力很小,所以人和地面的摩擦力很小,你有劲儿使不上。

教师:同学们说得都很好,也都有一定的道理,说明同学们会用所学的物理知识思考问题和分析问题了。很遗憾,我也不能给出关于 100 m 赛跑问题的答案,也许只有我们真正到月球上去实验一下才能得到正确的答案。关于月球上的体育我们先讨论到这儿,下面请同学再从其他角度去畅想。

学生 B:月球上没有磁场,没有大气层,所以人们必须穿上厚厚的特制的宇航服,用来抵御各种宇宙射线和昼夜将近 300 ℃ 的温差。月球没有了风、云、雨、雾变化多端的天气,没有了美丽的日出与黄昏,只剩下了黑夜与白昼界限分明地交替出现。当然,也有好的一面,没有空气也就没有了空气污染、噪声污染……

一石激起千层浪,很快,有同学想到了用手机进行交流,因为手机信息的传播依靠电磁波,而电磁波的传播不需要介质。这时一名同学提出异议:"手机也不能用,因为你根本无法发出声音,也无法听到手机铃声,只能阅读短信息,手机变成了传呼机。"

教师:看来月球上没有大气层带来的麻烦真是不小,除了利用手机、传呼机进行图文交流外,我们就无法在月球上进行语言交流了吗?

学生 C:老师,这个问题能解决,因为宇航服、宇航帽都是密封的,里面有空气,所以只需要在宇航帽中安装一个微型手机或对讲机,人们就可以进行语言交流了。(全班同学热烈鼓掌)

学生 D:我想到的是医学问题和健康问题。由于月球上的重力很小,所以脑供血不足病人的病情将会在这里大有好转。我们还可以在月球上建立一个制药厂,这里无菌、无病毒、无污染的环境,最适合生产药了,它可以确保药品品质优良,然后可以把这些药品运回地球,造福于人类。地球上任何厂家生产的药品,也无法和我的"宇宙牌"药品相媲美……(学生 D 还通过多媒体展示了他设计的"宇宙牌"药品商标)

发言中最为精彩的要数同学 E,他的发言既有深度,又有理论根据。

学生 E:我的想法是在月球上建立一个月球基地。因为人们要真正在月球上生存,必须要有水、氧气和能源。这一梦想也许在不远的将来就会实现,科学家已对月球的两极区域进行了详细的分析,在月球南极上有一个以英国探险家沙克尔顿命名的区域,那里符合建立月球基地的基本要求。因为那里几乎在太阳的永久照射下(有80%的时间处于阳光的照射之下),我们可以在那里建立太阳能发电站,获得源源不断的能源。而且其位置非常接近一个可能是深冻冰层的永久性阴影区。如果那里真的储存有冰,它将由于受到阳光的照射而融化,那样再利用电能,我们就可以得到人类生存所需要的水和氧气。这样,一个在月球上的生存体系就初步建立了。另外,月球的引力只有地球的六分之一,在那里发射太空探测火箭所需的燃料,将会比从地球发射少得多,而且月球上有着丰富的核燃料氢-3,因此,月球是难得的航天发射基地。同时,那里没有大气层,也是研究宇宙射线的理想地点(利用多媒体展示图片加以说明)。

这时,反应极快的同学D马上站起来说:"我要把我的厂建立在这里,我们共同发展、共图大业。"(全体同学鼓掌)

听课的专家、老师和同学们都被打动了,陶醉了。

这时下课铃声响了起来。

3. 课堂小结

教师:同学们谈得都非常好!老师也获益匪浅。课下请同学们把你想到的和你没有想到而别人想到的都写下来,写成一个小短文。同学们再见!

思考题

1. 在新的课程改革中,如何构建选修课的课堂教学模式?
2. 教师在高中物理选修课中应如何创造性地使用教材?
3. 这个教学案例,能给教师怎样的启示?

案例分析

听完这堂课,笔者感受到高中开设物理选修课,可使学生置身于轻松的学习环境中,不仅拓宽了他们的知识面,而且培养了他们的学习兴趣和学习能力。虽然有的同学说的不一定科学,不一定对,但所有的同学都积极参与了,积极思考了,探究了,通过这一过程,学生学到了获取知识的方法,培养了分析问题、解决问题的能力,这是最重要的。

另外,在老师与学生的交往和对话中,教学相长这一教学原则得以实现。教师不仅要不断地向书本学习,也要向学生学习。现代社会信息传播渠道越丰富,教育活动的开放性越强,教师向学生学习的机会和内容就会越多。师生间的交互性,已成为教育活动的显著特征。

这是一堂成功的物理选修课教学,它体现了新的教育理念,特别是新的课程价值取向,其特点如下。

(1) 选题好,选择的切入点好,使教学与学生的知识、与现代科技产生紧密联系,能激发学生的猜想、探究的欲望。

(2) 采用了小组合作,自主探究、交流、讨论的学习方式,培养了学生采集信息、整理信息的能力,也培养了他们使用现代技术的能力,有利于学生良好学习习惯的形成,为他们以后的发展奠定了坚实的基础。

(3) 培养学生应用多门学科的知识解决实际问题的能力,体现了学科间的整合。

(4) 由于是对"月球上生活"的一种科学的畅想,所以很多知识教师也并不清楚,在教学中教师不再是知识的占有者和权威者,教师真正成为学生活动的组织者、促进者、合作者,教学相长得以实现。

总之,这节课突现了培养学生收集和处理信息的能力、获取新知识的能力、自主探究的能力、分析问题解决问题的能力,即落实了对学生实施素质教育的这个培养目标。教师的专业素质与新的基础课程改革要求的不适应,应该说是目前一个较普遍的问题,所有的老师都面临着新的挑战,只有主动迎接挑战,才能把挑战转变成自身发展的机遇,愿本篇案例及分析能给教师以启示,使新的基础教育课程改革有实质性的突破。

(王学文供稿)

如何把握好初中物理和高中物理的教学衔接？

一、问题的提出

在中学物理教学中，如何衔接初、高中物理教学一直是值得研究和解决的问题。例如，对"速度"的教学，初中的要求为"知道速度是反映物体运动快慢程度的物理量，速度＝路程/时间"；高中的要求为"理解速度是矢量，速度＝位移/时间，理解平均与瞬时速度"。那么，如何设计"速度随时间变化的规律"这堂课的教学，才能使初、高中的物理概念、知识有机地衔接起来呢？

二、教学设计

高中实验：探究小车速度随时间变化的规律。

1. 教学目标

（1）知识与技能。

① 根据相关实验器材，设计实验并熟练操作。

② 会运用已学知识处理纸带，求各点瞬时速度。

③ 会用表格法处理数据，并合理猜想。

④ 巧用 $v\text{-}t$ 图像处理数据，观察规律。

⑤ 掌握画图像的一般方法，并能用简洁语言进行阐述。

（2）过程与方法。

① 初步学习根据实验要求设计实验、完成某种规律的探究方法。

② 对打出的纸带，会用近似的方法得出各点瞬时速度。

③ 初步学会根据实验数据进行猜测、探究、发现规律的方法。

④ 认识数学化繁为简的工具作用，直观地运用物理图像展现规律，验证规律。

（3）情感态度与价值观。

① 通过对小车运动的设计，培养学生积极主动思考问题的习惯，并锻炼学生全面性、准确性、有逻辑性地思考。

② 通过对纸带的处理，实验数据的图像展现，培养学生实事求是的科学态度，能使学生灵活地运用科学方法来研究问题，解决问题、提高创新意识。

③ 在对实验数据的猜测过程中，提高学生合作探究能力。

④ 在对现象规律的语言阐述中，提高学生的语言表达能力，体现各学科之间的联系。

2. 过程设计

1) 引入新课

教师可以联系学过的知识一步一步将学生引入新课。

教师：我们已经学习了用打点计时器测定物体运动的速度，同学们先回忆打点计时器的使用方法。

……

教师：我们这节课要利用打点计时器探究小车速度随时间变化的规律。还记得科学探究的一般过程吗？

2) 进行新课

(1) 按实验目的要求制订计划、设计实验。

教师要提出问题"怎样探索复杂运动蕴含的规律呢？"引导学生得出：要想探究一个物体随时间变化的规律，必须知道物体在一系列不同时刻的速度，提出问题"如何设计小车在重物下的运动实验？"

学生分组讨论实验过程并流利地阐述实验，包括设计思想、实施步骤和操作过程。

讨论结果为：直接测量瞬时速度是比较困难的，我们可以借助打点计时器先记录物体在不同时刻的位置，再通过对纸带的分析、计算得到各个时刻的瞬时速度，分析运动规律。

(2) 进行实验与收集数据。

教师：引导学生"三思而后行"，注意实验逻辑性、合理性及其相关注意事项，并巡视全场，对出现的问题给予及时纠正，帮助实力较弱的小组完成实验。

学生：进行实验操作，注意把实验过程和已学过的"使用打点计时器"相对比，及时提出问题。选择纸带，并选好计数点，计算各计数点的瞬时速度，填入表格。

(3) 分析与论证。

在分析与论证过程,教师要做到以下几点。①引导学生思考,面对打出的纸带如何研究小车的运动？②引导学生学会计算各点瞬时速度的方法和表格处理方法。③鼓励学生大胆猜想小车运动速度随时间变化的规律。

学生要做到以下几点。

① 得到纸带上点的速度就代表物体运动速度这个结论。

② 用近似法计算各点瞬时速度,并填入表格,以待观察。

③ 分析数据,猜想小车运动速度随时间变化的规律:速度的大小与时间成正比。

教师引导学生学习掌握体现物理规律的两种方法,即公式法和图像法,图像法具有直观简洁的优越性。

教师指导学生根据实验数据绘制 $v\text{-}t$ 图像,并掌握绘制图像的一般方法——描点法,要强调作图的精确性,培养严谨的科学态度。教师用 Excel 软件演示 $v\text{-}t$ 图像作图。学生认真观察、体会并和手工作图加以对比,争取课下独立完成。教师引导学生根据所作图像来描述小车运动速度随时间的规律。

学生讨论并得出结论:小车速度随时间逐渐增大;相同时间里,速度增量相同;成正比。

(4) 评估、交流。

教师以问题的形式引导学生。"开始的几个点不清晰,该怎么测？""选择不同的起始点对实验结果有影响吗？""为什么要选择计数点,几个点为一个计数点对实验有影响吗？""如何测量各个计数点之间的距离？""在绘制图像时为什么不能用折线连,而要用一条平滑的曲线来'拟合'这些点？""有的学生的图像出现一个点明显偏离绝大部分点所在的直线,那该怎么办呢,可不可以擦去不用了？""怎样根据所画的 $v\text{-}t$ 图像准确求加速度？"教师应鼓励学生大胆表达,对学生表述正确的地方老师要予以表扬,不合适的地方应纠正、引导,这样才能使学生加深印象,培养他们良好的思维习惯,提高创新意识、开阔思维。

3) **课堂点评、总结**

这节课的重点是对重物牵引下小车的运动进行探究,在探究过程中,涉及了实验的设计、操作,以及作图像的方法、原则,这些知识很好地提高了同学们的综合能力,同时又为后面学习匀变速运动打下了基础。

思考题

1. 请分析初、高中物理教与学的异同何在。
2. 如何将相关的教育学理论应用到物理教学设计中？

案例分析

要想讨论初、高中物理教学的衔接问题，首先应该分析初、高中物理在教与学方面的异同。

从"学"的方面来说，初中生的年龄为 12～15 岁，处于少年期，而高中生的年龄一般在 15～18 岁，处于青年期。按皮亚杰的认知-发展学说，初中生的认知水平还处于具体运算阶段与形式运算早期，高中生的认知水平应达到形式运算水平。从"教"的方面来说，初中物理教学的目标和要求为"让学生学习初步的物理知识与技能，经历基本的科学探究过程，受到科学态度和科学精神的熏陶"；高中物理的教学目标和要求为"有助于学生继续学习基本的物理知识与技能；体验科学探究过程，了解科学研究方法；增强创新意识和实践能力，发展探索自然、理解自然的兴趣与热情；认识物理学对科技进步以及文化、经济和社会发展的影响；为终身发展，形成科学世界观和科学价值观打下基础"。初中物理教材"注重学生的感性认识，重记忆、重静态的描述，内容浅显直观，以定性分析为主，并且图文并茂，为了开阔眼界、激发学生的学习兴趣，在阅读材料中提供轶闻趣事"；高中物理教材"注重学生的理性认识，重理解、重动态的描述，并以定量计算为主，物理概念相对抽象、严密，在数学工具的应用上要求也有很大幅度的提高，并且对逻辑思维能力要求较高"。

从以上两方面可以看出，初、高中物理的"教"、"学"有着明显的差别，因此，教师在初、高中物理教学中的教学方式上，初、高中学生在学习物理时的学习方式上均应相互照应，以利衔接。这是在教学设计时必须考虑的重要因素。

在教学设计时还应该主动运用现代教育学理论和方法来促进教学目标的达成。例如，运用建构主义学习理论（突出以学生为中心、重视"情景"、引导"协作学习"、加强对学习环境的设计等原则）来指导教学设计。

"实验：探究小车速度随时间变化的规律"的教学设计显然注意到了对建构主义学习理论基本原则的应用，并且在引导学生自主建构"速度随时间变化"的规律方面做了积极的思考和探索(如开始的设问、实验过程的引导、公式法和图像法的比较、评估与交流,以及最后的课堂总结、点评),使学生能够在实验中初步"体验科学探究过程,了解科学研究方法"、"增强创新意识和实践能力,发展探索自然、理解自然的兴趣与热情"。但在"通过创设符合教学内容要求的情境和提示新旧知识之间联系的线索"(如在教学设计中充分考虑初中物理对速度及其变化的认识、理解情景与本堂课中对速度及其变化的认识、理解情景之间的联系)方面注意不够,这使学生对从初中到高中在学习"速度随时间变化的规律"时所建构的知识感到"不易衔接"。另外,本堂课的教学设计在引导学生积极协作方面也考虑不够,整个教案的"教学目标"、"教学过程设计"中少有引导学生开展(进行)合作学习、协同观察、交流讨论的情景或环境的设计,这将影响教学效果,增加完成教学目标的难度。

整体来说,该教学设计能够较好地体现建构主义学习理论的主要原则,对激发学生学习的兴趣和探索科学问题的热情是有益的,对引导、帮助学生体验科学探究过程和了解科学研究方法是积极的,但还需在"引导协作"和"创设新旧知识衔接情景"等方面进一步加强。

(周并举供稿)

后记

这本《教育教学管理案例选粹》主要作为教育硕士教育案例分析课程的系列教材使用。作为教育硕士培养方案中主干课程之一,教育案例分析将教育理论与教育实践相贯通,为学校管理实践提供解决问题的理论源泉;教育案例分析作为教师独特的话语系统是教师专业成长的重要途径。

因此,为慎重起事,特成立了21世纪教育硕士案例系列教材编写指导委员会。在组织编写过程中,为避免目前在编写教材中追求形式而不重内涵的流弊,编委会经多次商讨,确定了本书编写的基本原则及主要依据。主要有以下几点。

第一,鉴于此案例教材编写任务的重要意义,为保证案例编写的质量及水准,同时突出所选案例的代表性及独特性,要求全校范围内目前担任教育管理及各专业学科教育硕士指导任务的各位老师都参与到案例编写工作中来。各位参编老师与自己指导的正在攻读教育硕士学位的学生合作,根据各自的学科专业及研究兴趣,结合自己的教学管理工作,撷取基础教育阶段各类学校现场中发生的各种事件,编写案例分析。

第二,鉴于目前教育教学案例从资源来看已比较丰富,因此在编写过程中,除了要求案例分析具有一定的理论深度外,更力求教育教学案例在样本的遴选上注重独特性和鲜活性。基于此原则所编写的案例分析,应可区别于目前流传于网络或教育研究中已广为引用的各类样本,带给读者耳目一新的阅读感受。同时,对案例的分析在源于教学实践的基础上又要尽可能跳出实践层面的就事论事或流于形式的解读,而要通过教育案例分析的研究方法在教育理论与教育实践之间架构起一座桥梁。

第三,鉴于参与案例编写的老师来自不同的教学学院或单位,为避免大家在案例编写过程中出现题材集中甚至样本重合的可能,编委会决定,由主编根据各位参编人员的研究方向及专业所长提出具体细致的选题建议,以避免本案例选粹在同类题材上的重复单一,力求多样性,以丰富读者的阅读体验。

第四,鉴于这本《教育教学管理案例选粹》是针对教育硕士的教学而编,主要关注基础教育阶段的中小学教育教学管理,因此要求参与编写的老师密切联系当前中小学教育教学现状,通过各种途径取得第一手材料,要保证所选案例的真实性及典型性,并在对案例进行分析时力求理论上有所突破或创新。同时,在编写规范上要求统一,语言表述如标题等也力求新颖。

遵循上述原则,在编写指导委员会主任谭建平及周险峰副主任的督促下,全体参编人员齐心协力分头努力,终于完成了本书的编写工作。虽然原则在先,并且所有参编人员积极配合,但因时间紧迫,加之水平有限,这本《教育教学管理案例选粹》是否能够名副其实,在目前已不乏见的案例分析文献中是否确实相对精粹,还有待读者来检验,同时诚请各位教育中人批评指正,提出宝贵建议和意见,以便在续编相关教材时认真改正。

最后,对所有参编人员付出的辛勤劳动表示感谢,尤其要感谢在本案例编写过程中积极组稿的刘建华老师、李山林教授、刘志军博士、杨世伟老师和朱华老师等;对吴广平教授、谢奇勇教授和周并举教授等在繁忙的教学和管理工作之余参编此书,更要表示由衷的谢意!同时,还要非常感谢华中科技大学出版社的周小方和刘烨两位老师,她们在百忙之中克服时间短、任务重的困难为本书的及时付印作出了很大的努力!个别案例的编写也参考和引用了他人的教学经验及研究结论,在此一并诚恳地表示衷心的感谢!

编　者
2010 年 6 月